新しい保育講座 11

保育内容「表現」

小林紀子・砂上史子・刑部育子 編著

ミネルヴァ書房

「新しい保育講座」シリーズ刊行にあたって

　1989（平成元）年の幼稚園教育要領の改訂に合わせて刊行された「保育講座」シリーズは，何回かの改訂を行いながらも，約30年の月日が過ぎようとしています。このように長く続いた理由として，「保育講座」シリーズでは，発刊当初から，子どもや保育のことをほとんど知らない学生や一般の人にも，できるだけわかりやすく，しかも保育の本質がイメージできるような編集方針を貫いてきたからともいえます。それは，作家・井上ひさしの言葉にあるように「むずかしいことをやさしく，やさしいことをふかく，ふかいことをおもしろく，おもしろいことをまじめに，まじめなことをゆかいに，そしてゆかいなことはあくまでゆかいに」保育を語ろうということでもありました。

　この度，2017（平成29）年3月に幼稚園教育要領や保育所保育指針，幼保連携型認定こども園教育・保育要領が改訂（定）されたのを機に，この「保育講座」シリーズも新たに内容を見直すことになりました。改訂（定）そのものは，1989（平成元）年に大きく改訂された幼稚園教育要領の方向に沿ったもので，その原理，原則が大きく変わったわけではありません。

　ただ，この30年の間に，保育，教育，そして子育てを取り巻く環境や状況は大きく変わりました。少子化が進み，家庭・地域の教育力が低下していく中で，国際的な乳幼児期への関心の高まりもあって，日本でも新たに幼保連携型認定こども園制度ができ，幼児教育の無償化も進むなど，幼稚園，保育所，認定こども園といった施設の種類にかかわらず，乳幼児期の保育・教育の重要性は飛躍的に高まってきています。

　また小学校以上の学習指導要領も大きく改訂され，「アクティブ・ラーニング」という言葉に代表されるように，これまでの知識や技能を教える教育から，これからの時代を生きぬくことができる資質・能力を育成する教育へと大きく方向を変えようとしています。

　このような時代に，保育者を志す学生が乳幼児期の教育・保育の基本について，何をどのように学ぶかはとても重要です。やみくもに知識の量を増やしていくという学び方ではなく，問いをもって自ら課題に取り組み，保育や幼児教育の基本を常に問い直し，保育者になった時に，その実践の場で生かせるような力をいかに獲得していくか，その学びが，「新しい保育講座」シリーズを通して獲得していけると信じています。このシリーズの本を手にしたすべての学生が，子どもたちのための保育を実現できる保育者になってくれることを切に願っています。

2018年3月

子どもと保育総合研究所代表　森上史朗
ゆうゆうのもり幼保園園長　渡邉英則

はじめに

　本書を手にしたみなさんの多くは，将来，保育者になることを思い描かれていることでしょう。では，保育内容「表現」には，どのような内容が示され，そこでは何を学んでいくのでしょう。

　保育の歴史を振り返ってみますと，保育内容「表現」は，1989年に告示された「幼稚園教育要領」における保育内容5領域のひとつとして位置づき，現行の「幼稚園教育要領」「保育所保育指針」「幼保連携型認定こども園教育・保育要領」に引き継がれています。それ以前の保育内容は，1926年の「幼稚園令」では5項目「遊戯」「唱歌」「観察」「談話」「手技」等，1948年の「保育要領」では12項目「見学」「リズム」「休息」「自由遊び」「音楽」「お話」「絵画」「製作」「自然観察」「ごっこ遊び，劇遊び，人形芝居」「健康保育」「年中行事」，1956年の「幼稚園教育要領」では6領域「健康」「社会」「自然」「言語」「絵画製作」「音楽リズム」として示されていました。一読しておわかりのとおり，1989年より前の保育内容には，「表現」という内容は示されていなかったのです。関連する内容を探してみると，「遊戯」「唱歌」「リズム」「音楽」「絵画」「製作」「音楽リズム」「絵画製作」などが該当しそうです。これらの内容は，実際の活動としてイメージしやすいかもしれませんが，それに対して「表現」は，イメージすることが難しいかもしれませんね。しかし，ここに，何かの活動に注目して指導するだけではなく，「表現者」としての人間の存在を問いながら保育をすることの重要な意図が含まれているのです。保育は，環境を通して行うことを基本としますが，子どもを取り巻く環境は激変しています。自然環境が変化し，グローバル化が進み，AI時代を迎える現在，私たち人間は多様な他者やAIと共存することも視野に人間の存在を問うていかねばなりません。共存するためには，柔軟に変化を捉えつつ，豊かに表現することが求められます。

　最後に，保育の場で子どもは，そして保育者としてのご自身は将来，どのように「表現者」として存在しているでしょう？　ちょっと，目をつぶって，想像してみてください。素敵な「表現者」として存在するためにも，本書を通して学びを深めていただけることを願っています。

2019年3月

小林紀子

も く じ

はじめに

第Ⅰ部　領域に関する専門的事項

第1章　子どもの遊びや生活における表現

1. 子どもの遊びや生活における領域「表現」の位置づけ ……………5
   ①なぜ，遊びや生活における領域「表現」なのか　5　②領域「表現」における「子どもの存在」とは　8
2. 「子どもの存在」としての表現 …………………………………………10
   ①表現は，遊びや生活のなかで「よく」生きようとする子どもの営み　10　②表現は，環境と関わり世界を知ろうとする営み　12　③表現は，他者と関わりコミュニケーションを楽しむ営み　13
3. 審美性を尊重する保育の場 ……………………………………………14
   ①子ども一人一人の表現がもつ審美性　14　②審美性を尊重する保育の場は，学びを保障する　15

第2章　乳幼児期の発達と表現

1. 表現における素材と出会う喜び ………………………………………21
   ①素材に出会う喜びに保育者が共感する　21　②素材を自由に探究する　22
2. 他者との関わりのなかで表現が生まれる ……………………………23
   ①他者の作品や他者がしていることに魅了され表現が始まる　23　②大人と子どもの楽しいやりとりのなかで表現が広がる　24
3. 表現の源にある強い意思と願い ………………………………………26
   ①保育者が子どもの願いを聴き入るところから表現が始まる　26　②他者との交渉のなかで困難を乗り越え，表現を実現する　27
4. 表現の場と物語 …………………………………………………………27

iii

　　　　①表現の場をデザインする　27　　②場の変化に他者も気づき，参加しはじめる　28　　③思いが表現され実現する喜び　29　　④物語が新しい出来事の展開を生み出す　30

　5　表現と鑑賞 ……………………………………………………………………… 31
　　　　①美術館の作品に触れる　31　　②美術館の作品を鑑賞し技法を取り入れながら，新たな表現を構想し創造する　32

第3章　身体的な感性と表現

　1　身体の諸感覚と感性及びイメージ ………………………………………… 37
　　　　①身体の諸感覚と感性　37　　②感じることからイメージの想起へ　38

　2　諸感覚による身の周りのものとの出会いと身体表現 ……………… 39
　　　　①思わず現れる身体表現　39　　②意識して表す身体表現──身振り・模倣・舞踊（ダンス）　40

　3　身体表現の楽しさとその要因 ……………………………………………… 43
　　　　①弾む快感──リズムに乗って心身を解放する楽しさ　43　　②「共振」とコミュニケーション──真似し合う楽しさ　44　　③想像と創造──なりきる楽しさ・表す楽しさ　45　　④共創──友達と工夫しながらつくりあげる楽しさ　45

　4　身体表現の活動例 …………………………………………………………… 46
　　　　①身体表現活動の組み立て方　46　　②活動事例　48

　5　乳幼児の身体表現を豊かにする基礎的な知識と技能 …………… 49
　　　　①動きと表現性の関係　49　　②基本的な技能　50　　③言葉かけ　51

第4章　造形的な感性と表現

　1　身体の諸感覚と造形的感性及びイメージ ……………………………… 55
　　　　①表現の源としての「感じること」　55　　②表現の過程に目を向ける　55
　　　　③受け取る人の存在　57

　2　諸感覚による身の周りのものとの出会いと造形表現 ……………… 58
　　　　①身の周りのものと出会う探索の重要性　58　　②美しさやよさに惹かれ，求める審美性　60

　3　造形表現の楽しさとその要因 ……………………………………………… 61

①発達段階から見えてくる造形表現の楽しさ　61　　②表現の個性から見えてくる楽しさ　62　　③ものとの対話を通して生まれる楽しさ　63　　④他者との対話を通して生まれる楽しさ　64

4　造形表現の活動例 …………………………………………………… 65
　　　①製作コーナー　65　　②見る前に描く絵　66

5　乳幼児の造形表現を豊かにする基礎的な知識・技能 …………… 68
　　　①素材との対話を楽しむために──素材と遊ぶ　68　　②他者との対話を楽しむために──保育者の応答性　68

第5章　音楽的な感性と表現

1　身体の諸感覚と音楽的感性 ………………………………………… 73

2　諸感覚による身の周りのものとの出会いと音楽表現 …………… 74

3　音楽表現の楽しさとその要因 ……………………………………… 75
　　　①拍・拍子　75　　②リズム　76　　③音程　76

4　音楽表現の活動例 …………………………………………………… 77
　　　①子どもの発達と音楽表現──「あんたがたどこさ」の実践から　77　　②「感じる」「考える」「表現する」そして「工夫する」　78

5　乳幼児の音楽表現を豊かにする基礎的な知識・技能 …………… 80
　　　①音と感情　80　　②声遊び・歌唱表現　81　　③リズム遊び　83　　④楽器遊び・手づくり楽器　84

―――― 第Ⅱ部　保育内容の指導法 ――――

第6章　領域「表現」の歴史と内容

1　領域「表現」以前の保育内容 ……………………………………… 93

2　領域「表現」の誕生 ………………………………………………… 95

3　領域「表現」のねらい及び内容，内容の取扱い ………………… 100
　　　①幼稚園教育要領，保育所保育指針，幼保連携型認定こども園教育・保育要領の改訂（定）　100　　②各発達段階における領域「表現」のねらい及び内容，内容の取扱い　101

第7章　領域「表現」と小学校教科等とのつながり

1　接続という時期 …………………………………………………… 111
①不安を抱える子ども　111　　②「もの」に見る子どもの表現　112　　③領域「表現」の可能性　113

2　幼児期から児童期へ ……………………………………………… 113
①幼児教育・保育と小学校教育それぞれの思い　114　　②幼児期と児童期をつなぐ課題　115　　③幼小の独自性と関連性　116

3　子どもの見方をつなぐ …………………………………………… 119
①共に「子どもの姿」を語り合うことから　119　　②子どもの表現がつなぐ世界　120　　③CareとEducationを一体として　121

第8章　領域「表現」と環境構成

1　保育における表現と環境 ………………………………………… 125
①物的空間的環境の役割——環境が引き出すもの　125　　②関わり，つながる——興味・関心と発達に応じる　128　　③表現過程を支える——出会いから見合うまで　130

2　環境構成の実際 …………………………………………………… 133
①感性を豊かにする環境　134　　②表現したくなる環境　135　　③没頭できる環境　137　　④味わうための環境　140　　⑤戸外環境を活かす　141

第9章　3歳未満児の領域「表現」の指導方法及び保育の構想

1　遊びや生活における「表現」 …………………………………… 147
①子どもが感じていることを感じる　147　　②身近な環境に関わりさまざまに感じとる子どもを支えている要素とは？　148　　③保育者としての援助のあり方　152

2　行事への取り組みと「表現」 …………………………………… 155
①「表現」に関わる行事の基本的なあり方　155　　②普段の遊びや生活とつながっている行事——工夫点・援助のあり方　155　　③昔から伝わる伝統的な行事と表現　160

3　保育の構想と省察 ………………………………………………… 161

①「表現」が育つ保育の構想　161　　②つながりが見えてくる省察のあり方　163

第10章　3歳以上児の領域「表現」の指導方法及び保育の構想

1 遊びや生活における「表現」·· 167
　①子どもの姿の実際　167　　②保育者としての援助のあり方　169

2 行事への取り組みと「表現」·· 171
　①子どもの姿の実際　171　　②保育者としての援助のあり方　175

3 保育の構想と省察·· 177
　①在園期間を通したカリキュラムマネジメント　177　　②表現する過程を可視化する　179

第11章　造形表現の教材と指導法

1 造形表現とねらい·· 185
　①ねらいは育ちへの願いである　185　　②ねらいは丁寧に考えて立てる　185
　③ねらいと幼稚園教育要領等との関連　186　　④総合的な遊びを通して表現を育む　187　　⑤指導計画の確認　189

2 教材研究··· 189
　①保育を行うまでの時間や日数を確認する　189　　②子どもの姿から保育のねらいを考える　190　　③遊びやその流れ・材料用具・環境構成を決める　190　　④環境構成を考える　192　　⑤子どもを想定して実際の素材を用いてやってみる　193

3 造形活動の実践··· 193
　①保育案の具体例　193　　②保育者の役割　196

第12章　音楽表現の教材と指導法

1 音楽表現とねらい·· 205
　①「幼児期の終わりまでに育ってほしい姿」と音楽表現　205　　②音楽的な内容に関わるねらい――小学校との学びの連続性　206

| 2 | 教材研究 ………………………………………………………………… 208
①方法 208　②教材研究に向けて――知識と具体例 209
| 3 | 音楽表現活動の実践 …………………………………………………… 212
①指導案の具体例「たろうくんのいちにち」――5歳児クラス（秋頃）　213
②指導案の振り返り　214　　③保育者の役割　216

第13章　乳幼児期の表現に関わる現代的課題

| 1 | 「社会や環境の変化」と子どもの表現 ……………………………… 221
①子どもを取り巻く「社会や環境の変化」　221　　②身体性と子どもの表現　223
| 2 | 保育者養成と表現 ……………………………………………………… 224
①養成課程で何をどう学ぶか　224　　②求められる「表現者」としての成長　225
| 3 | 課題と可能性 …………………………………………………………… 227
①「保育の新と真」の視点から再考を　227　　②「保育の質」を視野に，可能性を探る　229

第Ⅰ部

領域に関する専門的事項

第1章
子どもの遊びや生活における表現

コウモリになりたい年長児たちが衣装をつくり，それを身につけて空を飛んでいました。それを見た年中児が，「僕も！」「私も！」と年長児に助けられながら衣装をつくりだしています。

子どもは，興味・関心のある対象に「なりたい！」と自ら模倣し表現します。写真の年長児たちも衣装をつくって身につけ身体表現し，絵に描いてみたり，歌をつくって発表したりしていました。これらの取り組みに触発された年中児も「コウモリになってみたい！」と衣装をつくりはじめています。これらの姿に保育者や大人は感心すると，つい，模倣させ表現させたくなるのですね。でも，保育者の教育的意図が強すぎると，子どもは興味を失っていくから不思議です。
　あくまでも，子どもの興味・関心に目を向け，何を感じ，何を表現しようとしているかを学びの履歴を踏まえて理解し，環境を整え援助していくことが求められるのです。

(扉写真提供：筒井幼稚園〈奈良県大和郡山市〉)

1 子どもの遊びや生活における領域「表現」の位置づけ

❶ なぜ，遊びや生活における領域「表現」なのか

　本書の第Ⅰ部「領域に関する専門的事項」においては，領域「表現」の指導に関する，乳幼児の表現の姿やその発達及びそれを促す要因，乳幼児の感性や創造性を豊かにするさまざまな表現遊びや環境の構成などの専門的事項についての知識・技能，表現力を身につけることをねらいとしています。

　上記をふまえ，ここでは，乳幼児期の「遊びや生活」における領域「表現」の位置づけについて考えていきたいと思います。はじめに，幼稚園教育要領や保育所保育指針，幼保連携型認定こども園教育・保育要領（以下，幼稚園教育要領等）で保育内容である領域「表現」がどのように記載されているかを「遊びや生活」に注目して取り上げていくことにしましょう。

　幼稚園教育要領では，第2章「ねらい及び内容」に「表現」として「ねらい」「内容」「内容の取扱い」が示され，1「ねらい」の(3)で「生活の中（下線，筆者）でイメージを豊かにし，様々な表現を楽しむ」，3「内容の取扱い」の(2)では「幼児の自己表現は素朴な形で行われることが多いので，教師はそのような表現を受容し，幼児自身の表現しようとする意欲を受け止めて，幼児が生活の中（下線，筆者）で幼児らしい様々な表現を楽しむことができるようにすること」と記載されています。

　保育所保育指針では，第2章「保育の内容」に，1「乳児保育に関わるねらい及び内容」，2「1歳以上3歳未満児の保育に関わるねらい及び内容」，3「3歳以上児の保育に関するねらい及び内容」と年齢別に記載されています。「乳児保育」では，(2)「ねらい及び内容」のウ「身近なものと関わり感性が育つ」として，感性と表現に関する「ねらい」「内容」「内容の取扱い」が記され，(イ)「内容」の②には「生活や遊びの中（下線，筆者）で様々なものに触れ，音，形，色，手触りなどに気付き，感覚の働きを豊かにする」と記載さ

▶1　保育教諭養成課程研究会（編）『幼稚園教諭養成課程をどう構成するか――モデルカリキュラムに基づく提案』萌文書林，2017年，p.148を参照。

れています。「1歳以上3歳未満児」と「3歳以上児」の保育に関わるねらい及び内容では、幼稚園教育要領と同様に「表現」は「感じたことや考えたことを自分なりに表現することを通して、豊かな感性や表現する力を養い、創造性を豊かにする」とし、「ねらい」「内容」「内容の取扱い」が示されています。「3歳以上児」の(ア)「ねらい」の③、(ウ)「内容の取扱い」の②は、前述した幼稚園教育要領の1「ねらい」の(3)、3「内容の取扱い」の(2)とほぼ同様に記載されています。なお、幼保連携型認定こども園教育・保育要領では、幼稚園教育要領と保育所保育指針の「表現」の「ねらい」「内容」「内容の取扱い」を含めた内容が記載されています。

このように、幼稚園教育要領等の「表現」に関する「ねらい」「内容」「内容の取扱い」では、いずれも子どもの表現は、遊びや生活のさまざまな場面で表出・表現されることから、遊びや生活のなかでさまざまな体験を通して感性や表現を豊かに育むことが示されています。

では、なぜ、領域「表現」は、遊びや生活に注目するのでしょう？ この問いに答えるためには、わが国の幼児教育・保育の歴史を振り返る必要があります。

領域「表現」の歴史的変遷については、本書第6章で詳細に論じますが、本章では、遊びや生活における子どもの表現に注目し、保育の内容・方法として取り入れていった経緯に着目して述べていくことにします。明治政府が成立して4年後の1872年、政府は学校制度の創設に着手し、初等教育に関しては国民皆学の方向性を「学制」として示していきます。その「学制」の第22章には、幼稚小学が教育機関として規定されていました。これは、学制が範としたフランスの学制のなかに、「育幼院」として規定されていたのを模して、形式的に条文にしたことによると言われています。しかし、当時の日本の実態としては、幼稚園を求める声は希薄であり普及には時間を要していき、日本初の幼稚園である東京女子師範学校附属幼稚園が創設されたのは1876年になります。また、保育内容・方法についても、海外からの直輸入的な恩物中心の一斉画一的指導の保育から始まったと言えます。その後、保育実践に関わる保育者たちが「子どもの姿に触れ、実態を捉えた保育記録」を重ねていくことで小学校以降の授業のような一斉画一的指導形態の保育が見直されていきます。たとえば、1903年に『婦人と子ども』に掲載された和歌

➡2 学制
明治政府は近代的学校制度を整備することを目指し、欧米の教育制度を模範として学制を制定しました。第27章には「尋常小学ヲ分テ上下二等トス此二等ハ男女共必ス卒業スヘキモノトス」とし、すべての国民が小学校に就学・卒業するよう記載して義務教育の基盤を築いていきました。

➡3 文部省『幼稚園教育百年史』ひかりのくに、1979年、p. 34。

➡4 恩物（Gabe）
「神からの贈り物」という意味であり、幼児を神の認識に至らせるために、幼稚園の創始者フレーベルが1837年に幼児教育の教材・遊具として考案しました。日本では1876年に紹介されましたが、恩物による保育は「恩物机（縦横に線が引かれた机）」に幼児を座らせ、机の線に合わせて積み木を組み立てさせるなど、保育者の指示に従わせる一斉方式が主流でした。1890年代までの保育は恩物中心でしたが、大正・昭和期を通じて恩物中心の形式主義的な保育は見直されていきました。

➡5 小林紀子「保育における形態」日本保育学会（編）『保育のいとなみ――子ども理解と内容・方法（保育学講座3）』東京大学出版会、2016年、p. 243。

子「幼児の汽車遊び」の保育記録では、活気あふれる子どもたちが雨の日に保育室で繰り広げた汽車ごっこの姿が記されています。そこでは、子ども自ら椅子を並べて汽車をつくり、改札係や車掌係が出現して旅行をはじめ、「新橋」に着くと「汽笛一声」の歌を唱和し、「上野」に着くと「駅弁売り」や「本売り」が現れ、「大久保駅」では下車して花を見学します。やがて「名古屋」を目指して汽車は走り続けるのですが、途中で「富士山」が見えるはずだということになり、黒板に「富士山」の絵を描く子どもが現れる様子が詳細かつ楽しげに記載されています。このように、子どもたちはそれぞれに表現して遊びを展開しており、その姿に価値を置き表現者として受け止めた保育者たちがいたことを記録から読み取ることができます。

その後、1917年に東京女子高等師範学校教授、附属幼稚園主事となった倉橋惣三は、保育者たちと保育実践に関わりながら体系的保育理論として『幼稚園保育法真諦』(1934年)を執筆します。序において「フレーベルの精神を忘れて、その方法の末のみを伝統化した幼稚園を疑う。つまりは、幼児を教育すると称して幼児を先ず生活させることをしない幼稚園に反対する」として、恩物教授法による一斉画一的指導の保育を批判し、今ある生活を生活という方法でより充実した生活に導くという意味合いの名言「生活を生活で生活へ」を残していきます。この主張は、1948年に幼稚園・保育所・家庭における幼児教育の手引きとして文部省(当時)から刊行された「保育要領」の理論的基盤となり、同要領「五　幼児の一日の生活　1　幼稚園の一日」には「幼稚園における幼児の生活は自由な遊びを主とする」「幼児を一室に集め、一律に同じことをさせるより、なるべくおのおの幼児の興味や能力に応じて、自らの選択に任せて自由に遊ぶようにしたいものである」「自己表現・自発活動を重んじ……」と記載されており、遊びを中心とした生活のなかでの自己表現に注目していきます。そして、その主旨は、1989年改訂の幼稚園教育要領、1990年改訂の保育所保育指針、2014年告示の幼保連携型認定こども園教育・保育要領に保育方法として引き継がれると同時に、保育内容である領域「表現」に反映され、現在に至っているのです。

▶6　和歌子「幼児の汽車遊び」『婦人と子ども』3(7)、1903年、pp. 48-52。

▶7　倉橋惣三(1882-1955)
明治期から始まったわが国の恩物中心の形式主義的な保育を見直し、児童中心の進歩的な保育を提唱しました。東京帝国大学を卒業後、1910年東京女子高等師範学校に着任、1917年12月同校教授・附属幼稚園主事になり、保育実践に関わりながらわが国幼児教育界の理論的指導者として貢献しました。

❷ 領域「表現」における「子どもの存在」とは

前述したように、実際に保育実践と関わる保育者や保育研究者たちが、遊びや生活のなかで表現する子どもの姿に関心を寄せ、記録することでそこに価値を見出していきました。また、そのことは、「子どもの存在」について理解を深め、そこから保育内容や保育方法を考えていくことにもなったと言えます。では、現行の幼稚園教育要領等では、「子どもの存在」をどのように捉えているのでしょう。ここでは、保育内容領域「表現」から具体的に考えてみることにしましょう。

Work 1

幼稚園教育要領の感性と表現に関する領域「表現」に目を通し、「子どもの存在」をどのように捉えているかについて考え、話し合ってみましょう。

幼稚園教育要領の第2章「ねらい及び内容」における領域「表現」では、冒頭に「感じたことや考えたことを自分なりに表現することを通して、豊かな感性や表現する力を養い、創造性を豊かにする」と記され、ねらい、内容が記載されています。また、「ねらいは、幼稚園教育において育みたい資質・能力を幼児の生活する姿から捉えたものであり、内容は、ねらいを達成するために指導する事項である」とされています。ねらいからは「子どもの存在」をどのように捉えているのか、内容からは「指導のあり方」を読み取ることができそうです。さて、みなさんはどのように読み取りましたか？

以下に、学生A、B、C、Dさんの話し合いの様子を取り上げてみることにします。

Aさん：自分で感じたことを自分なりに表現したり、伝え合ったりすることができる存在。感受性や感性は、もともと豊かな存在と捉えているのかな。

Bさん：私たちは大人になると常識や固定観念にとらわれて物事を考えがちかも。幼い時はもっと自由に表現していたかもしれない。

領域「表現」では，遊びや生活のなかでさまざまなものに全身で触れ，豊かな発想で自分が感じたままに表現できる存在としているよね。
Cさん：身近なことから珍しいことまで，見聞きしたことを敏感に感じ，試行錯誤しながら言葉や体で一生懸命表現しようとする。自分が発見したことや喜びを先生や友達に何とかして伝え，わかってもらおうとしていた。だから，幼稚園とかで「みて！みて！」「きいて！きいて！」ってよく言っていた。
Dさん：幼稚園では，たくさんの経験をし，新しい発見をする。そのことを自分なりにさまざまな方法で積極的に表現していた。領域「表現」でも，子どもは全身で物事を感じ，自発的に表現し，表現を楽しむ存在としているよね。

　上記のように，A，B，C，Dさんは自身の園生活を振り返りながら，領域「表現」における「子どもの存在」について話し合い，「子どもは環境に主体的に関わり多様な表現を楽しむ有能かつ能動的な存在」とまとめていました。

　ちなみに，幼稚園教育要領の領域「表現」のねらいでは，「(1)いろいろなものの美しさなどに対する豊かな感性をもつ」「(2)感じたことや考えたことを自分なりに表現して楽しむ」「(3)生活の中でイメージを豊かにし，様々な表現を楽しむ」と記載されています。また，幼稚園教育要領解説の第２章の５「感性と表現に関する領域『表現』」では，「幼児は，毎日の生活の中で，身近な周囲の環境と関わりながら，そこに限りない不思議さや面白さなどを見付け，美しさや優しさなどを感じ，心を動かしている。そのような心の動きを自分の声や体の動き，あるいは素材となるものなどを仲立ちにして表現する。幼児は，これらを通して，感じること，考えること，イメージを広げることなどの経験を重ね，感性と表現する力を養い，創造性を豊かにしていく。さらに，自分の存在を実感し，充実感を得て，安定した気分で生活を楽しむことができるようになる」としており，子どもは表現することで自分の存在を実感したり，充実感を得たり，安定した気分で生活を楽しむことができるようになるとしています。これらのことから，表現は子どもが自らの存在を実感する経験と深く結びついていると読み取ることができます。

　これに関して，教育学者の村井実は，教師の仕事を真面目に考え

▶8　文部科学省「幼稚園教育要領解説」2018年，p.223。

▶9 村井実『教師と「人間観」』東洋館出版社, 2015年。

るのであれば人間をどう観るか, つまり人間観を真剣に考える必要があるとしています。「人間を『教育』しようとするのですから, 子どもたちに『やみくもに』働きかけるわけにはいきません」とし, その人間観として,「よく」生きようとする人間観を提唱しています。この仮名文字で表現する「よく」は,「素朴かつ単純なことをそのままに言いたいためであって, 道徳的・倫理的に『善』という『実在』に即する『善く』や『善い』の意味を『実在主義的に』含んだりはしていないことを明示するため」「人々の行いについてにせよ, 生き方についてにせよ, 人柄についてにせよ, 一般に『善い』と認められる何かの特質が『実在』として在るとか人に備わっていることを意味するものでもないことをはっきりと示すため」としているのです。また, このような「よく」生きようとする人間は, 世間一般から評価されることもあれば評価されないこともあるものの, 常に自己評価し省察して生き方の修正を繰り返し,「倫理主義風に言えば修養, 自己形成等の努力も, 生涯にわたって自然に続けながら生きていくことができる」存在だとしているのです。

　この考えに立って, 領域「表現」の子どもの存在を再度考えてみますと, 子どもの存在は, 自ら環境に全身で関わり,「よく」生きようと表現する存在と捉えることができそうです。また, 表現する姿は関わる環境を探索し世界を知ろうとする営みでもあり, 知り得たことを他者と共有して楽しもうとする営みでもあると言えるでしょう。

2 「子どもの存在」としての表現

❶ 表現は, 遊びや生活のなかで「よく」生きようとする子どもの営み

Episode 1　「スライムやりたい……」（2歳児クラス　7月）

　E児は, 登園時から機嫌が悪く, 保育者に体当たりしてきたり, 鞄を投げたりしています。最近, 不安定な保護者とE児の様子を心配し, 保護者に話を伺ったりしながら園でも保育者同士が話し合いを重

ね，対応を考えていたところです。この日，保育者はまずE児を抱きかかえながら「どうしたの？」「そんなにしたら痛いよ！」など，声をかけ全身で受け止めて落ち着かせるようにしていました。すると，しばらくすると，E児は「スライムやりたい……」と小さな声でつぶやいたのです。そこで，急遽，保育者同士が連携を取りながら，当日の計画には予定されていなかったスライムを準備していったのです。すると，E児は，保育者が準備したスライムに夢中になって取り組み，次第に落ち着いていったのです。

E児の姿をみなさんはどのように捉えるでしょう。表現という視点から見てみると，周りの物や保育者に体当たりでぶつかって，自分の感情を発散し，「わかってよ！」といわんばかりに思いを全身で表しているE児。E児の表現としての言動を「善悪」の判断基準で見るのではなく，その姿を理解しようとし，E児のやるせない内なる思いを全身で一生懸命受け止めようとする保育者。その関係のなかで，E児は「スライムやりたい……」とつぶやくのです。スライムでの遊びは，感触を楽しむことができると同時に，何か爆発しそうな攻撃的な感情を受け止め解消してもらえる遊びでもあります。E児は，以前の経験からスライムでの遊びを直感的に選択したと言えるでしょうが，この姿はE児なりの「よく」生きようとする姿と捉えることができるのではないでしょうか。物や保育者に体当たりでぶつかる行為を続けることは，E児にとっても心地よいものではなかったのでしょう。E児の立場に立って，共感的に理解しようとする保育者がいたことで，過去の経験が思い起こされ，暴力的な言動をスライムでの遊びに転化していったと言えるでしょう。

上記のように，子どもにとっての表現は，遊びや生活のなかで「よく」生きようとする子どもの営みと捉えることができます。

この背景に，「よく」生きようとする子どもの学びの履歴を把握し，柔軟に保育の計画や保育環境を変更しようとする担任保育者の存在，それを支える保育者同士の連携があったと理解することができます。

これに関して，保育所保育指針の第2章「保育の内容」2「1歳以上3歳未満児の保育に関わるねらい及び内容」のオ「表現」における「内容の取扱い」として留意する事項が具体的に4点示されており，参考になります。

❷ 表現は，環境と関わり世界を知ろうとする営み

Episode 2　舌で探索（6か月児　12月）

6か月のＦ児は，はじめてひとりで座ることができるようになりました。たまたま自分ひとりで座れたことにキョトンとした表情でしたが，その様子をうれしそうに見守る両親の表情を見て，Ｆ児もうれしそうに満面の笑みを浮かべていました。翌日，網袋に入ったゴムまりを見つけると，片方の手で身体を支えながらもう片方の手で網に指を突っ込んでゴムまりを引き寄せ触ろうとしますが，うまくいきません。すると，おもむろ（自慢げ）に舌を出してゴムまりをペロペロと舐めて探索しているのです。

写真提供：筆者撮影。

　乳幼児の発達を見ていると，全身を駆使して環境と関わり探索していることに改めて気づかされます。特に，乳児においては，自らの身体を支えることが難しいこともあり，健気に格闘している姿に感動すら覚えます。生後3か月を過ぎる頃から首が座るようになり，寝返りがようやくできるようになり，はいはいで前後に進めるようになると，乳児にとって見えてくる世界が日々広がっていくのでしょう。しかし，まだ，自らの身体を自在に支えたり使いこなせたりできるわけではなく，本エピソードのように，舌まで駆使して環境と関わり必死に探索をしていくのです。その姿は，日々出会う対象との新たな関わりのなかで，対象を見聞きしたり，触ったり，舐めたりしながら感受し，自ら表現している興味深い姿です。

　これに関して保育所保育指針の第2章「保育の内容」1「乳児保育に関わるねらい及び内容」のウ「身近なものと関わり感性が育つ」では「身近な環境に興味や好奇心をもって関わり，感じたことや考えたことを表現する力の基盤を培う」とし，㋐「ねらい」のなかで，「①身の回りのものに親しみ，様々なものに興味や関心をもつ。②見る，触れる，探索するなど，身近な環境に自分から関わろうとする。③身体の諸感覚による認識が豊かになり，表情や手足，体の動き等で表現する」と記載されており，全身で環境と関わり表

現する内容が記されています。ここでも，子どもの存在は「よく」生きようとする存在であり，その表現する姿は，対象を全身で探索し世界を知ろうとする営みと捉えることができるでしょう。

❸ 表現は，他者と関わりコミュニケーションを楽しむ営み

Episode 3　一緒に踊る（5歳児クラス　9月）

4歳児で途中入園した外国籍のS児は，T児と一緒に大型積み木で家をつくりました。T児が空箱でビデオカメラを製作して家に置くと，カメラの前でS児が楽しげにポーズをとりだしました。それを見たT児は，カメラの前でKK音頭（園の周年を記念してつくられた楽曲）の曲をかけて歌いながら踊りはじめ，一緒に踊ろうと身ぶりを交えてS児を誘います。KK音頭の踊りに馴染みが薄いS児は踊ろうとせず，T児の踊りを見ています。しばらくしてT児が鈴を手にディズニーの曲をかけると，S児はにこやかな表情になり，2人で顔を見合わせたり笑ったりしながら踊りを楽しんでいました。何度か踊りをカメラの前で楽しむと，今度はS児がKK音頭の曲をかけ，その後2人で楽しそうに踊っていました。

　母語が異なるS児とT児は，言葉でのコミュニケーションだけでは充分伝わらないこともあり，動きや表情，モノのやり取りなど，多様な表現を交えて遊びを進めています。2人の遊びの展開を表現という視点から整理してみると図1-1のようになります。

　このように，母語が異なるS児とT児は，同一母語の5歳児同士が言葉を交えたコミュニケーションを楽しむ様子とは少し違う状況にあります。しかし，相手と関わりたい，相手を知りたいと願う姿は，先程あげたEpisode 2と同様に全身を駆使して表現しています。興味深いことに，Episode 2の乳児（生後6か月）の表現と比較してみると，その表現が実に多様になっていることです。全身を駆使しつつ，モノ（積み木・空箱・楽器など）や場，そして文化を伝承する音楽・歌・踊り・言葉などを活用して他者と関わりたい意図を多様に表現しているのです。この多様な表現は，それぞれ異なる文化の国や地域・家庭，そして園生活などで培われたものでもありますが，そこには独自性と共通性があります。S児とT児のやり取りを見ていますと，互いが意図を汲み取り合いながら，相手の表現に合わせて同じように表現してみたり，相手の表現に触発されて独自の表現を試みたりしているのです。この一連の表現は，相手を知ろうとす

第Ⅰ部　領域に関する専門的事項

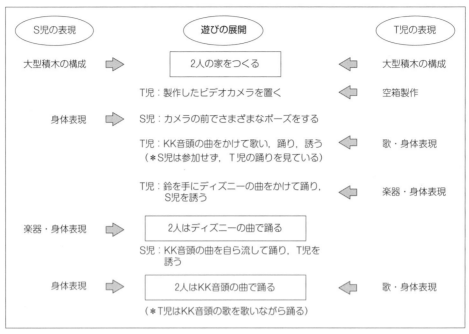

図1-1　母語が異なる子どもの表現と遊びの展開

出所：筆者作成。

る営みでもあり，他者とのコミュニケーションを楽しむ営みでもあります。このことは，子どもは他者との関係において，「よく」生きようとする存在であると捉えることができるでしょう。

3 審美性を尊重する保育の場

❶ 子ども一人一人の表現がもつ審美性

　前述したように，本章では，幼稚園教育要領等の領域「表現」のねらいや内容から，子どもの存在を「よく」生きようとする存在として捉え，環境に自ら関わり「よく」生きようと多様に表現する子どもの姿を論じてきました。その姿は，遊びや生活のなかで見せるその子らしさであり，環境と関わり世界を知ろうとする営みでもあり，他者と関わりコミュニケーションを楽しむ営みでもあるとしました。ここでは，それを受けて，子ども一人一人の「よく」生きようとする姿である表現がもつ審美性について考えてみたいと思いま

す。

これに関して、秋田（2013）はレッジョ・エミリアについて取り上げ、そこでは「審美性とは、私たちの身のまわりのものに対する共感の態度であり、参加や関心を持つことによって、今のものよりもよりよいものへという志である。関係性・つながり・感受性・自由と表現にかかわり、それを表現するのに100の言葉がある」「審美性は誰もが持っている」と捉えられているとし、「子どもを見る時に、上手・下手、できた・できないというような結果を見る視座ではなく、子ども一人ひとりの表現がもつ審美性（aesthetic）への敬意、子どもは本来一人ひとり異なり、100の言葉をもつ存在であること、子どものその多様な表現を認め、また表現する機会を奪ってはならないという思想が根深く息づいている」と紹介しているのです。これは、本章で論じている現行の幼稚園教育要領等の人間観や子ども観とつながるものでもあり、「よく」生きようとする子ども一人一人の表現がもつ審美性への敬意が重要だと再考させられます。

❷ 審美性を尊重する保育の場は、学びを保障する

先ほど、「よく」生きようとする子ども一人一人の表現がもつ審美性への敬意が重要であるとしました。幼稚園教育要領の第1章「総則」第4「指導計画の作成と幼児理解に基づいた評価」の4「幼児理解に基づいた評価の実施」において「(1)指導の過程を振り返りながら幼児の理解を進め、幼児一人一人のよさや可能性などを把握し、指導の改善に生かすようにすること」と記載されており、個々の子どもの「よさや可能性」を把握し指導の改善に活かすとしています。また、第2章「ねらい及び内容」の領域「表現」における3「内容の取扱い」では、「(2)幼児の自己表現は素朴な形で行われることが多いので、教師はそのような表現を受容し、幼児自身の表現しようとする意欲を受け止めて、幼児が生活の中で幼児らしい様々な表現を楽しむことができるようにすること」「(3)生活経験や発達に応じ、自ら様々な表現を楽しみ、表現する意欲を十分に発揮させることができるように、遊具や用具などを整えたり、様々な素材や表現の仕方に親しんだり、他の幼児の表現に触れられるよう配慮したりし、表現する過程を大切にして自己表現を楽しめるように工夫すること」と記載され、個々の表現の「よさや可能性」を受容

➡10 秋田喜代美「レッジョ・エミリアに学ぶ保育の質」『子ども学』1、2013年、p.15。

➡11 レッジョ・エミリア
イタリア北部にある都市。そこで行われている幼児教育・保育の実践が1991年米国『ニューズウィーク』誌で「もっとも革新的な未来の学校」のひとつとして紹介され、現在も世界で注目されています。

すると同時に，環境を整え援助することの重要性が示されています。また，保育所保育指針の第2章「保育の内容」の1「乳児保育に関わるねらい及び内容」(2)「ねらい及び内容」のウ「身近なものと関わり感性が育つ」の(ウ)「内容の取扱い」には「②乳児期においては，表情，発声，体の動きなどで，感情を表現することが多いことから，これらの表現しようとする意欲を積極的に受け止めて，子どもが様々な活動を楽しむことを通して表現が豊かになるようにすること」と示されており，乳児の発達の特徴をふまえたうえで「よさや可能性」を育むことを示しています。

　これらをふまえ，子ども一人一人の表現がもつ審美性を尊重する保育の場は，どのように構築されるかについて考えてみたいと思います。ここでは，先に取り上げた2歳児クラス7月のEpisode 1「スライムやりたい……」から具体的に考えてみることにしましょう。

　Episode 1を再読すると，E児の表現を保育者が受け止める際に，その背景にある子どもや保護者の「よく」生きようとする姿への敬意があると言えます。これは，保育者が自他やモノ（教材）と対話しつつ日々の保育を省察し，相手理解と援助を深めている専門性に裏打ちされています。日々の生活で抱える困難がありながらも懸命に生きようとする保護者への理解と，それを共有する保育者同士の関係。また，E児に向き合い瞬時にスライムを準備する担任保育者自身も，「よく」生きようとする表現者として保育の場に位置づき，同時に，担任保育者を支え合う保育者同士の連携があると言えます。E児に対する共感と保育者同士の連携が，E児の一見乱暴な表現を，スライム遊びという気分を発散できる遊び・表現へと導いていったと言えるでしょう。このように見ていきますと，保育の場に参加するすべての人が，互いに表現者であり，かつその相手の言動としての表現がもつ審美性を敬いつつ保育が展開されていると読み取ることができます。

　また，5歳児クラス9月のEpisode 3「一緒に踊る」を再読してみますと，そこでは，子ども同士が互いの表現を敬いながら遊びを展開し，コミュニケーションを楽しむ姿を読み取ることができます。その際，表現が実に多様になっており，全身を駆使しつつ，モノ（積み木・空き箱・楽器）や場，そして文化を伝承する音楽・歌・踊りなどと対話し，それらを活用して他者と関わりたい意図を表現し

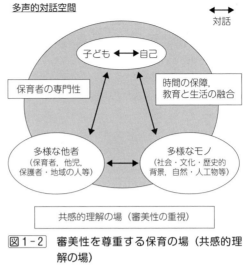

図1-2 審美性を尊重する保育の場（共感的理解の場）

出所：小林紀子「大人の生活感を再考しよう――『対話の生まれる場』をつくるために」『保育ナビ』4(10), 2014年, p. 19。

ていたと読み取ることができます。これらの展開は，環境と関わり表現活動を楽しむなかで，対話が生まれる場をつくることがいかに重要であるかを私たちに問うています。佐藤学は，学びにおける対話的実践として「対象（モノ）との対話」「他者との対話」「自己との対話」の3点をあげており，学びの実践は「世界づくり（認知的・政治的実践）」と「自分探し（倫理的・実存的実践）」が「相互に媒介し合う三位一体の実践」であるとしています。しかし，同氏は，この3つの次元の対話的関係を成立させ，三位一体の実践を展開することの難しさを指摘しています。今回，本章で取り上げた表現に関するエピソードでは，共に実践の場を開き，多様なモノや自他との対話が十分保障され，学びが保障されていたと言えるでしょう。そして，その基盤に，他者を共感的に理解し，互いの表現がもつ審美性を尊重する保育の場があったと言えます。これらを図示すると図1-2のようになります。

　審美性を尊重する保育の場は，保育者自身もよく生きようと多様な他者と対話を交わし，考え，さまざまな表現を試みる興味深い場です。保育者として，このような日常のなかで専門性を高めることができるとすれば，仕事を通して幸せな人生を歩めそうだと思いませんか？

12　佐伯胖・藤田英典・佐藤学『学びへの誘い』東京大学出版会，1995年，p. 75。

Book Guide

- 森眞理『レッジョ・エミリアからのおくりもの――子どもが真ん中にある乳幼児教育』フレーベル館, 2013年。
- 佐藤学（監修），ワタリウム美術館（編）『驚くべき学びの世界――レッジョ・エミリアの幼児教育』ACCESS, 2011年。
 上記2冊は，イタリアの小都市レッジョ・エミリア市の対話を重視した乳幼児教育実践のアート的取り組みを，写真を取り入れながらわかりやすく解説しています。
- 日本教材文化研究財団（編）『子どもの挑戦的意欲を育てる保育環境・保育材のあり方』日本教材文化研究財団, 2016年。
 「教育・保育の質」を向上させる鍵になると考えられる，「子どもにとってチャレンジングな活動」に視点を当て，それを支える環境や素材について実践を通して取り上げています。

Exercise

1. 表現活動のプロセスについて具体的に話し合い，子どもが何を楽しみ，何を学んでいるかについて，写真・スケッチ・図表など，さまざまな表現を駆使してまとめてみましょう。
2. 自身の幼児期における「表現」についての思い出を話し合い，幼児にとって「表現」がどのような意味をもつか，保育者の存在・役割について話し合いましょう。

第2章
乳幼児期の発達と表現

このような子どもの表現はどのように始まったのでしょう？ 絵を描いた後，子どもはどんなことをしたと思いますか？ 発達の違いによって表現はどのように変わってくるのでしょうか？

「くるくる　お散歩だね」という保育者の言葉とともにこの表現活動（2歳児）は始まったそうです。毎日，お散歩をしている子どもたちは，クレヨンが楽しそうにお散歩をしているようにくるくると描きはじめたのだそうです。お散歩でたくさんの楽しい経験を味わった時のことが，描きながら表現されたのでしょう。描いた後，子どもたちは，紙の上を今度は自分がお散歩をするように，楽しくタカタカと歩いたようです。このようなダイナミックな表現は，見ている人をも引きつけます。しかし，静かにじっとおもしろい動きを見入る姿も表現の始まりです。驚き，不思議に思い，手を伸ばし，素材に触れてみる時，子どもと世界の関係が変わりはじめます。子どもの驚きや喜びに一緒になって応えてくれる保育者がそばにいると，子どもはもっともっと新しいことを試したり，表現するようになるでしょう。発達とともに表現の方法も，複雑に豊かになることでしょう。

（扉写真提供：お茶の水女子大学こども園〈東京都文京区〉）

1 表現における素材と出会う喜び

❶ 素材に出会う喜びに保育者が共感する

> **Episode 1** 素材との出会い：「ふわふわ　くしゃくしゃ」（0歳児　7月）
>
> 　シフォンの布やガーゼ素材の布に触れて遊ぶ子どもたちの姿を見て，T先生（アートの専門家）から，薄葉紙で遊んでみたらという提案を受けた。保育室内の空間に紙テープを張り，そこに大きなふわふわした薄葉紙をカーテンのように取り付けてみた。子どもたちは，大きな紙が風に揺れる様子を見て喜び，触れたり包まれたりする感触を楽しんだ。
>
>
>
> 写真2-1　素材との出会い　　写真2-2　ふわふわの紙に包まれて

➡1　この実践と写真は，お茶の水女子大学こども園（東京都文京区）によるものです。

　0歳児は，ようやくひとりで座れるようになったばかりの子どもや，ハイハイを盛んにする時期にある子どももいます。そのような子どもたちが目の前にある大きくて薄くしなやかな薄葉紙が吊るされた空間と出会うと，大きく柔らかな紙のカーテンに触れたり，引っ張ったりして遊びます。偶然，紙テープから薄葉紙が外れて床に落ちてくることもあるでしょう。そのような時も，子どもは紙の音を聞いて身体全体で素材を感じています。そして落ちてきた薄葉紙に包まれたり，くしゃくしゃにしたりして遊ぶことで，素材の感触を味わいます。薄葉紙と関わるなかで，そばにいた保育者とのいないいないばあ遊びが始まり，素材を介して保育者とやりとりを楽しむこともあるでしょう。

> 2 この実践と写真は，お茶の水女子大学こども園（東京都文京区）によるものです。

> 3 再生紙トイレットペーパーは毛羽立ち，埃がまうため，教材としてはふさわしくありません。この実践では再生紙ではないトイレットペーパーを準備しています。

　保育者と一緒に，触って揺らしたり，紙の音を聞いたりして，感触を楽しんだり驚いたりする経験は，子どもが自ら素材に関わろうとする意欲を引き出すことにもつながるでしょう。このような場に関わる保育者は，子どもがおもしろいと思って楽しんでくれるかを想像しながら環境準備をするとよいでしょう。子どもが紙に触れた時，紙が動いたという驚き。「おや？　何だろう」とさらに子どもが紙という素材に手を伸ばし，もう一度触れてみる。そのような経験が表現しようとする意欲を育んでいくことになります。保育室で繰り返し遊べるようにすると，さらに自発的な遊びが期待できます。

❷ 素材を自由に探究する

Episode 2　いつもの素材が大変身：「身体全体で戯れる」（1歳児　7月）

　子どもたちが家庭や園で親しんでいるトイレットペーパー。表現の素材として改めて出会い直してみると，驚きのつまった素材に大変身した。保育室横の長い廊下で，保育者が「クルクルクル」と言いながらトイレットペーパーを伸ばしていった。子どもたちはびっくりしたように固まって，保育者がトイレットペーパーをどんどん引き出していく様子を見ている。少しして，A児が「使っていいの？」と保育者に聞いてきた。トイレットペーパーは遊びに使うものではないということを知っていることがわかる。保育者が「クルクル，ふわふわだね」と笑いながら話しかけると，安心したように遊びだした。

　トイレットペーパーはたぐり出すと長い紙に変化する。さらに，素材の柔らかさからふわふわとして形がいかようにも変化する不定形の形を伴って現れる。子どもたちは長く長く引き出した紙が自分の身体のまわりに広がって，まるで海のなかにいるような感覚を楽しんでいる。子どもたちの身体にまとわりついた紙は柔らかく，あたたかさに包まれたような感覚をもたらす。今までの関わり方とは異なる関わり方で素材と出会い直していく。

写真2-3　素材の形が変形する

写真2-4　素材と身体全身で戯れる

表現遊びでは，素材に子どもが自らさまざまな出会い方をし，自由に探究する姿を大切にしましょう。素材と親しくなるなかで出てくるいたずらのような関わりも歓迎します。このような制限されることのない素材との自由な関わり方のなかで表現が育まれていきます。

2 他者との関わりのなかで表現が生まれる

→4 この実践と写真は，認定こども園清心幼稚園（群馬県前橋市）によるものです。

❶ 他者の作品や他者がしていることに魅了され表現が始まる

Episode 3　他者が残した作品に感じ入る（2歳児　11月）

先日，園では何人かの作家が集って遊ぶワークショップのおまつり（「スーパーワークショップパーティー」）があった。園児や保護者，小学生も参加したある作家とのワークショップで，2歳児クラスの保育室では，山や森にでかける遊びに見立てて動物になったり，探険したり，制作したりして楽しんだ。その後，その時に描いたり遊んだりした跡（熊の毛・熊の手・リスの耳など）が額縁入りの絵のように貼られて作品のようになった。このワークショップに2歳児クラスの子どもたちは参加したわけではなかったが，2歳児担任の保育者は，作品を見て何か感

写真2-5　5歳児の手つきをじっと見る2歳児

写真2-6　葉っぱを飾る

じてもらえたらいいなと思い，また，その続きが生まれたらおもしろいなと思って，作家と相談してそのままクラスの保育環境として残せるようにした（写真2-5の上。3枚の額縁のある作品）。

その後，2歳児がクラスに入るとその作品から何かを感じたようで，その作品の横で園庭で拾ってきた落ち葉を壁に貼りはじめた。そこに数人の年長児がやってきて，落ち葉を丁寧に切ってラミネートしてみせると，2歳児はその手つきをじっと見入り（写真2-5），自分も秋の葉っぱを素敵に飾りたいという気持ちになったようで，木の枝に見立てたところに色とりどりの葉っぱをつけていった（写真2-6）。

たくさんの葉っぱをつけたその木の下で、みんなでお弁当を食べた。保育室がまるでピクニックのような空間になった（写真2-7）。

写真2-7　素敵な木の下でお弁当を食べる

2歳児は他者のやっていることに興味津々です。さかんに模倣遊びが行われる発達の時期でもあり、表現が始まる過程で他者の残した作品や行為に魅了されて、自分もやってみたいという気持ちが起こります。このような発達の過程にも注目しましょう。Episode 3では、年長児のしていることを熱心に見ている2歳児がいます（写真2-5）。その後、2歳児が背伸びして自らの手で葉っぱを木に結ぼうとしています（写真2-6）。脚立に上って一生懸命手を伸ばしている姿から、素敵な木にしたいという意思と表現する意欲が感じられます。保育者はこの素敵な空間で、お弁当を食べる提案をします。下に敷いたビニールシートも緑の色を選び、ピクニックのようにしたのも素敵です（写真2-7）。

➡5　中村翼「子どもの造形活動において美術表現が生まれる過程——素材や人とのかかわりに着目して」（平成29年度お茶の水女子大学卒業論文）2018年（未公刊）。

❷ 大人と子どもの楽しいやりとりのなかで表現が広がる

Episode 4-1　素材と関わりながら表現が始まる（3歳児　3月）

床に障子紙が5枚ほど置かれている。障子紙の上で飛び跳ねたり、飛び越えたりして関心を示す子どもが出はじめる。T先生が「おっとと、おっとと」と両手を広げてバランスを取りながら障子紙の上を歩く。子どもたちもT先生の後ろについて障子紙の上を歩きはじめる。T先生は障子紙の上を歩きながら子どもたちに「もっと遠くまで行きたいね」というと「あった！」と紙を発見する子どもたち。子どもたちは障子紙を長い道をつくるように床に並べはじめる。

T先生が障子紙の上を歩くことを促すように素材を提示したことで，子どもたちはもっと障子紙の上を歩きたいという気持ちになり，まだあった障子紙を発見して，障子紙を長くつなげて道をつくりはじめます。

Episode 4-2　楽しいやりとりが表現を広げる

　床に長い道がつくられていった後，T先生は絵の具を子どもたちに見せる。手に絵の具をつけたC児は，A先生やT先生にその手を見せる。A先生が「手でも（障子紙に色がつけられる）ねえ」と誘うと，C児が絵の具をつけた手を障子紙につける。C児が障子紙から手を離すとT先生は「おっ（手の形がついたね）！」とうれしそうに応える。C児はT先生を見てからもう一度手に絵の具をつけて，今度は両手に絵の具をつけてT先生に見せる。するとT先生は絵の具を両手につけたC児のうれしそうな姿を写真に撮る。そして今度は両手でC児が障子紙に手形を押して残す。T先生は手形がつくと再び「おっ（手の形がついたね）！」と応える。このような楽しいやりとりの様子を見ていた他の子どもがC児の近くに寄って来て，同じように両手に絵の具をつけて障子紙に手形をつけて去る。C児は手形をつけながらT先生の顔を見て笑う。

写真2-8　手を握って障子紙につける

写真2-9　障子紙についた跡を見る

　Episode 4-2から，大人と子どもの楽しいやりとりのなかで表現が広がっていくことがわかります。この楽しいやりとりに他の子どもたちも気がつき，互いの表現が自然と目に入り，自分もやってみたいという気持ちが生まれ，他の子どもたちにも表現が広がっていきます。

　子どもが自ら生み出した表現を大人が受け止めて喜んで一緒に関わると，子どもの表現にさらに工夫が生まれていくことが見てとれるでしょう。新しい表現を受け入れてもらえる場で子どもは思いついたことを試すことができ，もっとやってみたいという意欲が育まれていきます。

第Ⅰ部　領域に関する専門的事項

3 表現の源にある強い意思と願い

❶ 保育者が子どもの願いを聴き入るところから表現が始まる

Episode 5-1　かぶれるくらいの大きなスイカをつくりたい（3歳児〜4歳児にかけて）

　Yはスイカが登場する絵本を読み，そのなかに出てくるスイカをかぶっている登場人物に注目する。ある時，保育者は「かぶれるくらいの大きなスイカをつくりたい」というY（3歳児　10月）の夢を聴く。5か月ほどあいた3月に，突如Yは「スイカの畑をつくらないと」と言い出し，そのための肥料を買いに行く。Yの話を聞いた他の3歳児も関わりはじめる。「スイカは太陽が好き」との情報からYは「ここがいい！」と園庭の真ん中を畑にしたい様子。しかし，そこには築山がある。そこで，早速Yたちは山を削りはじめる。すると先輩たちの4，5歳児がやってきて「なんで俺たちの山を削るんだよ！」と言われてしまう。Yが山を削っている事情を話し，「今の山を隣に引っ越しする」と提案する。その結果，4，5歳児もそれならOKと交渉が成立する。山を移動する場所を工事現場のようにコーンで囲いはじめる。山は日々削られていき土を運ぶYたち3歳児。とうとう移動に成功し，山の跡地が囲われて畑用地になった。

写真2-10　工事現場のように見立てて山を移動する準備をする

▶6　Episode 5-1〜5-5の実践と写真は，認定こども園清心幼稚園（群馬県前橋市）によるものです。

　ここでは，「かぶれるくらいの大きなスイカをつくりたい」というY（3歳児　10月）の夢を聴いた保育者が，Yの「スイカの畑をつくらないと」という意思に応え，肥料を一緒に買いに行くことから畑づくりが始まります。当初，保育者たちは園庭でスイカを育てるのは難しいだろうと考えていたそうです。しかし，Yの強い願いと意思が，たとえできなくてもやらせてあげたいという大人の気持ちをも揺り動かします。

❷ 他者との交渉のなかで困難を乗り越え，表現を実現する

　Yは「スイカは太陽が好き」との情報から，築山のあった場所を畑にしたいと願い，固い築山を削りはじめます。しかし，年上の子どもたちから「なんで俺たちの山を削るんだよ！」と言われてしまいます。Yと保育者はどうしたらいいだろうかと話し合い，築山を隣の場所に引っ越しするのはどうかと考え，年上の子どもたちにY自身が提案します。Yのスイカをつくりたいという強い願いに，年上の子どもたちも隣に築山を移動するならOKと理解を示し応えます。このようにYの強い願いと意思がさまざまな困難（畑をつくりたいところには硬い土の築山がある，年上の子どもたちからの理解を得るなど）を乗り越え，他の子どもたちや年上の子どもたち，大人たちをも協力したいという気持ちにさせているのです。子どもが自らやってみたい，表現してみたいという気持ちが，困難な出来事をも変化させる力をもっているのだということがEpisode 5-1からわかるでしょう。

4　表現の場と物語

❶ 表現の場をデザインする

Episode 5-2　畑をつくる（4歳児　5月）

　Yは4歳児になる。ここまで畑を熱心につくってきたYたちの夢をかなえたいと思い，副園長が担任と相談し，造園屋さんに園庭に畑土を運び入れてもらうこととなる。

写真2-11　作業を見守る子どもたち

Yの畑づくりはいろいろな人たちに影響を与えます。熱心なYの畑づくりを保育者たちが本気で実現できるように応え，畑用の土を入れることにします。子どもの表現したいことに一番近い素材や材料を保育者が考えて提供するのと同じように，保育者たちがYの願いに応えて，業者に頼み畑用の土を本格的に入れたのです。このように畑をつくっていく過程は，まさにスイカが実る畑を子どもたちが保育者と共に園庭にデザインしていく過程であったと言えるでしょう。

Episode 5-3 　畑が多くの人の関心事になる（4歳児　5〜6月）

　その後，園庭の中央にできた畑は行き帰りの保護者と子どもとの話題になり，保護者と子どもが一緒に見ていく姿もしばしば見られるようになっていった（5月）。当初スイカを園庭につくるのは難しいと考えていた保育者たちだが，苗を植えると順調に育っていった（6月）。6月下旬には小さな実がなりはじめ，てんとう虫などの昆虫が頻繁にやってきて，もともと畑に興味がなかった子どもたちも畑に関わりはじめるようになる。

❷ 場の変化に他者も気づき，参加しはじめる

　畑が変化していくプロセスに他の子どもたちも気がつきはじめます。変化は，畑に関心をもっていなかった他の子どもたちをも惹きつけていきます。「何が起こっているのだろう？」「どんな種を畑に蒔いたのだろう？」「何の芽が出てきたのだろう？」，畑の前を通るいろいろな人たちが，畑を話題にしはじめます。畑と人々との関わりが広がり，深くなっていく様子がわかります。まさにスイカを実らせたいという願いのもと，畑（表現）という場に，Yたちだけではなく他のクラスの子どもたちやその保護者までもが関心を寄せ，関わりはじめるのです。このことは表現の過程を鑑賞していること（表現への参加）と同じで，それが畑というキャンバスの場で起こっているのです。

▶7　1号児
　認定こども園の利用区分の認定として1号認定，2号認定，3号認定があります。3歳児以上で幼稚園が行っている教育標準時間に園に通う区分を1号認定，3歳児以上で保育所と同じ利用区分を2号認定，0歳児〜3歳児未満児の利用区分を3号認定と呼びます。本事例での1号児とは，幼稚園型利用の時間帯で認定こども園に通っている子どものことを指しています。

Episode 5-4 　願いを実現する（4歳児　8月）

　日に日にスイカは大きくなり，（1号児が）夏休みに入る前にスイカ割りをすることになる（7月中

旬)。そして，スイカをフルーツポンチにしたりして楽しんだ後，とうとうYは念願の丸々一個の大きなスイカを手にして「かぶれるくらいの大きなスイカをつくりたい」という願いを実現する（8月）。Yはスイカをかぶり，窓に映して自分の姿を確認する。

写真 2-12　念願のスイカ

写真 2-13　スイカをかぶり，窓ガラスで確認

❸ 思いが表現され実現する喜び

　Yはとうとう「かぶれるくらいの大きなスイカをつくりたい」という願いを実現します。ここまで約10か月の歳月が経っています。
　スイカの絵本からスイカをかぶった自分の姿を想像し，大きなスイカをつくってみたいという気持ちをYはこれまで表現してきました。その夢を実現するために，スイカをつくる肥料を買いに行き，園庭での日の当たる畑の場の確保や，他の子どもたちとの交渉，本物の畑用の土を入れてもらい，毎日水をやって育てていきました。このような長い月日で畑づくりを続けたプロセスは，まさに願いを表現するプロセスそのものであると言えるでしょう。とうとう本当にかぶれるほどの大きなスイカをつくりその自分の姿を確かめた時，Yはどんなにうれしかったことでしょう。スイカをめぐるYの物語は園の大きな物語としてその後も展開し，表現されていきます。

Episode 5-5　スイカの話題が次の表現を展開する（4歳児　9月）

　夏休み明け9月，保育者が『ありとすいか』の絵本を読むと，絵本の世界に浸った子が「（自分も）ありになって遊びたい」と言いはじめる。そこで保育者と一緒に保育室の空間に吊り下げたホワイトシートに大きなスイカを描いていく。その後，保育室全体がスイカの空間になり，そのなかでそれぞれの子どもが小さなありになって遊びはじめる。

写真2-14 スイカの絵本を見入る4歳児

写真2-15 保育室全体がスイカに

❹ 物語が新しい出来事の展開を生み出す

　スイカが大きな話題となって関わってきた4歳児クラス。保育者は『ありとすいか』[8]という絵本を読みます。これまでスイカをめぐってさまざまな物語が生まれていったクラスの子どもたちは，この絵本を熱心に聴き入ります（写真2-14）。この絵本にはありたちが大きな甘いスイカを巣に運ぶ楽しい場面が描かれており，スイカと関わってきた子どもたちを魅了します。スイカとの経験を深めた子どもたちは，今度は自分たちがありになってスイカと関わる物語の世界を想像します。自分たちが小さなありになって遊べる大きな美味しそうなスイカを保育室の大きな空間いっぱいに白い布を吊るして描きはじめました（写真2-15）。

　また，10月の運動会では，スイカ運びを大玉転がしに見立てた親子競技が登場しました。子どもたちはありになったつもりでスイカを転がしています。この大きなスイカは子どもたちが制作したものです。『ありとすいか』の物語が運動会という場でも表現され，子どもたちはありになったつもりでスイカを運んでいるのです（写真2-16）。

[8] たむらしげる（作・絵）『ありとすいか』ポプラ社，2002年。

写真2-16 親子でスイカ運び（運動会）

5 表現と鑑賞

❶ 美術館の作品に触れる

Episode 6 美術館の作品に触れて（5歳児）

　5歳児の子どもたちが地元の美術館（アーツ前橋で行われた展覧会「岡本太郎と『今日の芸術』——絵は全ての人を創るもの」）に行く。子どもたちは作品に触れて，「何だか描きたくなっちゃった」といって描きはじめる（鉛筆で描くことは美術館のなかで許されている）。描かれた絵を園まで持ち帰り，保育室に展示する。

写真2-17　美術館で作品を見入る

写真2-18　美術館の作品を描く

写真2-19　描いた絵を保育室に展示

➡9　この実践と写真は，認定こども園清心幼稚園（群馬県前橋市）によるものです。

　子どもたちは美術館の作品に触れてそこから何かを感じて描きはじめます。何枚も描く子どももいます。作品に触れることで感じることがあり，その特徴をよく観察し，今度は自分の作品づくりや表現活動に活かしていきます。

➡10 この実践と写真は，認定こども園清心幼稚園（群馬県前橋市）によるものです。

❷ 美術館の作品を鑑賞し技法を取り入れながら，新たな表現を構想し創造する

Episode 7　美術館の作品に触れた経験を自分たちの表現に活かす（5歳児）

園で結婚式ごっこ遊びをしていた子どもたち。その遊びのなかでウエディングケーキをつくろうということになる。身体より大きな高さのあるウエディングケーキを子どもたちはつくりはじめる。ウエディングケーキの内部に木の支柱をつくり，高さを出すことに成功する。このような考案には，美術館で出会った高さ7メートルもある立体作品『SUNTOWER 2020/MAQUETTE』（関口光太郎，2018）が影響していたようで，作品を鑑賞した際に作品内部に材木が使われているのを見つけたと子どもたちは話していた。ほかにも大きな美術作品の内部がどのような素材と構造で設計されているのかについて，岡本太郎が大きな立体を制作する現場の記録映像を見て子どもたちが興味を抱き熱心に観察していたという。ウエディングケーキには，イチゴやチョコレートクリームを表した色とりどりの生クリームがのっており，ピンク，緑，黄色，白，黒とさまざまな色のビニールテープで表現された。保育者によれば，生クリームの色の表現には，展覧会で展示されていた作品『犬』（岡本太郎，1954）や『双子座』（岡本太郎，1972）の色合いにも触発されているようだったという。

写真2-20　ウエディングケーキの内部の構造を考える

写真2-21　高さを支える大きな支柱を組み立てる

写真2-22　独自の色合いが表現された高さのあるウエディングケーキ

　展覧会で作品を鑑賞した経験が子どもたちの表現に独創性を与え，それが創造的に表現されるというこの循環は，アーティストがして

いることそのものです。

　5歳児の表現には計画性や構想力もあり，どのような構造であれば高いウエディングケーキがつくれるかについて考え抜く高い思考力が見えます。また，このウエディングケーキの作品には，展覧会で見た作品の色合いが影響を与えているようです。高さを出すための構造や色合いの表現方法は，いわゆる私たちが見慣れているウエディングケーキを超えたもので，美術館のさまざまな本物の作品に出会って触発され，それを子どものなかで新しい表現として独自に生み出す創造的過程が見られます。

Book Guide

- 津守真『子どもの世界をどうみるか——行為とその意味』NHK 出版，1987年。
  子どもの一つ一つの行為のなかに子どもにとって大切な意味があることを丁寧に見入る著者の目に，私たちは感動を覚えることでしょう。表現が行為そのものであることも見えてくるでしょう。ずっと読み継がれてほしい名著です。
- ヴァスデヴィ・レディ，佐伯胖（訳）『驚くべき乳幼児の心の世界——「二人称的アプローチ」から見えてくること』ミネルヴァ書房，2015年。
  発達心理学の研究をしていた著者が，わが子を産んだ時，子どものすばらしい豊かな世界をこれまでの発達心理学は本当に描いてきたのだろうか，という反省のもとに新しい二人称的アプローチによる発達心理学を構築しようと挑んだ書です。実際の親と子のやりとりを克明に描きながら，子どもの発達をこれまでとは違った豊かな世界として描いています。

Exercise

1. 乳児（0〜2歳児）が素材に関わる姿を観察し，どのような気づきや発見があったかグループで話し合ってみましょう。
2. 幼児（3〜5歳児）の生み出す形（造形）のなかに，どのような物語がありそうか想像してみましょう。それを数人のグループで話してみて，他の人の異なる物語にも耳を傾けましょう。子どもの造形行為のなかにたくさんの行為の意味の可能性があることが見えてくることでしょう。

第 3 章
身体的な感性と表現

公園での1コマ。大きく腕を広げ，走りだした瞬間です。
この女の子は，どんな気持ちだとあなたは思いますか？

生まれて初めて「シャボン玉」を自分で膨らませたみおちゃん。うれしくて，うれしくて，自分も「シャボン玉」になって大きく手を広げ，キラキラ光る「シャボン玉」と一緒に空へ飛びました。
　乳幼児期には，喜びや悲しみなど言葉でうまく伝えられない気持ちを全身で表現しています。街かどで，公園で子どもたちの素敵なパフォーマンスが繰り広げられています。
　あなたは気づいて，共感していますか？

(扉写真提供：筆者)

1 身体の諸感覚と感性及びイメージ

Work 1

2人組でお互いの人差し指の先を合わせて，目を閉じます。言葉は話さず，指先が離れないように動かしてみましょう。上下左右や押したり引いたりなど，相手の気持ちを指先から感じられますか？ しばらくしてから，目を開け，どのようなことを感じたか，話し合いましょう。

❶ 身体の諸感覚と感性

　人間には五感があります。視覚，聴覚，味覚，触覚，嗅覚，さらに，第六感として何か気配も感じたりするでしょうか。森のなかで目を閉ざし，耳を澄ますと，梢にそよぐ風の音や鳥の声，虫の鳴き声が聴こえてきて，森のオーケストラのように感じます。

　子どもの頃，外で遊んでいて雨の臭いがすると，急いで家路についたり，夕方道を歩いていると隣家からおいしそうな夕飯のにおいが漂い，思わずお腹がぐーとなったりした経験，あなたはありますか？ 今の子どもたちは，自然のなかや生活のなかで五感を多く刺激するものに出会っているでしょうか？ 移動はすべて車に頼り，遊びも部屋のなかだけでは，五感を研ぎ澄ます機会も少ないかもしれません。では，日常の保育で身体の諸感覚を使う活動はできないでしょうか。

　学生の責任実習を紹介しましょう。「マラカスをつくろう」という比較的よく行う活動を年長児を対象に計画しました。材料は透明なプラスティックのコップにし，なかに入れる素材として，米やビーズ，ドングリのほか，金属のナットやまつぼっくり，コルクなど，いろいろな種類を準備しました。そしてつくる前に，「どんな音がするかな？」といろいろな音を自分で楽しむ時間を設けました。子どもたちは自分が選んだ物をコップに入れては振って音を出し，

音色を確認していきます。種類を変えたり，量を変えたりすると，違う音が聞こえてきます。「高い音」「低い音」「大きい音」「小さい音」のほかにも，「優しい音」「澄んだ音」「ごわごわっとした音」など，言葉でも豊かに表現にしています。そのなかで，ある女児がコルクのにおいを嗅いで「いいにおい」と言い，みんなでにおいも嗅ぎはじめました。また，指先を素材に入れて，「お米は気持ちいいね」「ナットはヒンヤリ，ゴツゴツ」などと触感も楽しみました。その後，自分の気に入ったものを選び，ちょうどよいと思う量をコップに入れ，2つのコップを合わせてテープで止め，オリジナルマラカスが完成。みんなで音楽会となりました。

聴覚を研ぎ澄ます活動から，自然に五感で感じる活動へ展開していったのは，子どもたちの発見する力だったように感じます。日常の保育でも，身体で感じる経験を意図的に行えるよう，いろいろな素材を提供したり，環境を構成していきましょう。

❷ 感じることからイメージの想起へ

人は物からイメージすることができます。天井のしみが恐竜に見えたり，空にぽっかり浮かぶ雲が船に見えたりしたことはありませんか？ じっくり物と向き合い，感じることによって，イメージを膨らませてみましょう。

責任実習で，ある学生は落ち葉を使ってお面をつくる造形活動を計画しました。その導入で，たくさんの落ち葉を抽選箱のような大きな箱に入れ，まず，振って音を出し，なかに何が入っているか，子どもたちに問いかけました。次に，小さな穴からにおいを嗅いでみます。それから手を入れ，触れてみます。この辺りで子どもたちからは「葉っぱ！」という言葉が飛び交いはじめました。そして，蓋をあけてみると，いろいろな形と色の落ち葉が現れました。グループに分かれて，まずはどんな落ち葉があるか，同じ形の落ち葉を並べたり，色のグラデーションを楽しんだり，子どもたちは思い思いに落ち葉を観察しながら楽しみました。その後，落ち葉のお面づくりです。

実習生：「目はいくつあるかな？」
子どもたち：「2つ」
実習生：「目にしてみたい葉っぱを2枚選ぼう！」

子どもたちは，どの色や形にしようか選んでいくなかで，落ち葉が素敵な目に見えてきたようです。同じように鼻，口，眉毛など選んで，個性豊かな顔ができあがりました。

この活動は素材をすぐに提供してしまうのではなく，五感で感じながら，興味・関心をもたせ，子どもの感性を十分に刺激した導入でした。そして，時間を十分にかけて物と向き合い，イメージを広げていったことにより，一人一人の表現を引き出せました。

同じように，小麦粉粘土の活動でも，時には粘土づくりからはじめてみてはいかがでしょう？　子どもたちと一緒に水の量を変えながら，粉がほろほろ固まっていく，あるいは水を多く入れるとねちょねちょしていく，そのような変化を体で感じ取ることに大きな学びが生まれます。乳幼児期だからこその貴重な体験的学びであると言えます。いろいろな感覚を与え，感性を刺激し，子どもたちが主体的に楽しむことによって，豊かなイメージが広がっていきます。

乳幼児期はイメージした想像世界と現実世界とを行き来しながら，好きなものになりきって表現して遊ぶことができる時期です。ままごとでも戦隊ごっこでも，子どもたちが感じたことを受け止めて，それを広げる援助をしていくことが保育者として重要です。

2　諸感覚による身の周りのものとの出会いと身体表現

❶ 思わず現れる身体表現

Episode 1　水を感じる

熱い夏の日，幼児用プールに入ったユウくん（仮名，4歳児）。ユウくんは両手両脚に麻痺があり，浮輪にすっぽり入り，浮かんでいます。保育者がその手にじょうろでそっと水を掛けてあげると，一生懸命手で水を握り締めるようにして，水の感触を楽しんでいました。何度も繰り返していくと，動きにくい脚もわずかに動かし，水のなかで少し進みました。水とユウくんの対話はゆったりした時間のなかで，長く続きました。水と関わりながら，身体をより意識して動かして，水の楽しさ，心地よさをまさに身体で表現しています。

第Ⅰ部　領域に関する専門的事項

> 1　髙野牧子（編著）『うきうきわくわく身体表現あそび』同文書院，2015年，p. 2。

身体表現は，人間の存在そのものの内的イメージを身体の動きによって外在化する行為です[1]。身体表現は無意識に現れる身体の動きと，意識して表す身体の動きに大きく分けて考えることができます。無意識に現れる身体の動きには，姿勢や表情，しぐさや視線などが含まれます。

また，感情の表出として人間はうれしい時には踊りあがって喜び，悔しい時には大地を踏みしめ，悲しみに身をよじり，楽しい時には友と一緒に肩を抱き合い，弾みます。このような感情の表出も思わず現れる身体表現です。

Episode 1 では，保育者が意図的にユウくんが水に触れ，水に浮く感覚を味わえるような環境を構成し，支援することによって，ユウくんは水の感触に触れ，その心地良さを全身で表した身体表現と捉えることができます。

> 2　大場幸夫『こどもの傍らに在ることの意味──保育臨床論考』萌文書林，2007年，p. 203。

大場（2007）は「こどもたちの主張，こどもたちの声はからだで表現する」と述べ[2]，子どもの発達理解を深めるためにも，子どもの身体性へ着目する重要性を指摘しています。その子どもなりの喜びや発見，驚きや感動の様子を見逃さず，しっかり受け止め，寄り添うことが重要でしょう。

❷ 意識して表す身体表現──身振り・模倣・舞踊（ダンス）

① 身振り

意図して行う身体表現に身振りがあります。身振りには，「指差し」動作のようにある方向を指し示す「直示的身振り」と，体の動きそのものが何か別のものを表現する「象徴的身振り」があります[3]。

> 3　喜多荘太郎「身振りとことば」小林春美・佐々木正人（編）『新・子どもたちの言語獲得』大修館書店，2008年，p. 75。

乳児の「指差し」は，二項関係から三項関係へ発展する重要な手がかりです[4]。乳児は外の世界への関心を「指差し」という動作で示し，それに応えてもらえることによってコミュニケーションが成立していきます。

> 4　「自分」と「他者」，または「自分」と「モノ」という二項関係から，指差しによる共同注意が発現し，「自分」「他者」「モノ」の三項関係が形成されます。やまだようこ『ことばの前のことば』新曜社，1987年。

一方，「象徴的身振り」は，子どもたちが周囲の大人の行う動作を見て学び，生活のなかで体験を積み重ね，共有される身振りであり，簡単に意思疎通が可能になります。国や文化的風土や環境，生活習慣に応じて共有されますので，同じ動作でも国によって異なる意味に解釈される場合もあります。

たとえば，「こっちにおいで」と園庭の遠くにいる子どもを呼ぶ

時，日本では手の甲を上に向け，指先を振って手招きをします。遠くにいて声が聞こえなくても，こっちにおいでと呼ばれているのだなと理解して，駆け寄ってきます。しかし，欧米ではこの動きは「あっちにいけ」という逆の意味になり，招く場合には「Come on」と「手の甲」は下にして，指を振る動作になります。

乳幼児期に行う「手遊び」には，象徴的な身振りが多く用いられています。たとえば，「げんこつ山のたぬきさん」では，「おっぱい飲んで」は飲む身振り，「ねんねして」は両手を合わせて寝るポーズ，抱っこやおんぶの身振りも入っています。

よく行われる「身振り」を遊びのなかに取り入れ，歌に合わせて表現することで，文化として汎用性の高い身振りから，他者と共通に世界を理解し，認識している行為として捉えることができます。

② 模　倣

意識して身体で表す行為にはもうひとつ「模倣」があげられます。「模倣」は乳幼児が世界を理解し，他者と共感するうえで大きな役割を果たしていきます。

脳のなかでは，相手の動きを見ただけで，同じように体を動かすニューロンが活発化します。まるで鏡に映したようなので，ミラーニューロンと名づけられました。そして「他人の心の動きを読み取ることができる能力は，子どもの頃からミラーニューロンを使うことで，それが発達しているからだ」[5]と指摘されています。つまり，他者の動きを見ただけで，動きを脳内で模倣し，他者と同一化することで，他者の気持ちを思いやり，他者理解を促していると考えられます。

また，おおむね1歳になると，子どもが見たままと同じように動く「直接模倣」の行為が起き，保護者やきょうだいなどが行っている日常動作をその場で見たままに模倣します。大人も「直接模倣」を利用して，動作の意味を子どもに教えています。たとえば，「こんにちは」と言いながら頭を下げ，子どもにも真似をするように促します。子どもが真似して腰を屈めると，「こんにちは」と言葉でその動作を意味づけ，「上手上手」と褒めます。こうした経験によって，子どもは誰かと出会ったら，頭を下げ，挨拶を交わすことを学んでいくのです。

さらに，おおむね1歳半を過ぎると，「延滞模倣」として目の前

[5] 有田秀穂『共感する脳』PHP研究所，2009年，p. 57。

に手本がなくても，一度見たり，聞いたりした経験をイメージとして頭のなかに入れ，しばらく時間を経た後で，ひとりでそれを再現できるようになります。体験したイメージを動きで再現していく経験の積み重ねによって，「おままごと」のような「ごっこ遊び」が可能になり，物を何かに見立て，イメージしながら表現できるようになります。砂上（2000）は，4歳児を対象とした縦断的な観察の結果，「ごっこ遊びにおけるイメージは，身体の動きと一体となっており，他者と同じ動きをすることは同じイメージを共有することに重なる」と結論づけています。模倣の機能によって，子どもたちは自分の周囲を理解し，さらに他者の行為からその意図や気持ちを読み取っていくことができるようになっていきます。

③ 舞踊（ダンス）

「舞踊」は，人類が文字文化を有する以前から存在したことから，「舞踊は始原の芸術である」と言われています。「舞踊」という文字は「舞い」と「踊り」の熟語ですが，三浦（1994）によれば「舞」は腰の上下動が少なく，旋回運動を中心とし，「踊」は跳躍運動を中心とした2つの舞踊文化圏があると指摘しています。広がる大地に対する水平方向と神や天へ向かう垂直方向のなかで，神と迎合し，心身を解放し，他者と共感し合うさまざまな舞踊が展開しています。

世界のさまざまな民族に固有のダンスがあるだけでなく，バレエや日本舞踊のように劇場芸術として高度な技術を伴うダンスや，誰もが一緒に踊れる盆踊り，さらにストリートダンスのように新しいダンスジャンルも生まれ，治療としてのダンスセラピーもあります。身体表現からつながる舞踊の世界は，大きな広がりと深まりをもつ，人間の根源的な表現形態なのです。

乳幼児期の身体表現は，まさに思ったままに，イメージを身体の動きとして表現し，舞踊文化へつながる素晴らしい表現です。

➡6 砂上史子「ごっこ遊びにおける身体とイメージ——イメージの共有として他者と同じ動きをすること」『保育学研究』38（2），2000年，pp. 41-48。

➡7 三浦雅士『身体の零度』講談社，1994年，pp. 141-152。

➡8 トルコのメブラーナ教団の旋回舞踊（セマー）は，自転しながら，円周上を回り，神との一体化を図ります。跳躍はなく，水平方向のダンスです。一方，タンザニアのマサイ族の戦士たちのダンスは，垂直に30～40cmも跳びあがります。垂直方向のダンスとして究極の形態です。

Episode 2　はじめての風車

2歳1か月のみおちゃん，散歩していたら，空きペットボトルでつくった風車が風でキラキラ光りながら回っているのを見つけました（写真3-1）。その様子をじっと見た後，両腕を前でくるくる（写真3-2），次に背中のほうに両腕を伸ばして，くるくる自転しました（写真3-3）。風車になりきって身体で表現していました。

写真3-1 「わぁ！」
➡写真提供：筆者撮影。

写真3-2 「くるくる」
➡写真提供：筆者撮影。

写真3-3 「私も風車！」
➡写真提供：筆者撮影。

　くるくる回る風車を自分の体の動きを工夫して表現する行為は，創造的な表現活動と捉えることができます。2歳児でも「不思議だな」「きれいだな」と心が動くと，その動きを模倣しようと自分で考え，新しい動きをつくりだせる事例でした。

　乳幼児期にはぴょんぴょん跳んだり，ぐるぐる回ったり，とても楽しそうに表現しています。言葉にできないさまざまな想いやイメージを身体の動きとして，躊躇なく表現することができる点が乳幼児期の特徴と言えます。

3 身体表現の楽しさとその要因

　身体表現の楽しさは「弾む快感」「共振とコミュニケーション」「想像と創造」，そして他者と工夫しながら創造する「共創」の4つがあります。1項目ずつ見ていきましょう。

❶ 弾む快感──リズムに乗って心身を解放する楽しさ

　ボタンを押すとメロディが流れる絵本が大好きな2歳3か月になったみおちゃん。保育所で教えてもらった「チューリップ」がお気に入りで，ボタンを押してはその手遊びを楽しんでいました。
　ある日，簡易型の電子ピアノに出会ったみおちゃん。鍵盤を押し

て音を楽しんでいたところ、手が滑ってあるボタンを押しました。すると、ワルツやサンバ、タンゴなどさまざまな曲想の音楽が流れてきました。うれしくなったみおちゃんはその曲に合わせて、オリジナルダンスの即興パフォーマンス（写真3-4）。上手にリズムを取り、体を捻ったり、両手を上や下や前横で振ったりして踊りました。まさに音に引き出されて自由に踊る楽しさにあふれていました。

写真3-4　音楽に合わせて自由に踊る

▶写真提供：筆者撮影。

いつでも自由に子どもたちが音楽をかけられるようなデッキが置かれている保育室では、好きな曲をかけて、自由に踊っていました。また、ある園では楽器や廃材を利用した楽器をつくって、音を出しながらぴょんぴょん跳んで踊っていました。音楽は自然に踊りたくなるような環境構成と言えるでしょう。

❷「共振」とコミュニケーション──真似し合う楽しさ

まったく見知らぬ同士でも、同じ動きをすることでお互いの距離感が縮まり、仲良くなれます。たとえば、野球観戦などでは、各選手ごとに違う動きで応援します。たまたま隣同士になった観客同士が、同じチームを応援するなかで、仲間になっていく楽しさがあります。

子ども同士の遊びの世界でも、まさに動きが介在して仲間に入ることが行われています。遊びに加わる時に、「入れて」「いいよ」と言葉を交わさなくても、ひとりが「シュ」と手裏剣を投げるような動きをし、相手がそれを受けて同じように「シュシュッ」と返すと忍者ごっこの始まりです。忍者の動きを共有し、動きでやりとりすることによって、同じ遊びの世界に入ることができるのです。これを「共振」と言います。「互いの何気ない動きを見て、動きを模倣し合うことを通して、互いの思いが共有され、一致した時に遊びが成立」します。同じような動きでやりとりすることによって、関係性は緊密になり、互いに共感できる楽しさが生まれます。

▶9　須永美紀「『共振』から『共感』へ」佐伯胖（編）『共感──育ち合う保育のなかで』ミネルヴァ書房，2007年，pp. 39-73。

▶10　前掲書（▶1），p. 29。

第3章　身体的な感性と表現

❸ 想像と創造——なりきる楽しさ・表す楽しさ

　ドングリ拾いの遠足に行った後，「探検ごっこ」をして楽しんでみました。みんなで「ドングリになろう」では細長いドングリやまん丸のドングリ，一人一人イメージしながら，自分の好きなドングリになりきって転がったり，回ったり。また拾いにいった森にあった一本橋を渡り，「大変クマだ」で走り，想像の世界のなかで，十分に自分なりの表現を創造していきました。

　子どもたちは同じ体験を通してイメージが共有されており，保育室の場でも簡単に遠足で行った場所をイメージできました。そして，体験にもとづいて変身し，身体表現活動を楽しむことができました。

　身体表現が他の運動遊びと異なる点は，イメージしながら動いたり，動きながらイメージしたりする点にあります。したがって，いろいろな動きに挑戦する場合には，動きから何をイメージしたか，問いかけていくことが重要です。イメージをしっかりもっていることによって動きが生み出されます。

❹ 共創——友達と工夫しながらつくりあげる楽しさ

➡11　認定こども園「Fujiこどもの家バンビーノの森」（山梨県南都留郡）で，筆者が指導者となり，雨の森で，身体表現活動を実践しました。導入として，絵本『とんねるとんねる』を読みきかせました。
岩田明子『とんねるとんねる』大日本図書，2011年。

　森のようちえんのお友達と「からだを使ってトンネルをつくろう」の活動をした時のことです。初めは，ひとりでつくっていたトンネル，両足を大きく開いたり，両手を地面につけたり，交互にくぐって遊んでいました。そのうち，もっと大きなトンネルをつくりたくなって，2人組で両手をつないだり，片足を持ったり，工夫が始まりました（写真3-5，写真3-6）。長いトンネル，もっと変わった形のトンネルを，体で工夫してみんなで協働してつくりあげました。地面と体でいろいろな空間が生まれ，新たなトンネルができあがります。友達の工夫したトンネルを見て，また，違うトンネルを思いついて工夫したり，楽しい活動が続きました。

　共創はお互いを認め合う行為であり，友達と一緒に「できた」「やった」といった達成感は，自尊感情を高めます。

写真3-5　トンネルできたよ

写真3-6　くぐってください

4 身体表現の活動例

❶ 身体表現活動の組み立て方

① ウォーミングアップ――心と身体をほぐす

　最初は心と身体をほぐすために，子どもたちがよく知っている「手遊び」や季節の「歌」に合わせて，身体を動かします。決まった動きでも構いません。また，「手をぶらぶら〜〜ピタッと止める」などのような簡単な動きで手腕足脚胴などを動かしていきます。友達同士で手をつないで揺れたり，時にはくすぐったりして，心と身体を温め，ほぐします。

② 弾んで踊る

　子どもたちが好きな少し速いテンポの曲や流行の曲をかけて，リズムに合わせて踊ります。決まった振り付けでも，自由にめちゃくちゃ踊りでもかまいません。列で揃って同じように踊る必要はありませんし，振り付けを一生懸命覚えることがねらいでもありません。もちろん，保育者自身も思い切り全身で弾み，一緒に踊りましょう。心と身体を友達と一緒に弾ませ，踊ること，身体を動かすことの楽しさを十分に味わうことが大切です。

③ 動き遊び――多様な動きに挑戦

　「こんな動きできるかな」とさまざまな動きを提示すると，動きに挑戦する姿が見られます。たとえば，「バランスを取る」でも，片足でかかしのように立つだけではなく，お尻だけを床につけて，Ｖ字バランスもできますし，おへそだけを床につけて，反ることもできます。また，片足バランスでも浮かす脚を後ろに伸ばして「飛行機」や脚を前にあげながら「おばけ」にもなれるでしょう。両手と片足だけ地面につくというルールでは，うつ伏せで片足を天井のほうに上げて「ピカチュー」と言う子どももいましたし，仰向けで両手をつき，片足を上げて「きりん」と言う子どももいました。い

ろいろな身体の動きに挑戦しながら、イメージしていく活動は子どもたちの運動能力の発達を促すだけではなく、動きからイメージを導き出すことにもつながっていきます。こうしてこのような動きは〇〇のようだとイメージと連環させていくことによって、身体表現のボキャブラリーが増えていくのです。

④ 表現遊び――イメージを動きで表す

　表現遊びの題材は、子どもが興味関心があるもの、心が動いた経験などがよいでしょう。表現遊びに入る前には導入で、表したい対象を思い出すようなお話をしたり、絵本を読んだりして、子どもたちとイメージを膨らませ、イメージの共有を図ります。

　そのうえで、最初から「〇〇になって自由に動きましょう」では、やはり動けません。たとえば、「うさぎになろう」を例にあげてみましょう。あなたなら、どのように動きますか？　腕を高く上げて長い耳を表し、その場でぴょんぴょん縦に跳ぶくらいは簡単に思いつく動きでしょうか？　しかし、実際のうさぎはそのように跳んでいるだけではありませんね。うさぎはニンジンをポリポリ食べ、毛づくろいもし、じっと耳をすまして、あわてて隠れることもあるでしょう。水を飲んだり、眠ったりもしますね。ひとつの対象からイメージを膨らませ、具体的にイメージしていくと、多様な動きを引き出すことができます。うさぎといえば腕を上に伸ばして跳ぶようなステレオタイプに動きを教え込むのではなく、うさぎの様子を実際に観察したり、映像を見たりすることによって、子どもが動きで表現できる手がかりを示すような支援をしましょう。

　子どもなりにイメージして表現し、一人一人違った表現でもかまわない、また友達の真似をしてもかまわない、さらに他者から「うさぎ」に見えなくてもかまわない。自分が思ったとおりに表現することを大切に、保育者も子どもと一緒に表現を楽しみましょう。

　また、年長児では表現を見合う時間を設けます。友達の動きをお互いに見ることによって、より豊かな動きとイメージが広がっていきます。友達同士で一緒に考え、工夫する時間も設けることで、子どもたちは容易に身体表現に取り組めます。

⑤ クールダウンと振り返り

　身体表現遊びは子どもたちが体を思いきり使って表現しますので、

かなり興奮状態にあります。次の活動へ移る前に，少し呼吸を整え，クールダウンを図ります。また，素敵だった表現，工夫された表現を認め合い，褒め合う振り返りの時間をもち，次の身体表現遊びへの期待につなげます。

❷ 活動事例（表3-1参照）

【テーマ】「森の生き物で，だるまさんがころんだ」
【ねらい】いつも遊ぶ森のなかにいるいろいろな生き物に変身して，「動く―止まる」の表現を友達と楽しむ
【対　象】年少から年長，計35名，縦割りの2グループ
【活動時間・活動場所】約45分，森のなか

表3-1　身体表現活動の展開例

時間	活動内容	○活動のねらい ●必要な準備 ◎留意点
5分	はじめに ・あいさつ ・活動内容のねらいと簡単な説明	○自分なりに工夫して身体表現することができる
5分	ウォーミングアップ ・「はじはじ　はじまるよ」 　身体部位：頭・肩・肘・胸・尻・膝 　動き：シェイク・パンチ・回す・ジャンプ	○心身を温め，身体部位を認識する ○楽しく先生の動きを模倣する
5分	リズムダンス① 　「GoGo　たまごっち」	●CD 1 ○音楽に合わせて，動いて楽しむ
5分 20分	表現遊び① 　導入　絵本『だるまさんが』 （1）だるまさんが～ 　　例：ジャンプ，回る，食べる，くっつく （2）「動き遊び」移動して，止まる 　　止まる際に地面につけてよい部位を指定 　　例：つま先，お尻，膝，片手と片足 （3）「表現遊び」森の生き物に変身して， 　　移動―止まるを楽しむ 　　「アブラカダブラ～～○○に変身」 　　例：カエル，毛虫，ちょう，クワガタ （4）好きなものに変身して，動く―止まる 　　友達が何に変身したか，よく見る	●絵本 ◎興味をもって活動に取り組めるように促す ○多様な動きの体験 　動く―止まる ○イメージして動く ●CD 2 ○友達と共に表現遊びを楽しむ ○子ども一人一人の表現を探求する
5分	クールダウン 活動のふりかえり	◎子どもの表現を認める

➡出所：筆者作成。

5 乳幼児の身体表現を豊かにする基礎的な知識と技能

❶ 動きと表現性の関係

▶12 ルドルフ・ラバン (Rudolf Laban, 1879-1958) は，20世紀を代表する舞踊

Work 2

手を上にあげるという動きをいろいろな方法で試してみましょう。動きからどんなイメージが生まれてきますか？
(1) 速くまっすぐにあげる
(2) ゆっくりまっすぐ手のひらを上にしてあげる
(3) ゆっくり曲線的に捻りながらあげる

理論家であり，「エフォート理論（Effort）」という概念を提起し，動きを「重さ（重い―軽い）」「時間（突然の―持続的な）」「空間（直線―曲線）」「流れ（自由な流れ―束縛された流れ）」の各要素より分析しました。彼の後継者たちは，「ラバン理論」として継承し，動きの要素を「身体・アクション」「ダイナミクス」「空間性」「関係性」の4要素にまとめました。本章では「身体・アクション」を2つに分け，「ダイナミクス」を「時間性」「力性」に分け，6要素としました。
ルドルフ・ラバン，神沢和夫（訳）『身体運動の習得』白水社，1985年。

　（1）は，元気よく返事をする時や何か発言したい時の動作ですね。元気や意思，積極性等が感じられます。一方，（2）は抑圧に抵抗するような，天を押しあげるようなイメージになります。（3）では，朝顔のつるのように植物がゆっくり成長するイメージであったり，蛇がにょろにょろ首をもちあげる様子にも思えます。
　このように身体の「動き」で表現するには，文法のように簡単なルールがあります。まず，動きは，「身体」「アクション」「時間性」「力性」「空間性」「関係性」の6つの視点に分けることができます。「身体」はどの身体部位を動かし，「アクション」はどのような動作をするのか，また「関係性」は誰とまたは物と行うかという視点です。そして，動きの表現性を生む要素には「時間性」「力性」「空間性」の3つの要素があります。「時間性」は動きを速く，遅く，規則的に，突然になど，「力性」は鋭く，強く，柔らかく，弱くなど，動きをどのように行うか，そして「空間性」はどこで行うかという要素で「前後左右，斜め」といった空間や，空間を直線的，あるいは曲線的のようにどのような軌跡を描いていくか分析することができます。前述（2）と（3）は時間性はゆっくりで共通ですが，軌跡が直線的か曲線的かで異なるイメージが生まれているわけです。

つまり，動きはこれらの要素の組み合わせによって，表現性が現れると考えられます。

具体的に2つの例をあげてみます。

まず，「花吹雪」はどのように表現すると，それらしく見えるでしょうか？　両腕で（身体），軽く（力性），柔らかく（力性），曲線的に上から下を選択すること（空間性）により，小さな花びらがひらひらと舞う動きが生まれます。

では，稲妻はどうでしょう？　同じ両腕（身体）でも，動きを鋭く（力性），とても速く（時間性），直線的に（空間性）と，違う要素を選択することで，表現することができます。

このように，動きの表現性の要素である「時間性」「空間性」「力性」を考えて動きの質を選び出し組み合わせることで，表したいイメージを表現することができます。

❷ 基本的な技能

子どもたちと一緒に身体表現を行う際，子どもたちは保育者の動きも手がかりにしています。「手遊び」など決まった動きを一緒に楽しむ時には，保育者は指先まで自分の身体を意識して，大きくはっきり動かすことが大切です。動きを覚えていなくて，もじもじしていては，子どもたちは真似できません。子どもたちに自分の動きを真似してほしい時には，意識して身体を使ってほしいと思います。

また，子どもたちは保育者の動きを見たままに動きます。子どもの「右手」を出す時には，鏡のように保育者は「右手」と言いながら「左手」を出します。

子どもの絵を思い出してください。人を描く時，丸い頭に三角の胴体，4つの直線が突き出ていて手足を表している絵を見たことがあるでしょう。子どもは自分が認識していない身体部位は絵に描き込めません。つまり，この絵には首や肩，肘，膝，手，足などがまだ認識できていないのではないかと考えられるのです。

「手遊び」には，「手を頭」や「手はおしり」など，身体部位に触れて遊ぶものが多くあります。遊びながら，自然と自分を構成している身体部位を認識し，さらに動かすことで，この関節は「ぐるぐる回せる」「一方向にしか曲がらない」など，身体について認知し

ていきます。

　また、「手はお膝」と言って、静かにさせて注目し、保育者へ集中するために使われる「手遊び」ですが、その場合に保育者の「手」は膝にあるでしょうか？　多くの場合、太ももに置いていませんか？　その結果、子どもたちは、膝を太ももと誤認していることが多くあります。「手はお膝」の際に、膝は曲げたり、伸ばしたりできるとても大切な関節であることを教えてあげる機会にしてみてはどうでしょう。

❸ 言葉かけ

　「くにょくにょ」「ぎゅ～ぱぁ～」など、擬態語、擬音語を多く用いて、動きを引き出していきましょう。また、「手を上に伸ばして」と言うだけではなく、「お星さまに届くように」など、極限まで思いきり体で表現できるように促していきます。

　さらに、一人一人の表現を引き出すために、保育者が想定していた子どもの動きとは異なる動きを見つけて褒めます。そして、その動きを保育者自身が同じように真似して動き、活動している全員へ返していきます。「○○ちゃんの足がこんなふうに伸びててステキ」「すっごい、○○ちゃんはこんなふうに考えて動いたね」など、子どもなりの表現を見つけては、その場でそれを認めて褒め、その動きを保育者も積極的に真似して動くことが重要です。子どもたち自身も認められたことで有能感を抱くこととなり、友達の真似をしたり、自分で動きを工夫したりする姿勢につながっていきます。子どもたちの「みてみて」の大合唱が始まったら、身体表現を見せ合うとよいでしょう。

　身体表現のおもしろいところは、答えがひとつではなく、勝ち負けもなく、一人一人の多様な表現が素晴らしいところです。おおいに認めてあげること、そして保育者自身も子どもが創出した動きを真似すること、さらに他の子どもにも共有を図ることによって、子どもたちがより主体的・積極的に活動していきます。

Book Guide

- 佐伯胖（編）『共感――育ち合う保育のなかで』ミネルヴァ書房，2007年。
  「共感」には体の動きが重要な働きをしています。保育のなかで，子ども同士，そして子どもと保育者がどのように共感していくのか，共感する力がどのように育っていくのか，わかりやすい事例をもとに，解説されています。
- 髙野牧子（編著）『うきうきわくわく身体表現あそび』同文書院，2015年。
  身体表現の発達や意義，指導体系などを述べた理論編，実際に動いて理解する演習編，子ども向けのリズムダンスや身体表現遊びがたくさん紹介されている実践編の3部構成の本です。理論と実践が結びついたわかりやすい身体表現遊びの専門書です。

Exercise

1. 街のなかで見かけた子どもの身体表現にはどのような動きがありましたか？　子どものどのような想いを感じましたか？　それを見てあなたはどのような対応をしましたか？
2. カエルを題材に子どもたちと身体表現遊びを行います。どのような場面や動きが考えられますか？　具体的にあげてみましょう。

第4章

造形的な感性と表現

①

②

③

ケンくん（3歳児）が「みてみて」（写真①），「みててね」（写真②），「ほら」（写真③）と言ってきました。ケンくんは，何を見てほしいのでしょう？　何を共有したいのでしょう？

ケンくんは，クレヨンで絵を描こうとしているところでした。先生に渡された一枚の画用紙を手に持つと，ケンくんは紙を光に透かせたりしています。そうしているうちに，両手をそっと離すと，紙が床の表面をすーっと滑ることに気がつきました。ケンくんは，近くにいた大人にその発見を伝えたかったようです。大人にとっては，クレヨンで絵を描くための紙ですが，子どもにとっては紙そのものが素材だということがわかる瞬間でした。
　子どもはものを手や身体でもてあそぶことで，新しい見えや動きを感じ，そのものの特性に気づき，そのものと出会います。大人にとっては「当たり前」のものやことのなかに，子どもは「新しさ」を見つけます。子どもたちは何気ない場面で，そのヒントを落としています。保育者はすべてのヒントを拾うことはできませんが，ヒントを拾った時には大切にし，そのヒントからアイデアをふくらまして，子どもと素材との出会いを丁寧に演出していきたいものです。そうすれば，自ずと子どもの表現は豊かになるでしょう。

第4章　造形的な感性と表現

1　身体の諸感覚と造形的感性及びイメージ

❶ 表現の源としての「感じること」

Work 1

最近，感動したことを思い浮かべてみましょう。小さいことでもかまいません。それはどんな感覚（視覚・聴覚・触覚・味覚・嗅覚）に関わることでしたか。その時，あなたはどんな行動を取りましたか。周りの人と話し合ってみましょう。

表現はどのようにして生まれるのでしょうか。図4-1は，表現が生まれるサイクルを図にしたものです。

情報や刺激に対して，人は何かを感じます。「みる」（視覚），「聞く」（聴覚），「触る」（触覚），「味わう」（味覚），「においをかぐ」（嗅覚）といった五感を通して感じることで，「考える」「思う」といった心の動きが生まれます。感じたことをもとに，考えたり思ったりし，その考えや思いを行動に移す時に働くのが感性です。この「感じる」「考える」「行動する」ことは，必ずこの順番で起こるということではなく，自分が行動した結果を自分で「感じる」ことで，新たな考えをもち，「行動する」という流れで起こることもあります。この繰り返しによってイメージを思い描き，イメージが広がっていきます。表現とは，考えや思い，イメージが外に現れたものです。心の動きが，色や形など，ものや絵を通して外に現れると造形表現となります。

❷ 表現の過程に目を向ける

表現は"目に見えない心の内部を外部に表し出す"ことと言えます。表現には，表現する行為である「表し」と，表現された結果で

➡1　イメージとは，人間の内的な概念から外的な絵画やビデオまでを含む幅広い語ですが，ここでは，心象・印象・想像等の言葉に置き換えられるような，心に思い浮かべる像や情景，ある物事について心のなかに思い描くこと全体を指しています。

➡2　槇英子『保育をひらく造形表現』萌文書林，2008年。

第Ⅰ部　領域に関する専門的事項

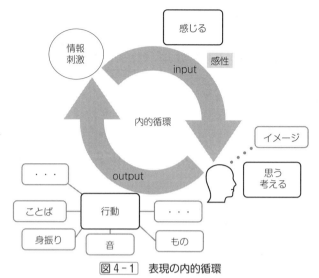

図4-1　表現の内的循環

▶出所：平田智久ほか（編）『保育内容「表現」（最新保育講座⑪）』ミネルヴァ書房，2010年，p. 11をもとに筆者作成。

▶3　大場牧夫『表現原論』萌文書林，2000年。

▶4　津守（1987）は，保育者が子どもの行為を子どもの世界の表現として見ることの重要性を次のように指摘しています。「私共は，子どもの行為を表現とみることによって，子どもの悩みや怒り，喜びにふれ，ともに考え，ともに喜び，ともに歩んでいくことができる」。津守真『子どもの世界をどうみるか――行為とその意味』NHK出版，1987年，p. 144。

ある「現れ」の両方の意味が含まれていますが，保育の場で目指すことは，結果である「現れ」を豊かにすることではありません。その過程である「表し」に目を向けることが大切です。

このことは氷山にたとえられます。目に見える部分以上に，目に見えない部分，すなわち，その子どもが何を体験し，何を感じ，どのように心が動いて，その「表し」に至ったのかという過程に目を向け，その背景全体を「表現」と捉えることが保育における表現を捉える視点と言えます。

Episode 1　絵に見るフウタの内的世界

　入園したばかりの頃，フウタ（4歳）は，登園するとすぐに絵を描いていた。フウタが描く絵は，スーパーヒーローの絵が多く，画面の右側にスーパーヒーローの「仲間」，左側には「敵」が描かれていた。遊ぶ時も，フウタは自分と仲のよい友達は仲間だが，自分があまり遊んだことのない子どもには「あっち行け」と言ったりして，遊ばない意思を伝えていた。

　このような姿を見た担任保育者は，フウタが今まで遊んだことのない子どもと遊んだり，ペアになって好きなものを交換したりする交流の機会をつくっていった。そして，クラスのみんなで集まった時に「私たちは仲間」ということを話したり，輪になってひとつのことを話し合ったりすることで，他の人と一緒に力を合わせる経験を重ねられるようにした。数か月後，フウタは，絵に実在の友達を描きはじめた。

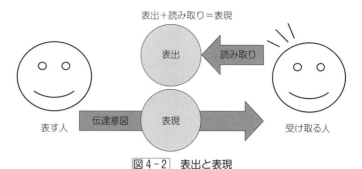

図4-2 表出と表現

▶出所：槇英子『保育をひらく造形表現』萌文書林，2008年，pp. 9-10をもとに筆者作成。

　絵には子どもの心の内部が表れています。絵のなかの世界が「仲間」と「敵」に二分されていたように，フウタくんの心の内的世界も「善」と「悪」に二分されていたのでしょう。それが，数か月間，仲間や友達のよさに気づく経験を重ねることで，実在の友達を描くようになりました。フウタくんの心の内部で世界を二分していた壁が少しずつ融けたことが絵に表れたのだと言えます。このように，絵は，目に見える「現れ」の部分ですが，その絵を描く過程にある目に見えない心の動きに思いを馳せ，耳を傾けることが表現を捉える時に求められる姿勢です。

❸ 受け取る人の存在

　冒頭のWork 1 では，「最近，感動したこと」を思い浮かべてもらいました。感動した時，あなたはどんな行動を取りましたか。隣にいる誰かに伝えたり，写真に撮ってこの思いを誰かと共有したいと思うことはありませんでしたか。表現は，何かを感じること，気づくこと，考えることとともに，思いや考えを伝えること，そしてそれを誰かが受け止めてくれることと結びついています。

　図4-2のように，表現は，受け取る人のことをどのくらい意識しているかで，「表出」と「表現」に区別されます。表す人に伝達意図がある場合は「表現」，伝達意図がない場合は「表出」と呼ばれます。そして，「表出」は，受け取る人がそれを読み取ったり受け止めたりすることによって「表現」になります。

第Ⅰ部　領域に関する専門的事項

> **Episode 2**　お母さんのほうを振り向くイチカ
>
> イチカ（1歳7か月）がクレヨンを手に取り，床にある画用紙の上で腕を左右に振る。すると，線が何本もできる。イチカが，すぐそばで見ていたお母さんのほうを振り向くと，お母さんはにこっと微笑み「線かけたね」と言って，指で線をたどる。イチカはまた画用紙のほうに向き直り，クレヨンで線を描く。

▶5　片岡杏子『子どもは描きながら世界をつくる——エピソードで読む描画のはじまり』ミネルヴァ書房，2016年，p.18。

イチカちゃんのように，何かおもしろいことや不安なことがあった時に，子どもが養育者のほうを振り向くというのはよく見られる姿です。このような子どもの姿を，片岡（2016）は，「子どもたちは『描く』という作業の周辺で生まれる『楽しさ』や『驚き』などの気持ちを伝えたり伝えられたりするやりとりを求めていて，そのやりとりを通して得られた充実感をあたかもその先の『自分の意思で描く』という活動のよりどころにしているように見えます」と述べています。表現を他者との関わりのなかで行う時，その行為はコミュニケーションの機能を帯びてきます。周囲にいる大人の受け止めや読み取りによって，表現が支えられ，育まれると言えるでしょう。

2　諸感覚による身の周りのものとの出会いと造形表現

❶ 身の周りのものと出会う探索の重要性

幼稚園教育要領や保育所保育指針の領域「表現」のねらい及び内容には，共通して「創造性を豊かにする」という言葉が出てきます。

創造性は，ノーベル賞級の発見や芸術家と呼ばれる人たちが，社会においてこれまで誰も考えつかなかった新しい発明や発見をする「大きな創造性」と，たとえ社会のなかではすでに誰かが発見していたとしても，日々の生活においてその時々の状況に対処する新しい方法を見つけたり，その個人にとっては新しい価値ある物事を生み出すような「小さな創造性」とを区別して捉えるべきだと言われています。

▶6　M.レズニックほか，酒匂寛（訳）『ライフロング・キンダーガーテン——創造的思考力を育む4つの原則』日経BP社，2018年。

第4章 造形的な感性と表現

➡7 Getzels, J. W., & Csikszentmihalyi, M. (1976). *The creative vision: A longitudinal study of problem finding in art*. Wiley.

➡8 Kafai, Y., & Resnick, M. (1996). *Constructionism in practice: Designing, thinking and learning in a digital world*. Lawrence Erlbaum Associates.

保育の場で育てたいのは,「小さな創造性」のほうと言ってよいでしょう。これからの将来は,ますます,変動性・不確実性・複雑性・曖昧性に満ちた社会が訪れることが予想されます。そのなかで,日々の生活で出てくるさまざまな課題に対処するための「小さな創造性」を発揮することが,社会を生きるうえでは必要不可欠だと思われます。

人が創造性を発揮するプロセスには,徹底的な探索が必要と言われています。探索したり手を動かしたりして試すことなしに,すぐに何かに取りかかろうとすると創造的な仕事ができないことを示して「早くから取り組むことの落とし穴」という言葉もあります。では,子どもにとっての探索とはどのようなものでしょうか。

Work 2 ✏

下の写真は,ある秋の日の園庭での子どもたちの様子です。子どもたちは,どんなことを感じているでしょうか。想像してみてください。

➡9 ここで紹介する写真及び実践は,高砂こども園(兵庫県高砂市)によるものです。

秋晴れのさわやかな空気のなかで,落ち葉のカサカサとした音,ヒラヒラと舞い散る動き,クニャクニャとした手ざわり……,子どもたちは落ち葉を体全体で感じ,その魅力に心と体を動かされ,自分から関わっていっています。

表現の源である「感じること」を保育のなかで保障するには,子

どもがものに能動的に関わり，自分の身体感覚を通じてそのものの特性を知ろうとする探索の経験が重要になってきます。特に，触覚はあらゆる感覚の基盤になっていると考えられています。子どもが環境に直接関わり，手や肌の感覚を通して物の特性を確かめる経験を日々の生活に取り入れることが，もの（素材）との出会いを生み出します。その子が自分のペースでもの（素材）に関わり，「手探り」のなかでつかみとった感性が，長い目で見ると，創造性を培うことになります。

❷ 美しさやよさに惹かれ，求める審美性

Work 3

あなたが美しいと思うもの・思うことについて思い浮かべ，周りの人と話してみましょう。また，子どもが美しいと思うもの・思うことについても想像して話してみましょう。人が美しいと思ったことは否定せずに聞きましょう。

　子どもがものと出会う時，手や目を通して感じ，心が動くという感性の働きがあります。その心の動きには，人がそれぞれもっている，何を「美しい」「よい」「かっこいい」「素敵」と思うかという美的な感受性，審美性が大きく関係しています。「わ，これ素敵！」「きれい！」と心が動く対象は，人それぞれ異なります。

　芸術的な表現のことをアートと言ったりします。アートは，もともとラテン語で「わざ，人が手を加えたもの」という意味だったようです。そこに，その人の美しさやよさという価値がつけられたものがアートと呼ばれているのだと言えます。自分なりの美しさやよさを感じる心が，表現をその人らしいものにしていきます。人には，美しさやよさを求める本能的なものがあり，それがもっと美しくしたい，よくしたい，本物らしくしたいという思いを生み出し，行動を促します。

3 造形表現の楽しさとその要因

❶ 発達段階から見えてくる造形表現の楽しさ

　ここでは，乳幼児期の造形表現に関する発達論を取り上げ，特に「描く表現」の発達を中心に，子どものある時期に特有の表現方法と楽しさについて紹介します（表4-1参照）。

　おおむね0～2歳の子どもの絵は，子どもがつかまり立ち以降に，手を自由に動かすことができるようになって描くスクリブル（なぐり描き）です。描くという意識もなく，えんぴつをたまたま持ち，手を動かしたら痕跡（線）が残ったというのが始まりです。そこからえんぴつで描けることがわかり，自発的に描くようになります。このスクリブルのなかに次第に，点，うねうね，ジグザグ，波などのパターンが生まれることもあります[10]。素材や道具を手や体全体で感じること，手の動きそのもの，そして自分の手の動きから生まれる偶然の痕跡を見ることが，この時期の造形表現の楽しさでしょう。

　おおむね2～3歳では，スクリブルのなかに，偶然区別できる形が出現することがあります。この経験を積み重ねながら，丸などの独立した形を見つけ出すことができるようになると，そこから徐々に，意識して形（丸など）を描くようになります。子どもは形を見つけ出したことに喜びを感じます。

　おおむね3～4歳では，それらの形を組み合わせるようになりま

➡10　R.ケロッグ，深田尚彦（訳）『児童画の発達過程』黎明書房，1971年。

表4-1　乳幼児期の描く・つくる表現の発達段階

年齢区分	描く	ものでつくる	遊びのキーワード
0～1歳頃			探索・感じる・手の動き・痕跡
1～2歳頃	スクリブルを描く	探索する（つぶす・投げる等）	
2～3歳頃	閉じた形（円）を描く・形を見立てる・意味づける人物（頭足人）を表す	見立てる・組み合わせて命名する	形・偶然の発見・名づけ・見立て
3～4歳頃		形や色から発想してつくって遊ぶ	イメージ・意味づけ・つくって遊ぶ
4～7歳頃	構成（デザイン）する・基底線を描く	目的をもってつくる・遊びに利用する	お話・経験・想像・遊びの道具をつくる

➡出所：槇英子『保育をひらく造形表現』萌文書林，2008年，p.70をもとに筆者作成。

す。子どもはこれらの形を最初からイメージをもって描いているわけでなくとも，描いた後に自分が描いた形からイメージが湧き，形を見立てて名前をつけます。このようなことを繰り返していると，最初からイメージをもって描くようになります。人間を表すものとして「頭足人」

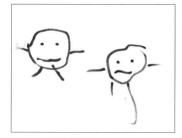

図4-3　頭足人

（図4-3）を描くのも，この頃の特徴です。子どもが言葉でもつイメージと，絵やもので表そうとするイメージが一致して，自分の思いや考えを絵やもので表せるということの喜びがこの時期の楽しさでしょう。

おおむね4〜5歳では，絵によってお話ししようとする時期がきます。1枚の絵のなかに誰が，どんなふうに，何をしているところかを構成（デザイン）して描くようになります。その時に，「この絵についてお話ししたいことある？」と聞いたりすると，「おかあさんがね，おうちでね……」と子どもが体験したことを話してくれたりします。体験したことだけでなく，自分が想像した世界について描き，お話しすることも楽しくなります。つくる表現では，「望遠鏡をつくりたい」といって紙芯を使ってつくるといったように，目的をもってつくったり，遊びの道具をつくったりすることもよく見られます。遊びに使うものを自分の手でつくりだすことができる，自分のつくったもので遊べることで楽しさが増すようです。

発達には大まかな順序がありますが，その順序を踏まえつつ，杓子定規に考えるのではなく，目の前の子どもがどのようなことを楽しんでいるのかを捉えようとすることが重要です。

❷ 表現の個性から見えてくる楽しさ

大まかな発達の流れを見てきましたが，同じ年齢の子どもたちであっても，表現には大きな個人差が見られます。個人差の大きな乳幼児期には，互いの違いを受け入れながら，それぞれの興味関心に応じて自分らしく表現できるような援助が必要になります。槇（2004）は，子どもの表現の傾向を3つの「表現スタイル」に分けて示しています（表4-2）。

▶11　頭足人
体を描かずに顔に手足が直接ついた絵のことです。子どもの絵の発達過程に見られる形です。「体がないのは変」など，足りないものを指摘するのではなく，子どもが自発的に描く絵を十分に楽しみ，その子が今描いている形を認め，その世界を広げるような言葉かけをしていくとよいでしょう。

第4章　造形的な感性と表現

表4-2　3つの「表現スタイル」

	■ものタイプ	▲感覚タイプ	●状況タイプ
関わりの志向性	もの（環境）	自己（身体）	ひと（仲間）
つくろうとするもの	形（もの）	自己イメージ	関係性（状況）
感覚・イメージ	視覚・映像的	身体，触覚，音・動作的	言語・象徴的
遊びの好み	製作・構成	感覚・運動・リズム・遊具	ごっこ・ゲーム
場・活動の好み	創造	安定・表出・探索・参加	想像
製作物の特徴	具体的・創作的・再現的	感覚的・創発的	目的的・利用的

出所：槇英子「幼児の『表現スタイル』に配慮した保育実践」『保育学研究』42（2），2004年，pp.35-44をもとに筆者作成。

　表現スタイルの3つの枠組み〈■もの：もの―視覚〉〈▲感覚：自分―触覚・身体感覚〉〈●状況：ひと―言語〉は，子どもたちの表現や遊びの好みを理解するための参考になります。この枠組みを活用し，発達だけでなく個性を受け入れながら，子どもが好きな表現を存分に楽しむ時間と場を保障するとともに，自分とは異なる表現や遊びの好みがあることを知らせたり交流を促したりすることで，子どもの表現はより楽しくなるでしょう。

❸ ものとの対話を通して生まれる楽しさ

　表現は心の「内から外へ」の表れである一方で，周りの世界を認識し，その場にあるものや人との相互作用を通して自己の表現をつくり変える活動でもあります。その場にあるものとの対話，その場にいる他者との対話を通して気づきや発想，新たな見えやイメージが生まれる過程に予想のできない楽しさがあります。

　たとえば，写真4-1は，子どもが紙粘土と絵の具を合わせて丸

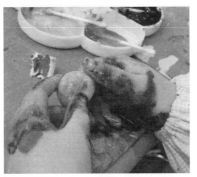

写真4-1　紙粘土と絵の具による探究
出所：宮前幼稚園（神奈川県川崎市）での伊藤史子さんの実践より。

めながら，何かをつくっているところです。綿棒やスポンジ，指先で色を伸ばしているうちに，色の交わりやぬるぬるの感触が楽しくなり，造形するというより，この素材や画材にまみれて浸っています。素材との関わりのなかから，予想外の楽しさが生まれてきます。この後子どもたちは，これにスティックをさして「アイスキャンディー」と名づけましたが，その過程には粘土や絵の具を触って，その感触や感覚に浸ることで，その場で生まれてくるおもしろさや気づきがあるのです。

また，積み木や立体の造形では，崩れたり壊れたりした時に，新たなイメージが生まれることも多いものです。いったん崩れたものや壊れたものに対して距離を置き，一瞬立ち止まった時に，そのものへの見方が変わるのでしょう。崩す・破る・壊すといった行為は，心身の解放（カタルシス[12]）にもつながります。これも造形の楽しみのひとつです。

❹ 他者との対話を通して生まれる楽しさ

幼児期には，絵を描いたりものをつくったりする時に，子ども同士で模倣する姿がよく見られます[13]。大人は模倣に対して否定的な見方をすることもありますが，子どもにとっての模倣は情報収集であったりイメージの取り入れであったりと，大多数が創造の契機となり，表現もしくは表現の展開への原動力となり得るものです[14]。自分の思いで取り組んだ「まねてやろう」という遊びの小さな積み重ねが，やがて「まねてばかりではおもしろくない」という気持ちを生んで，独自の表現につながることもあります[15]。

模倣を通して自分のオリジナルの表現へと至る過程は，その場にいる他者との対話を通して偶然生み出されるものでもあります。この時の対話とは，必ずしも言語的な言葉での対話だけではありません。素材の扱い方や道具の使い方，線や点の描き方といった非言語的な表現手段を見合う，見せ合うことによる対話もあります。

表現は，その人がいる環境・他者・活動過程との相互作用で，小さな気づきや発見をしながら進んでいきます。ああでもないこうでもないと素材をいじったり，先生や友達に「みて[16]」と言ってものを見せ合ったりするようなコミュニケーションも含め，一見，寄り道，回り道に見えるような過程こそが表現の楽しさです。

➡12　カタルシス
　心のなかに溜まっている怒りやフラストレーションのような感情が解放され，気持ちが浄化されることを言います。

➡13　模倣には，三項関係の発生が影響していると言われています。三項関係とは，自己と他者とものの三者間の関係を指し，他者のあるものへの反応を見て，そのものに対しての接し方を学ぶ，という他者を通した学びが起こるために重要だと言われています。

➡14　奥美佐子「幼児の描画過程における模倣の効果」『保育学研究』42（2），2004年，pp. 163-174。

➡15　今川公平『アート・子ども・いのち──保育としての造形』解放出版社，2013年。

➡16　子どもが造形場面でものを「見せる」行為について，佐川（2018）は，製作コーナーでの4歳児の「見せる」行為を1年間観察・記録し，子どもたちがものを「見せる」行為は「製作結果の報告」と「製作過程での交渉」の2つの機能をもち，造形表現の展開を促すものであることを示しています。
　佐川早季子「4歳児の製作場面におけるモノを他者に『見せる』行為の機能の検討」『子ども学』6，2018年，pp. 128-143。

第4章 造形的な感性と表現

4 造形表現の活動例

造形表現と日頃の生活や遊びとが一体となった活動を紹介します。

❶ 製作コーナー ▶17

▶17 ここで紹介する実践及び写真は，宮前幼稚園（神奈川県川崎市）によるものです。

保育室の一角に素材や道具，テーブルが置かれた製作コーナーが設けられています。素材は「はこ」「しん」などの廃材（リサイクル素材）が種類別に分けられており，セロハンテープやはさみなどの道具も取り出しやすく片付けやすいように棚に置かれています。これらの廃材（リサイクル素材）は，軽量で持ち運べるため，遊びの道具になりやすく，「つくる遊び」と「つくったものを使う遊び」という遊びの循環を生み出しやすい素材です。すでにある形に刺激されてイメージが浮かんだり，子どもが思い描いたイメージを形にし，子どもは遊びを創り出していきます。製作コーナーは，遊びや生活に必要なものを自ら創り出す「小さな創造性」を発揮できる環境と言えるでしょう。

たとえば，先に紹介した表現の個性（「3　造形表現の楽しさとその要因」の❷）でいえば，〈もの〉タイプの子どもが，牛乳パックをつなげて電車と駅をたくさんつくっているうちに，次第に電車ごっこになるというように，「つくる遊び」から「つくったものを使う遊び」になることがあります。また，〈状況〉タイプの子どもは，ア

写真4-2　種類ごとに置かれた素材

写真4-3　取り出しやすく片付けやすい道具棚

第Ⅰ部　領域に関する専門的事項

写真4-4　近くの人の手元が見えやすいテーブル

写真4-5　電車づくりから電車ごっこへ

写真4-6　アイドルごっこのためのリボンづくり

　イドルごっこをするためにリボンや飾りをつくるというように、「つくったものを使う遊び」のために「つくる遊び」をすることもあります。

　つくったものやつくりかけのものは、ロッカーの上など他の子どもの目につきやすいところに置けるようになっており、自然に見合う、見せ合うことができるような環境になっています。

❷ 見る前に描く絵

　5歳児の宝石プロジェクトの実践です。ある日、子どもたちは園庭に探検に出かけ、宝探しをはじめます。しかし、「宝物、なかなか見つからへん」という声が聞こえてきます。そこで、先生は、「宝物って？」と子どもたちに聞いてみます。すると、子どもたちから「ダイヤモンド」「キラキラのいし」といった言葉が出てきます。そこで、先生は数日後に、宝石のようなシーグラスを持ってきて、子どもたちに見せます。すると、子どもたちのひとりが「宝石

▶18　ここで紹介する実践及び写真は、木の実幼稚園（大阪府松原市）によるものです。

▶19　シーグラス
　海岸などで見つかるガラス片のことです。ガラスが波に揉まれて角の取れたかけらになり、曇りガラスのような風合いになっています。

第4章　造形的な感性と表現

写真4-7　子どもたちにとっての宝物のイメージ

写真4-8　ガラス片をペットボトルに入れて宝石づくり

写真4-9　ペットボトルのなかを見る前に描く

写真4-10　見る前に描いた宝石の絵

つくれるで」と言い出します。「ガラスに色を塗ったらできるんじゃないか」「スライムを凍らそう」といったアイデアが次々に出て，保育室の一角に宝石研究所ができました。そんななか，園でガラスが割れる事件が発生しました。そのガラスを見た子どもたちから「これを磨いたら宝石つくれるんちゃう？」という声が上がりました。先生は迷った末に，危険にならないように「手で触らずにどうやって磨く？」と問いかけ，危険であることも伝えて子どもたちと何度も話し合いました。そこから，ペットボトルにガラスと砂利と水を入れて振るというアイデアが生まれました。そして，毎日ペットボトルを振り続けて，1週間後，「一度，なかを見てみよう」という日，先生は子どもたちに「なかはどうなってるんだろう？どんな宝石ができているんだろう？」と問いかけ，紙とペンを渡します。子どもたちは，見えないペットボトルのなかを想像して，思い思いに想像上の宝石を絵に描きます。ひとつとして同じ絵はありません。これらの絵は，「見てから描く」絵ではなく，「見る前に描く」絵です。現実の形をなぞる描画ではなく，子どもたちの空想を形や色にして遊んだ絵です。一人一人の描いた宝石を合わせてみると，クラス全体の宝石となりました。

5 乳幼児の造形表現を豊かにする基礎的な知識・技能

❶ 素材との対話を楽しむために——素材と遊ぶ

　子どもが素材との対話を楽しむためには，どうしたらよいでしょうか。まずは，保育者も心を無にして，おもしろがってやってみることで，この楽しさに近づけます。可塑性の高い砂・泥・水の楽しさのひとつは，そのものと身体が一体になって境目のわからなくなるようなところにあります。その特性は，一度遊んだことのある人でないとわかりません。保育者も「上手につくってやろう」という気持ちを捨てて，遊び心をもって楽しむということが大切です。

❷ 他者との対話を楽しむために——保育者の応答性

　保育者の関わりの中核は応答性にあります。子どもは，表出・表現の過程で「みて」と，ものを見せにくることがよくあります。子どもは，自分が働きかけたことに対して手応えが返ってくることを求め，他者の共感や注意を必要とします。「みて」と見せる行為も，ものを通して保育者の注意を自分に引き寄せ，保育者に自分を認めてもらうことで，承認感や達成感，満足感を感じていると考えられます。

　特に造形場面では，基本的信頼感に支えられてはじめて，子どもが「自分のことを表してもいいんだ」という感覚をもちます。子どもが振り向いた時やものを見せにきた時，子どもがその時何を共有したいと思っているのかを読み取ったり聞いたりして，子どもの思いに共感してみましょう。大げさな言葉でなくとも，うなずき，ほほえむだけで十分です。表情，まなざし，姿勢など身体全体で，子どもの表現を受け止め，認め支えることが重要です。

▶20　可塑性
　人の働きかけに対して容易に変形したり，元に戻したりすることができる性質のことです。

▶21　福崎淳子『園生活における幼児の「みてて」発話——自他間の気持ちを繋ぐ機能』相川書房，2006年。

Book Guide

- 槇英子『保育をひらく造形表現』萌文書林，2008年。
  著者の造形活動の豊富な実践経験から，子どもたちの姿や造形指導の実態に即して表現の意味や発達，保育方法について論じています。幼児の造形に関する理論と実践の両方を幅広く網羅し，明日の保育をひらくためのヒントが得られる本です。
- 今川公平『アート・子ども・いのち──保育としての造形』解放出版社，2013年。
  目の前の子どもの姿から，これまでの造形教育で行われてきたことを見直し，子どもが自己発揮できる造形活動を行うために重要となる環境や保育者の視点を提案しています。幼稚園での造形活動の実践経験を通して得られた知識や見識を知ることができます。
- 片岡杏子『子どもは描きながら世界をつくる──エピソードで読む描画のはじまり』ミネルヴァ書房，2016年。
  詳細なエピソード記述を通して，小さな手で描かれる「痕跡の描画」がだんだんと「絵」に近づく過程が描かれています。エピソード中のお母さんのまなざしや声かけなど，大人と子どもの間に通じている感覚や子どもの内面で育っていくものを丁寧に読み解いています。

Exercise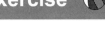

1. 幼児の身長を約100センチとして，ひざまずいて身長100センチのつもりになってみましょう。子どもには何が見えているのか，見えるものが何に見えてくるのかを探してみましょう。たとえば，ドアのノブもブタの鼻に見えたり，井戸のポンプがロボットに見えたりしないでしょうか。子どもの世界を体感し，身の周りのものとの対話で気づきや発想を得る，子どもの想像の世界に近づくのがねらいです（※京都造形芸術大学梅田美代子先生による実践です）。
2. 幼稚園や保育所で子どもが造形を行っている場面を観察し，次の3点について考えてみましょう。
   ①ひとりの子どもに注目してみましょう。表現をしている時，どんな表情や行動をしているでしょうか。
   ②①をもとに，「現れ」として目に見えているもの以外に，子どもの心の内側の動きに思いを馳せてみましょう。
   ③子どもが「みて」と言っているのはどんな時か，誰に何を見てほしいのかに注目し，子どもはなぜ見てほしいのかを考えてみましょう。

第 5 章
音楽的な感性と表現

雨上がりの園庭です。自由に遊んでいる2人はどのように出会い,何を感じ,どんな会話をしているのでしょうか。また,この後どのような行動をしたのか,考えてみましょう。

雨上がりの園庭に大きな水たまりを見つけた女の子は,「ペッチョンペッチョンだ！」と擬音で表現しながら,わざと音を立てて水たまりを歩いていました。そして「どろんこってくっつくんだよ」と教えてくれます。男の子がやってくると,女の子は足をパタパタさせて音を立てました。すると男の子も,同じ速さ・同じリズムで足をパタパタさせました。子どもたちは遊びのなかで環境と関わり,音を遊びに取り入れ,しっかりと耳を澄ませ,友達と表現を共有しているのですね。
　子どもは,楽音（楽器音や歌声）や身の周りの音を聴き,それについてなんらかの印象をもち,共鳴し,なんらかの感情を体験し,連想を展開しています。このことを私は「音感受」と名づけました。音感受は,子どもの素朴な表現にも音楽的な表現のなかにも現れ,環境構成と保育者との応答的なやり取りのなかで,より豊かになっていきます。本章では,音の世界を通して,子どもの感性と表現について考えてみましょう。

（扉写真提供：野中こども園〈静岡県富士宮市〉）

1 身体の諸感覚と音楽的感性

　子どもは音楽に関わる活動が好きで、心地よい音の出るものや楽器に出会うと、いろいろな音を出してその音色を味わったり、リズムをつくったり、即興的に歌ったり、音楽に合わせて体を動かしたり、時には友達と一緒に歌ったりしています。この時、音や音楽を感受している感覚は、聴覚だけでしょうか？

　子どもたちと輪になって、トーンチャイムを鳴らして遊んでいた時のことです。誰かのほうを向いて音をポーンと鳴らして送り、受けとった人がまた次の人に音を送る音のリレーです。その時、5歳の女児が、弧を描くように、ポーンと3歳男児のほうに音を送りました。するとその男の子は、持っているトーンチャイムで音を鳴らそうとはせず、宙を仰ぎ、その音を見送るかのように後ろを向いたのです。それは、まるで音の軌跡を追っているかのようでした。5歳児が鳴らした動作が、音を虚空へ撃ち放ったように映ったのでしょうか。音は目に見えないけれど、身体の諸感覚で感じとった音は、その軌跡を宙に残して消えるのかもしれません。

　子どもの音を感受する姿は、日常のさまざまなところに存在します。言葉を繰り返しているうちに、それがリズミカルな歌になっていることもあるでしょう。空き缶を叩いて音が出るのをおもしろがっているうちに、友達とリズムの応答遊びを楽しんでいる姿があるかもしれません。帽子が強風に飛ばされないように伝えたところ、お孫さんが「風さんは歌っているね」と答えたという話もあります。

　しかし、みんなで歌を歌ったり楽器を演奏したりしている姿だけが音楽表現であると捉えていては、その姿にはなかなか気づくことができません。身の周りの音や音楽への気づきや、音楽表現の芽生えとなるような素朴な表現の姿を探してみましょう。体の諸感覚を通して気づいた、たくさんの音楽表現が見つかるはずです。その姿に気づくこと、そして子どもが何を感じ何に気づいているのかを考えることを通し、子ども理解を深めましょう。

➡1　無藤隆（監修），吉永早苗『子どもの音感受の世界——心の耳を育む音感受教育による保育内容「表現」の探究』萌文書林，2016年，pp. 68-69。

第Ⅰ部　領域に関する専門的事項

2 諸感覚による身の周りのものとの出会いと音楽表現

写真5-1　空き缶で遊ぶ
➡写真提供：弓之町保育園（岡山県岡山市）。

　ミルク缶やさまざまな空き缶を使って，子どもたちはどんな遊びをするでしょうか。その遊びのなかで，どんな気づきや発見をしているでしょう。

　まず，叩いてみる。音が出ることがおもしろくて，いろいろな箇所を叩いてみる。そうすると，違う音が聞こえてくる。そんな繰り返しから，保育者との間に音の会話が生まれ，多様なリズムパターンを表現するようになるかもしれません。

　のぞいてみる。ほんのりと，ミルクの残り香があるかもしれません。声を出してみると，いつも聞いている声とは違う響きがそこにはあります。ピカピカ光る空き缶に，自分の顔が写っているのを発見したり，ちょっと舐めてしまったりすることもありそうですね。

　触ってみると，ちょっぴり冷たい。小さなモノを落としてみる。音が大きく響くものもあれば，ほとんど音が聞こえないものもあるでしょう。空き缶ひとつとの関わり方を見ても，体の諸感覚を通してのさまざまな発見があります。

　子どもは環境と出会い，能動的に関わることもあれば，静的に心のなかで対話していることもあります。能動的に関わる場合，そこにリズムが生まれたりメロディーが即興的に口ずさまれたりということもあるでしょう。一方，環境との対話とは，気づきであり，感情の動きであり，不思議への扉を開くことなのです。こうした感性のインプットがすぐに音楽表現に結びつくことはないにしても，の

ちのちの音楽表現を創造性豊かなものに変えていくことでしょう。

3 音楽表現の楽しさとその要因

乳児期から子どもは，音楽が聞こえると身体を揺らし，腰を上下に動かしたり手を叩いたり，一緒に声を出して歌おうとしたり……。生活のさまざまな場面で，自分なりの表現を楽しんでいる姿を目にします。その表現の姿は，音楽が身体の動きを引き出しているかのように自然で，子どもは生まれながらにして音楽的なのだなぁと思わざるを得ません。

音楽表現の楽しさの要因には，声を出して一緒に歌うことや，応答的にリズムのやりとりをすることがあるでしょう。音楽とは，そもそも協同的存在なのです。そして前述したように，音楽が子どもの表現を引き出していることも重要です。このように，音楽そのものに楽しさの要因があるのです。ここでは，音楽自体のもつ楽しさの要因について，考えてみましょう。

❶拍・拍子

拍とは，たとえば脈拍のように等間隔を刻むもので，音楽では個々の音の時間的な長さを規定するものです。その拍のまとまりが，拍子です。2つずつのグルーピングの場合は2拍子，3つずつのグルーピングであれば3拍子となります。

わらべうた遊び・リズム遊び・手遊び歌など，ほとんどの音楽遊びは拍の流れにのって身体を動かします。たとえば，わらべうたの『はないちもんめ』。2組のグループが手をつないで列をつくり，「かーってうれしい はないちもんめ」「まけーてくやしい はないちもんめ」と歩きながら歌います。この遊びは，「1, 2, 1, 2……」と拍に合わせ，勢いよく足を踏みしめて前進します。足の動きに合わせて，歌い方にも勢いがつくことでしょう。この時，「1, 2, 1, 2……」の拍の流れを無視して，ゾロゾロと歩いていては，この遊びのもつおもしろさが生かされないことは容易に想像できることでしょう。

➡2　近年，環境が私たちに与える意味としての「アフォーダンス (affordance)」の考え方が注目されています。アメリカの知覚心理学者ジェームズ・J. ギブソンによる造語で，「与える，提供する」という意味の英語 afford から造られました。アフォーダンスの視点から子どもの表現行為を分析すると，表現における環境の重要性がよくわかります。アフォーダンスについては，本書第8章も参照してください。

❷ リズム

『はないちもんめ』の歩行が拍（拍子）を刻んでいるのに対し，「かーってうれしい はないちもんめ」の「ターッカタッカタッカタッカタッカタッカタン」といった言葉の刻みがリズムです。このわらべうたの場合，「タッカ」の軽快なリズムが，歌や動きのおもしろさを引き出しており，「勝って」「負けて」というキーワードになる箇所には，「ターッカ（♩.♫）」という付点音符を含むリズムが用いられています。そうしたリズムの特徴をしっかりと表現することが，身体の動きに躍動感をもたらすのです。

❸ 音　程

「やきいもやきいも，おなかがぐー」という歌詞で始まる『やきいもグーチーパー』は，焼き芋の季節に定番の手遊び歌です。歌いながら歌詞に合わせて身体を動かし，最後にじゃんけんをするようになっています。この歌を，言葉の抑揚とリズムだけで唱えてしまう学生さんをよく見かけます。

この曲は，作詞は阪田寛夫，作曲が山本直純の両氏によるものです（図 5-1 参照）。曲全体のタッカ（♫）のリズムが軽快感をつくりだし，はじめの 2 つのフレーズは同じリズムが異なる音高で歌われ，最初のフレーズと同じ 3 フレーズは次のフレーズに向けて発展し，最後のフレーズは，この曲の最高音から順次進行で音が下行して，最終小節に 1 オクターブの跳躍が組み込まれています。このリズムとメロディーで歌われてこそ躍動感が表現され，その音楽の躍動感に，身体が上下あるいは左右に揺れるのではないでしょうか。

子どもは，保育者の歌い方を模倣します。耳で聞いて覚えた歌も，楽譜を探して確認し，実際に声を出して歌っておきましょう。

第5章　音楽的な感性と表現

図 5-1　譜例：やきいもグーチーパー

4　音楽表現の活動例

❶ 子どもの発達と音楽表現──「あんたがたどこさ」の実践から

　岡山市の17の公私立保育所での取り組みです。17の園では、0歳から5歳までのすべての年齢で毎月同じ歌に取り組み、子どもの音楽的な成長と保育者の関わりについての研究を行いました。17園のうちの6園が「わらべうた」での実践を行いましたが、そのうち10月の「あんたがたどこさ」における各年齢の子どもの音楽表現を紹介しましょう（表5-1）。

　乳児期には、視覚、聴覚などの感覚や、座る、はう、歩くなどの運動機能が著しく発達し、特定の大人との応答的な関わりを通じて、情緒的な絆が形成されます。1～3歳未満児は、歩きはじめから、歩く、走る、跳ぶなどへと基本的な運動機能が次第に発達し、発声

表5-1 「あんたがたどこさ」における子どもの音楽表現

年　齢	表　　現
0歳児	・保育士が手を叩いて歌うと，真似をして手を叩く。 ・歌に合わせて体を揺らす。お尻を上下させて楽しむ。保育士が歌い始めると，足を曲げたり伸ばしたりしてリズムをとる。
1歳児	・保育士が「さ」のところで子どもの頭に触れ，最後のフレーズ（うまさのさっさ*）の「さっさ」でくすぐると，子どもはそれを喜び，くすぐられるタイミングを，保育士の歌や表情から感じとっている。
2歳児	・「さ」のところで保育士が跳んで見せると，その真似をして跳ぶ。タイミングよくジャンプできる子どももいる。 ・拍に合わせて手拍子を打つ子どももいるが，ほとんどの子どもにとって，正確に叩くことは難しい。
3歳児	・拍の流れを身体で感じ，「さ」のところで両手を突き上げたりジャンプしたりする。 ・友達と一緒に手を叩く。お互いに表情を見ながら楽しむうちに，だんだんと拍が揃ってくる。拍が揃うことの楽しさを感じている。
4歳児	・「さ」のところで，音が一つになるように手を叩くことができる。友達と拍が揃うことをおもしろく感じ，遊びに没頭する。
5歳児	・膝打ちをしながら歌い，「さ」の部分で手を叩く。全員の動きがピタリと揃った時，「すごい」とか「簡単」と言い，全員揃うことの心地よさを表現している。 ・自発的に歌って遊んでいる。自分たちで遊びを工夫したり拍の取り方を考えたりしている。

➡注：＊最後のフレーズは「それを木の葉でちょいとかぶせ」と歌われることが多いが，その箇所を「うまさのさっさ（ソソミソララ）」に変えてしまうと，「うまさのさっさ」「さ」が3回続く。そのことにより，「さ」で手合わせをするなどした時に，動きに緊張感が増して遊びがよりおもしろくなる。

➡出所：岡山市保育協議会「平成25年度 保育研究報告会資料」，第2ブロックの発表「音楽的要素に着目した音楽表現の実践とその分析——実践記録から見た子どもの音楽的感性の育ちと保育士の資質向上」より。

も明瞭になり，語彙も増加し，自分の意思や欲求を言葉で伝えることができるようになります。3歳以上になると，運動機能の発達により基本的な動作が一通りできるようになるとともに，理解する語彙数が急激に増加し，知的興味や関心も高まり，仲間と遊び，仲間のなかのひとりという自覚が生じ，集団的な遊びや協同的な活動も見られるようになります。音楽表現も，運動機能や認知，言葉，人間関係の発達と共にあることが，表5-1に表れていますね。

❷「感じる」「考える」「表現する」そして「工夫する」

夏の終わり，保育室に鈴虫がやってきました。「スズムシって言うくらいだから，鈴と同じ音がするんじゃない？」という意見が出たので聴き比べてみると……。「同じ音だ！」「ちょっと違うけど似てる」などなど言いながら，鈴虫の音色に聴き入る子どもたち。それぞれの家からナスやキュウリを持ってきて，世話をするようになりました。

Episode 1　「スズムシの音をつくりたい」

保育室の鈴虫をじっくり観察して絵に描いたり，音を絵で表したり。鈴虫をくれたおじさんへ手紙も書いた。そんななかSちゃんが家から持ってきたナスを虫かごに入れると，黙っていた鈴虫が鳴き出した。

「あ，スズムシが鳴いた！」「今鳴いているのはこのスズムシだよ」と話しはじめる子どもたち。「なぜ，このスズムシってわかるの？」と尋ねると，「だって，このスズムシが羽をバタバタさせてるから」と言う。虫が大好きなNちゃんは，図鑑を見て鈴虫の種類や生態を調べ，羽を擦り合わせて鳴くことを学んでいた。このように，鈴虫から聞こえる音に注目して観察する姿が多く見られた。

写真5-2　羽を擦り合わせて鳴くことを発見！

そんなある日，「スズムシの音をつくりたい」と，音づくりが始まった。鈴の音が鈴虫の音に似ていることを感じていたAちゃんはカゴに鈴を入れ，それを振って鈴虫の音をつくった。初めはひとつの鈴だけだったが，それでは物足りず，2つ3つと鈴を増やし，ありったけの鈴をカゴに入れて音を鳴らした。本物の鈴虫の声と鈴でつくった鈴虫の音。2つを録音して聴き比べると，「同じように聞こえる！」と拍手が起こった。

▶3　ここで紹介する実践及び写真は，仁慈保幼園（鳥取県米子市）によるものです（Episode 2，Episode 3も同じく仁慈保幼園の実践）。

子どもたちは，鈴虫を観察しています。しっかり観察するなかで，さまざまな気づきがあり，好奇心が起こり，学びが広がります。「スズムシの音をつくりたい」という子どもの発言は，身近な素材（ペットボトル，牛乳パック，ビーズ，どんぐりなど）で音づくりをしている経験がその背景にあります。子どもたちは，「いま」と「これまで」をつなぎ合わせ，新しいアイディアを発想し，さらに工夫を加えて表現を展開しているのです。虫の声や気になる音を録音して聴き比べるといった体験を日常的に行っていることからも，この園での「音」への気づきを大切にした取り組みの様子がうかがわれます。

なお，この音づくりは劇遊びの効果音へと発展したそうです。

5 乳幼児の音楽表現を豊かにする基礎的な知識・技能

→ 4 ルソー，今野一雄（訳）『エミール（上）』岩波書店，2007年，p. 117。『エミール』は，フランスの哲学者ジャン・ジャック・ルソーの書いた小説体教育論です。子どもの人格や自由を尊重し，発達に応じた教育を提唱しています。ルソーの主張は，後の教育理念に大きな影響を与えています。音楽理論家でもあった彼は，子どものための歌も残しています。

→ 5 吉永早苗・無藤隆・水﨑誠・北野幸子・大矢大「幼児の音声情報解読とその表現の発達状況——人間関係構築力との関連を視点とした国際比較」（科研費研究（基盤研究C）成果報告書）2017年。

→ 6 山本翔太・吉冨康成・田伏正佳・櫛田康「乳児音声区間の検出と感情認識への応用」『情報科学技術フォーラム講演論文集』8（2），2009年，pp. 373-376。

❶ 音と感情

私たちは会話において，言葉の内容だけでなく，音声の抑揚や話し方から相手の気分を察します。ルソー（Rousseau, J. J.）は『エミール』のなかで，「抑揚は言葉よりもいつわることが少ない」と言っています。

音声に込められた感情を判断したりそれを表現したりするスキルは，幼児期・児童期には年齢とともに正確さを増していきます。しかし，最近では，赤ちゃんの音声に，不快・空腹・眠気の特徴が表れていることや，2か月齢児の音声に，「快」と「不快」，「平静」と「驚き」，「話」と「歌」を区別していることがわかる情報が聴取されること，6か月齢児が，感情性の情報を交えて音声を発していること，さらには，赤ちゃんの発する「快・不快」に対し，2歳児が大人とほぼ同様の判断をする傾向にあることなどもわかっています。

子どもが感情を重ねているのは，人の音声だけではありません。「犬の鳴き声は？」と尋ねると「ワンワン」と答えます。それは，犬を示す擬音語ですね。でも，「怒った犬は？」「うれしい犬は？」……と尋ねてみると，低い声で「ウ〜〜ワン！」とか，甲高い声で「キャンキャンキャン」など，個々に個性的な擬音で鳴き声を表現します。

さらに，自然の音や身の周りの音に対しても，それがどんな感じの音なのか，子どもそれぞれの表現があるのです。

Episode 2 「耳が気持ちよくなった」

保育士が窓辺に風鈴のような飾りをつけようとすると，「きれい！」「どんな音がするかな？」と子どもたちが集まってきた。音を鳴らしてみると，「サラサラーって聞こえた」「チャリーンチャリーンって音がした」「綺麗な音だった」「気持ちいい音だった」「明るい感じがした」と，音を擬音で表したり，

どんなことを感じたかを次々に話したり。

以前「暑い」「うっとうしい」と言っていたセミの鳴き声と比べると，「セミの声はうるさかったけれど，この音は耳が気持ちよくなった」「セミの声は暑い感じだったけど，これは涼しい音」と言う。

窓辺に吊るした風鈴は，風が吹くたびに涼しい音を運んでくれるが，なかなか風は吹いてくれず，自分の手で風鈴を揺らしたり，思いっきり息を吹きかけたりして，音を鳴らそうとする姿があった。

写真5-3　「耳が気持ちよくなる」音

写真5-4　涼しい音を聞きたい

→7　志村洋子・今泉敏「生後2ヵ月の乳児の音声における非言語情報」『音声言語医学』36（3），1995年，pp. 365-371。

聞こえてくる音を擬音で表現しようとすると，耳をしっかり傾けて集中して音を聴くようになります。また，聴いた音のイメージを言葉で表現することは，想像や連想の世界を豊かにし，素敵な言葉見つけの機会にもなるでしょう。「耳が気持ちよくなった」なんて，なかなか思いつかないフレーズです。

Work 1

1. 「涼しい音」や「暑い音」を見つけてみよう。そして，どんな音がするか擬音で表してみよう。
2. 「うれしい」「悲しい」「怒った」といった感情を表す音を，楽器や身の周りのモノを叩いて表現してみよう。それらの音には，どんな音響的な特徴があるだろうか？

→8　志村洋子・今泉敏「乳児音声における感性情報表出の発達と個人差の検討」『音声言語医学』35（2），1994年，pp. 207-212。
→9　志村洋子・今泉敏・山室千晶「幼児による乳幼児音声の感性性情報の聴取特性」『発達心理学研究』13（1），2002年，pp. 1-11。

❷ 声遊び・歌唱表現

① 声遊び

絵本の読み聞かせは平気だけれど，ひとりで歌うのはちょっと自信がないという人は少なくありません。子どもと一緒に，声遊びからはじめてみましょう。

ホワイトボードに，一本の線を書きます。たとえば，図5-2に

図5-2 描画楽譜

出所：筆者作成。

示すように書いたとします。この線の変化に合わせて，声を出してみるのです。一番高い声，滑らかな曲線の表現，ギザギザ部分での声の変化など，知らず知らずのうちに多様な発声をしているはずです。正しい音程という概念ではなく，イメージを発声するという正解のない表現ですから，子どもたちは失敗しても笑って楽しんでいます。

また，音の大きさは物の大きさと関連し，教わらなくてもその概念が身につく一方，音の高さの概念は，「高い音」「低い音」という言葉を伝える必要があります。たとえば，音楽教室に通っていない子どもたちは，ピアノの高い音に対して「小さい」「きれい」「キラキラ」「みずいろ」などの言葉を使い，低い音に対しては「大きい」「濁った」「こわい」「くろいろ」などの言葉を使ってその音を言い表します。こうして視覚的に音の高さを示すと，発声する自分の声の高さに意識を向けることができるようになります。ホワイトボードに書く代わりに，長い紐で示すこともできますし，部屋を暗くして懐中電灯の光の軌跡を声で追いかけるといった方法での声遊びも楽しそうですね。

② 歌唱表現

『かたつむり』の歌を，2通りの方法で歌ってみましょう。ひとつは，手のひらにかたつむりがいると想像して，そのかたつむりに，「オイ，ツノを出してみろ！　ヤリを出してみろ！」と語りかける歌い方です。もうひとつは，紫陽花にしとしとと降る雨の向こうに見えるかたつむりに語りかける雰囲気で歌います。

前者は，リズミカルで快活な歌い方になるでしょう。一方後者は，穏やかでしっとりとした声の出し方になるのではないでしょうか。単に音符を辿るように歌うのではなくて，どんな情景が歌われているのかを考えて，それを想像しながら声に出してみると，歌唱の表情は必ず豊かになることでしょう。

③ 歌の導入

　『あめふりくまのこ』を2歳児と歌っていた時のことです。子どもたちはその曲をすでに知っていて，保育者の歌に合わせて口ずさむことができました。歌い終わって，「くまさんは，何を見ていたのかな？」と尋ねたところ，ひとりの女児が「さかなとイルカ」と迷わず答えました。歌詞は，「さかながいるかと見てました」です。この一文だけを取り出せば，クマが「魚が居るかなと思って」見ていたのではなく，「魚がイルカと一緒に」見ていたと解釈されるのはやむを得ません。しかし，歌詞の内容を理解していたら，クマが川を覗いて魚を探していたことは理解できるはずです。

　初めての曲を歌う時，紙芝居やペープサートなどの視覚教材を用いたり，お話の流れをわかりやすく説明したり，あるいはちょっとしたお芝居をしてみるなどして，お話の流れが理解できるように工夫しましょう。そうすると，子どもは頭のなかに情景を思い浮かべながら，歌うことを楽しむことができるようになるでしょう。お話の流れがつかめると，歌詞も覚えやすくなるものです。5歳になれば，歌詞を書いてみるのもよいでしょう。文字への関心につながる機会にもなりますね。

Work 2

『あめふりくまのこ』や『あわてんぼうのサンタクロース』『とんでったバナナ』など，お話仕立てになっている歌を選び，その内容を伝えるためにどのような導入の工夫ができるか考えてみましょう。

❸ リズム遊び

　拍の流れにのって言葉を唱えます。「♩　♩　♩　𝄽」と手拍子を繰り返し打ちながら，あるいはウッドブロックを叩きながら，「やさいのなまえをどうぞ𝄽」と問いかけます。子どもは「♩　♩　♩　𝄽」に収まるように，「レタス」「だいこん」「にんじん」「さつまいも」「とうもろこし」など，野菜の名前を自由に答えます。

　3文字であれば，四分音符で答えることができます。4文字だと，「♩　♩　♫　𝄽」のように八分音符を混ぜる，「♩　♩　♩　♩」のよう

に休符を含まない，あるいは「♩．♪♫ ♩」のように付点のリズムを入れるなどが考えられます。5文字だと，「♫ ♫ ♩♩」のほかにもいろいろありそうです。

　はじめのうちは，模倣から始めるとよいでしょう。慣れてくると，野菜の名前，自分の名前，動物の名前など，カテゴリーを増やしていきます。さらに，「レタスと同じリズムの言葉は何かな」「さつまいもの仲間は？」「ブロッコリーのリズムを叩いてみよう」など，言葉のリズムを確認したり手拍子してみたりすることで，リズムパターンのレパートリーを広げることができます。

　唱える言葉のリズムを叩くことは，楽器で音楽のリズムを叩くことよりも容易です。安定した拍を手拍子しながら言葉を唱えることで，四分音符に2文字入れたり，四分音符を2つ分伸ばしてみたりすることなどは，音楽（音価＝音符の長さ）につながる活動にほかなりません。言葉によるリズム遊びは，音楽としてのリズム表現につながっていきます。

Work 3

　「♩ ♩ ♩ ♩」と手拍子しながら，野菜の名前を唱えるリズムリレーをしてみましょう。出てきたリズムを，音符で表してみましょう。それは，四分音符4つ分（$\frac{4}{4}$拍子1小節分）に収まっていますか？

❹ 楽器遊び・手づくり楽器

① 楽器遊び

　子どもは，身の周りのものを叩いて音が出ることに興味をもちます。素材が異なれば叩いた感じも，聞こえる音も異なります。叩き方が変われば，音も変化します。こうした日常の遊びのなかで，強く叩いた時の音，弱く叩いた時の音，押さえつけるように叩いた時の音，弾むように叩いた時の音など，さまざまな叩き方と音の変化とを学習しているのです。子どものそうした姿に目を留め，「いい音だね」「強い音だね」「楽しい音がするね，どうやって叩いたの？」などと共感し，その音の感じを言葉に表現することが大切で

す。それは、子どもの興味関心を広げるとともに、音の音響的特徴を表現する語彙を増やすことにもつながります。

　手の届くところに手頃な楽器を置いておくと、子どもの音に対する好奇心はますます募ります。なぜなら、楽器の音は生活のなかには存在しない非日常の響きをもつからです。手頃な楽器とは、子どもが扱いやすいことはもちろんですが、響きの多様性と音質の良さ、さらには複数の子どもが同時に鳴らしても不快ではない響きとなる楽器を選択することが必要です。また、「叩く」だけでなく、「弾く」「爪弾く」「振る」「摩る」など、多様な動きをアフォードするような楽器を探してみましょう。この時、世界の民族楽器に視野を広げることで、豊かな音の出会いがあることと思います。

　音は保育室を超え、扉の向こうの子どもたちにも届きます。「おもしろい音がする」「なんだか楽しそう」「一緒に鳴らしてみたい」と子どもたちが集い、自然にアンサンブルが始まるような環境構成を考えてみましょう。

② 手づくり楽器

　手づくり楽器といえば「マラカス」が定番です。「マラカス」製作では、音色の多様さに焦点化されることが多くありますが、音の大きさに着目することも興味深いことです。

　多様な音づくりには、入れる素材や容器の材質に工夫を凝らします。では、音の大きさはどうでしょう。「大きな音が出るようにするには、どんな工夫をしたらいいかな？」と子どもに問うてみましょう。「感じる」「気づく」「考える」プロセスを見守り、大きな音を生み出す「工夫」を、子どもが自分の言葉で伝え合う時間をもちましょう。そのプロセスにおいて子どもは、自分の音を「よく聴き」、これまでの経験や友達から得た情報によって表現を再構成しています。ちょっとした声かけが、「学びに向かう力」を育てているのです。

　また、「マラカス」以外の手作り楽器には、どのようなものがあるでしょうか。そのためにはどのような素材を用意すればよいでしょうか。既成の楽器の音の出る仕組みに、そのヒントが隠されています。またそこには、音をより響かせるにはどうしたらよいのかというヒントも隠れていることでしょう。

第Ⅰ部　領域に関する専門的事項

Work 4 ✏️

　オリジナルの手づくり楽器を製作してみよう。かっこよく，装飾も施そう。そして，「ここが魅力」という音づくりの工夫を，友達に話してみよう。

　手づくり楽器の製作においても，子どもの憧れや，こんな音を鳴らしたいという思いが大切です。

Episode 3 ⛑️　お神楽をやりたい

　家族で見にいったお神楽に魅せられたTちゃんは，友達にお神楽のおもしろさを伝えようと踊って見せます。しかし，うまく伝わりません。「太鼓の音があればうまく踊れる」と気づいたTちゃんは，ダンボールで太鼓をつくりはじめます。叩いた音を録音して，友達と一緒に踊っているうちに，小道具を製作したり衣装をつけたり，さらにはお神楽の音楽を録音して流すなど，お神楽遊びはどんどん発展していきます。Tちゃんが語り，表現するお神楽に関心をもった子どもたちは，共に踊って表現するだけでなく，パソコンを開いてその情報を見たり絵本を探して読んだりして，伝統芸能の魅力にどんどんはまっていきました。

写真5-5　お神楽の太鼓

　クラス全員で合奏を楽しむ活動においても，保育者の指示どおりに子どもを動かすのではなく，子どもの「こういう音を表現したい」という気持ちを大切にしたいものです。

　音・音楽を聴いて，子どもが何を感じ，どのような感情を抱いたり連想を広げたりしているのか。「今度はこんなふうに音を出してみたい」「こんな音楽を表現してみたい」と子どもが考え，表現を工夫していく。私たち大人も，このように音楽表現をしたいですね。

Book Guide

- 無藤隆（監修），吉永早苗『子どもの音感受の世界――心の耳を育む音感受教育による保育内容「表現」の探究』萌文書林，2016年。
  子どもが楽音（楽器音や歌声）や身の周りの音を聴き，それについて何らかの印象をもち，共鳴し，何らかの感情を体験し，連想が豊かに展開するといった，子どもの音感受の実際を，観察調査と実験によって実証的に確かめたものです。そのうえで，音感受教育による子どもの「表現」の指導法について，さまざまな具体的なアイデアから学びを深めていけるよう編集されています。
- Ｒ．マリー・シェーファー，今田匡彦『音さがしの本――リトル・サウンド・エデュケーション（増補版）』春秋社，2009年。
  自然の音や身の周りの音に耳を澄ませることによって広がる音感受の世界。その音を書き出したり，表現したり。読者の感性を豊かにする音さがしのワークは，子どもの音遊びや音環境構成へのヒント満載です。

Exercise

1. 子どもが音を感受している姿を探してみよう。その姿から，子どもが感じたり気づいたりしていることについて考えてみましょう。
2. 園庭に1本の大きな「フウの木」があるとします。子どもたちは，その木の周りで何を感受し，また，どんな遊びを展開しているでしょうか。
3. 子どもたちが音楽表現を楽しんでいる事例を見つけ，その楽しさをもたらす要因について考えてみましょう。

第II部

保育内容の指導法

第6章
領域「表現」の歴史と内容

夢中になって紙にクレヨンを塗っている男の子。この時，この男の子は何を感じ，何を楽しんでいるでしょうか。また，このような経験は，保育内容としてどのように捉えることができるでしょうか。

写真の男の子は，いろいろな色のクレヨンで塗っているうちに，線が重なったり，塗った箇所の色が濃くなったりすること自体がおもしろくなって，時が経つのも忘れてクレヨンを動かしています。
　このような，夢中になって何かを描く子どもの姿は，いつの時代にも見られるものと言えます。しかし，それを捉える際の保育のねらいや内容によって，その見方は異なってきます。現在の幼稚園教育要領等の領域「表現」は，子どもが周囲のさまざまなものを味わうことや，表現を楽しむことなどを重視しています。そのねらいや内容について，歴史的変遷とともに理解することで，より一層子どもの表現を捉える目が豊かになるでしょう。

（扉写真提供：かえで幼稚園〈広島県廿日市市〉）

領域「表現」では，歌や合奏，絵画や製作に関わる活動だけを表現と捉えているのではありません。領域「表現」では，生活のあらゆる場面で子どもは自分なりにさまざまなかたちで表現を行っていると考えています。

この章では，1989（平成元）年の幼稚園教育要領改訂によって新たに誕生した領域「表現」の歴史的変遷をたどることで，領域「表現」のねらいと内容がどのような考えを背景にしているか，どのような特徴をもっているかを学びます。そのうえで，現在の幼稚園教育要領，保育所保育指針，幼保連携型認定こども園教育・保育要領の領域「表現」（乳児保育は「身近なものと関わり感性が育つ」）のねらい及び内容，内容の取扱いの具体的な内容を理解します。

1 領域「表現」以前の保育内容

保育内容としての「表現」の歴史をたどることは，日本における幼稚園や保育所での保育内容の歴史をたどることでもあります。

日本で最初に国が保育内容を定めたものは，1899（明治32）年の「幼稚園保育及設備規程」という省令で，そこには保育内容として「遊嬉」「唱歌」「談話」「手技」があげられています。

➡1 「遊嬉」は自由遊びを意味する「自由遊嬉」と，歌に合わせて同じ動作をする「共同遊嬉」に分けられていました。「唱歌」は平易な歌を歌うこと，「談話」は子どもに有益な話をすること，「手技」はフレーベルの恩物の操作をすることでした。

その後，図6-1にあるように，1926（大正15）年の「幼稚園令」，そして第二次世界大戦後の1948（昭和23）年の「保育要領」へと変化するなかで，保育内容はおおまかにいえば，子どもの実態に即して子どもの自由な遊びを重視し，子どもの生活全般にわたる活動を含むものへと変化していきました。「保育要領」では，「音楽」「お話」「絵画」「製作」「ごっこ遊び・劇遊び・人形芝居」など，現在の領域「表現」と関わりの深いものが具体的に多くあげられています。

そして1956（昭和31）年からは，幼稚園の保育内容は「幼稚園教育要領」のなかで規定されることになりました。図6-1にあるように，1956年から1989（平成元）年まで，保育内容は「健康」「社会」「自然」「言語」「絵画製作」「音楽リズム」の6領域となりました。1956年の幼稚園教育要領では，領域別に「望ましい経験」を示すものであったことから，領域を小学校の教科のように考え，領域

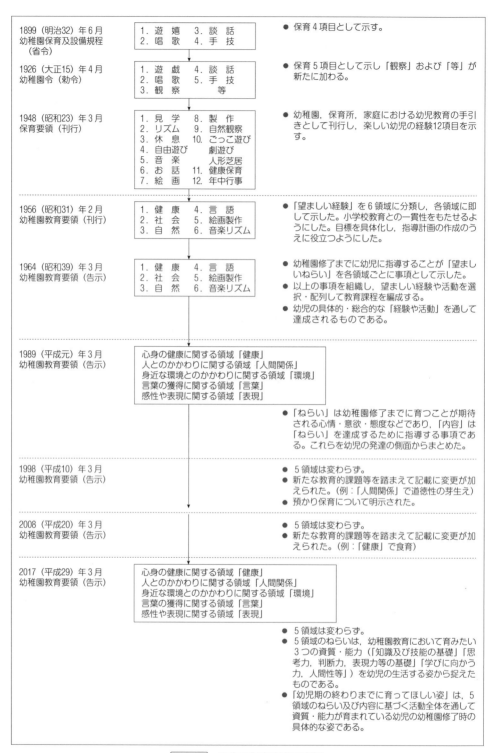

図6-1 日本の保育内容の変遷

出所:髙杉自子「幼稚園教育要領の構造と内容」河野重男(編)『新しい幼稚園教育要領とその展開』チャイルド本社,1989年,p.40を一部改変して筆者作成。

別の指導が行われる傾向が生まれました。1964年の改訂では，6領域を引き継ぎつつ，幼稚園修了までに幼児に指導することが「望ましいねらい」を領域ごとに示し，それらのねらいに即した「望ましい経験や活動」を保育者が選択・配列した指導計画を作成することとされました。したがって，この「6領域時代」には，運動遊び，自然物との関わり，歌，合奏，描画など具体的な活動を，保育者が「望ましい経験」として計画し，指導する，「活動中心主義」の傾向が広がりました。音楽や描画などの表現に関わる活動に関していえば，結果としての作品の良し悪しにこだわる作品主義・結果主義の傾向も見られるようになりました。

一方，保育所での保育については，「幼稚園教育要領」の刊行を受けて，1965（昭和40）年に保育所保育指針が刊行されました。保育所保育指針は，幼稚園教育要領とは異なり，子どもの生命の保持と情緒の安定に関わる養護的内容と，子どもが健やかに成長するための発達を援助する教育的内容の両方を含んでいます。これらの内容のうち幼稚園該当年齢の幼児については「幼稚園教育要領に準ずること」が望ましいとされ，3歳以上児では幼稚園教育要領の領域のねらいと内容をほぼ共有してきました。

▶2 幼稚園教育要領の6領域が小学校の教科のように捉えられ，指導される傾向を是正するために，1964年の改訂では，幼稚園での幼児の姿から望ましい経験を精選し，それらをまとめたものが領域であること，幼稚園教育は総合的指導であることを打ち出しましたが，その傾向を払拭するには至りませんでした（森上史朗「幼稚園教育要領の変遷と実態」森上史朗（編）『幼児教育への招待』ミネルヴァ書房，1998年，pp. 86-87）。

▶3 文部省・厚生省共同通知「幼稚園と保育所との関係について」1963年。

2　領域「表現」の誕生

こうした状況を受けて，幼稚園教育を子どもの発達に即した，小学校教育とは異なる幼稚園教育の独自性をしっかりと位置づけるために，幼稚園教育要領の見直しが行われ，1989（平成元）年に「健康」「人間関係」「環境」「言葉」「表現」の5領域を保育内容とする幼稚園教育要領が告示されました。この改訂では，5領域は幼児の発達を捉える視点であり，各領域の「ねらい」は幼稚園修了までに育つことが期待される「心情・意欲・態度」からなり，各領域の内容はねらいを達成するために指導する事項として位置づけられ，内容は領域ごとに特定の活動として取り出して行うのではなく，環境を通しての教育のもと，遊びを中心とする具体的な活動を通して総合的に指導されることが明記されました。

図6-1にあるように，1989年の幼稚園教育要領の改訂以降は，

▶4 なお，2008年の保育所保育指針の改定では，保育所のもつ養護的機能と教育的機能の一体化がより強調され，保育所におけるさらなる幼児教育の充実が目指されました。

▶5 1989年の幼稚園教育要領の改訂に合わせて，保育所保育指針も1991年に改訂され，おおむね3歳以上児の教育に関わる保育内容については，幼稚園教育要領と同様に6領域から5領

域となり，各領域のねらいと内容を共有しています。その後，1998年の幼稚園教育要領の改訂に対応して，保育所保育指針も2000年に改訂され，2008年には幼稚園教育要領と保育所保育指針が同時に改訂（定）され，2017年には幼稚園教育要領と保育所保育指針，幼保連携型認定こども園教育・保育要領が同時に改訂（定）されています。

▶6　黒川建一「日常生活のなかの私たちの表現」黒川建一（編）『保育内容「表現」（新・保育講座）』ミネルヴァ書房，2004年。

▶7　平田智久「領域・表現」無藤隆・柴崎正行（編）『新幼稚園教育要領・新保育所保育指針のすべて（別冊発達29）』ミネルヴァ書房，2009年。

▶8　1989年の改訂以降では，各領域に3つのねらいを示しています。1989年の改訂から2008年の改訂までは，これらを幼稚園修了までに育つことが期待されている「心情・意欲・態度」としていましたが，2017年の改訂ではこれらを「幼稚園教育において育みたい資質・能力を幼児の生活する姿から捉えたもの」としています。

保育内容が6領域から5領域になったことから，領域「表現」は，ともすると「絵画製作」と「音楽リズム」を合わせたものと捉えられがちですが，そうではありません。「絵画製作」「音楽リズム」と関連をもちながらも，そもそも何を子どもの表現として捉えるのか，という「表現観」がそれらの間で大きく異なっているのです。

　黒川（2004）は，表現は，「自己の内面の世界を外の世界に置き換えること」であり，「意図的に表すこと，意図的に表されたもの，気づかないうちに表れ出ているもの，そのどちらも含めて，広い意味の表現」と捉えています。平田（2009）は，「表現」という言葉が意思のある「表」と，内面の変化である「現」から成り立っていることを指摘し，前者は子どもが「先生見て！」「あのね……聞いて」と投げかけてきたものを受け止めることで，後者は子どもが知らず知らずに現している思いや状態を感じ取ることで成立するとしています。

　したがって，能動的で明確な作品となるような表現だけでなく，生活のさまざまな場面で行われる子どもの表現を認めていくという点で，領域「表現」と領域「音楽リズム」および「絵画製作」は，大きく異なっているのです。領域「表現」が意味するところの「表現」とは絵を描くことや粘土などで形のあるものをつくること，歌を歌うことや楽器を鳴らすこと，音楽に合わせて体を動かすことといった特定の活動や媒体に限定されるものではなく，子どもから発せられるさまざまな表現のあり方全体を含んでいます。それは，さまざまな遊びのなかに埋め込まれている子どもが何気なく折った広告紙や，走りながら口にしたリズミカルな言葉といった素朴でささやかなものも含めて表現として捉えるということであり，それが領域「表現」の考え方の基本になっているのです。

　以上のことから，領域「表現」と，1989年の幼稚園教育要領改訂以前の領域「絵画製作」「音楽リズム」とは深く関連してはいますが，ねらいや内容において大きく異なっていることがわかります。そこで，そのことを確認する意味であえて幼稚園教育要領における「表現」（2017年改訂）と「絵画製作」「音楽リズム」（1964年改訂）を対照させたものが表6-1です。

　表6-1を見ると，「表現」では「(1)いろいろなものの美しさなどに対する豊かな感性をもつ」という周囲のものを表現として楽しみ味わい感受することがあげられていますが，「音楽リズム」「絵画製

第6章 領域「表現」の歴史と内容

表6-1 領域「表現」と領域「音楽リズム」「絵画製作」のねらいと内容

領域「表現」（2017年改訂）	領域「音楽リズム」（1964年改訂）	領域「絵画製作」（1964年改訂）
1　ねらい 　(1)　いろいろなものの美しさなどに対する豊かな感性をもつ。 　(2)　感じたことや考えたことを自分なりに表現して楽しむ。 　(3)　生活の中でイメージを豊かにし、様々な表現を楽しむ。 2　内容 　(1)　生活の中で様々な音、形、色、手触り、動きなどに気付いたり、感じたりするなどして楽しむ。 　(2)　生活の中で美しいものや心を動かす出来事に触れ、イメージを豊かにする。 　(3)　様々な出来事の中で、感動したことを伝え合う楽しさを味わう。 　(4)　感じたこと、考えたことなどを音や動きなどで表現したり、自由にかいたり、つくったりなどする。 　(5)　いろいろな素材に親しみ、工夫して遊ぶ。 　(6)　音楽に親しみ、歌を歌ったり、簡単なリズム楽器を使ったりなどする楽しさを味わう。 　(7)　かいたり、つくったりすることを楽しみ、遊びに使ったり、飾ったりなどする。 　(8)　自分のイメージを動きや言葉などで表現したり、演じて遊んだりするなどの楽しさを味わう。 3　内容の取扱い 　上記の取扱いに当たっては、次の事項に留意する必要がある。 　(1)　豊かな感性は、身近な環境と十分に関わる中で美しいもの、優れたもの、心を動かす出来事などに出会い、そこから得た感動を他の幼児や教師と共有し、様々に表現することなどを通して養われるようにすること。その際、風の音や雨の音、身近にある草や花の形や色など自然の中にある音、形、色などに気付くようにすること。 　(2)　幼児の自己表現は素朴な形で行われることが多いので、教師はそのような表現を受容し、幼児自身の表現しようとする意欲を受け止めて、幼児が生活の中で子どもらしい様々な表現を楽しむことがで	1　のびのびと歌ったり、楽器をひいたりして表現の喜びを味わう。 　(1)　いろいろな歌を歌うことを楽しむ。 　(2)　みんなといっしょに喜んで歌い、ひとりでも歌える。 　(3)　すなおな声、はっきりしたことばで音程やリズムに気をつけて歌う。 　(4)　カスタネット、タンブリン、その他の楽器に親しむ。 　(5)　曲の速度や強弱に気をつけて楽器をひく。 　(6)　みんなといっしょに喜んで楽器をひく。 　(7)　役割を分担したり、交替したりなどして、楽器をひく。 　(8)　楽器をたいせつに扱う。 2　のびのびと動きのリズムを楽しみ、表現の喜びを味わう。 　(1)　のびのびと歩いたり、走ったり、とんだりなどして、リズミカルな動きを楽しむ。 　(2)　手を打ったり、楽器をひいたりしながら、リズミカルな動きをする。 　(3)　曲に合わせて歩いたり、走ったり、とんだりなどする。 　(4)　歌や曲をからだの動きで表現する。 　(5)　動物や乗り物などの動きをまねて、からだで表現する。 　(6)　リズミカルな集団遊びを楽しむ。 　(7)　友だちのリズミカルな動きを見て楽しむ。 3　音楽に親しみ、聞くことに興味をもつ。 　(1)　みんなといっしょに喜んで音楽を聞く。 　(2)　静かに音楽を聞く。 　(3)　いろいろのすぐれた音楽に親しむ。 　(4)　友だちの歌や演奏などを聞く。 　(5)　音や曲の感じがわかる。 　(6)　日常生活において音楽に親しむ。 4　感じたこと、考えたことなどを音や動きに表現しようとする。 　(1)　短い旋律を即興的に歌う。 　(2)　知っている旋律に自由にことばをつけて歌う。 　(3)　楽器を感じたままひく。 　(4)　感じたこと、考えたことを、自由にからだで表現する。 　(5)　友だちといっしょに、感じたこと考	1　のびのびと絵をかいたり、ものを作ったりして、表現の喜びを味わう。 　(1)　喜んで自由に絵をかいたり、ものを作ったりする。 　(2)　身近にある材料で思いのままに表現する。 　(3)　見たり聞いたりしたことなどを絵にかいたり、ものを作ったりする。 　(4)　かいたり作ったりしたものを使って遊ぶ。 　(5)　みんなといっしょに絵をかいたり、ものを作ったりする。 2　感じたこと、考えたことなどをくふうして表現する。 　(1)　感じたこと、考えたことなどをくふうして、絵にかいたり、ものを作ったり、飾ったりする。 　(2)　身近な生活に使う簡単なものを作る。 　(3)　ごっこや劇的な活動などに使うものを作る。 　(4)　いろいろな色や形に興味や関心をもち、それらを集めて並べたり、組み合わせたりする。 　(5)　いろいろな色や形を使ってさまざまな表現をする。 3　いろいろな材料や用具を使う。 　(1)　いろいろな材料に親しみ、それを適切に使う。 　(2)　砂、積み木などを使って、いろいろなものを作る。 　(3)　いろいろな用具をじょうずに使う。 　(4)　材料や用具の準備やあとかたづけをする。 4　美しいものに興味や関心をもつ。 　(1)　自分や友だちの作品を見たり、それについて話し合ったりする。 　(2)　身近にある美しいものを見て喜び、作品などをたいせつにする。 　(3)　身近な環境を美しくすることに興味や関心をもつ。 　上記の指導にあたっては、次のことに留意する必要がある。 　ア　1に関する事項の指導にあたっては、幼児の年齢や発達の程度に

(3) 生活経験や発達に応じ，自ら様々な表現を楽しみ，表現する意欲を十分に発揮させることができるように，遊具や用具などを整えたり，様々な素材や表現の仕方に親しんだり，他の幼児の表現に触れられるよう配慮したりし，表現する過程を大切にして自己表現を楽しめるように工夫すること。

えたことをくふうして歌や楽器やからだで表現する。

上記の指導にあたっては，次のことに留意する必要がある。

ア　1に関する事項の指導にあたっては，幼児の年齢や発達の程度に応じて無理のないように，のびのびと楽しんで歌ったり，楽器をひいたりさせ，しだいに音楽についての基礎的な技能や感覚を養うようにすること。なお，歌の指導については，幼児が親しみやすく，歌いやすい歌を取り上げ，歌うことの喜びを味わわせながら，しだいに発声，音程などにも注意して歌うようにさせること。また，楽器の指導については，リズム楽器を主体として楽器を自由にひかせ，それらの楽器に親しませ，しだいに幼児の年齢や発達の程度に応じて，基礎的なひき方の指導を加えたり，可能な場合には簡易な分担奏を楽しませたりすること。

イ　2に関する事項の指導にあたっては，幼児の年齢や発達の程度に応じさまざまな表現活動をさせるようにし，からだをのびのびとリズミカルに動かすことを楽しませるようにすること。また，集団的な遊びのなかでリズミカルなものを適当に加えるようにすること。

ウ　3に関する事項の指導にあたっては，幼児の年齢や発達の程度などを考慮して，できるだけすぐれた音楽に接する機会を多くし，しだいに音楽に親しませるようにすること。

エ　4に関する事項の指導にあたっては，幼児の年齢や発達の程度を考慮して，幼児の気持ちや考えを自由に表現させ，創造的な活動を楽しませて，創造的な表現への意欲を高めるようにすること。

オ　1，2，3および4の事項の指導にあたっては，いずれにもかたよることなく，種々の経験や活動をできるだけ総合的に行なわせて，情操を豊かにし，生活にうるおいをもたせるように常に配慮すること。

応じて，のびのびとした気持ちで思いのままに，現実的なもの空想的なものを絵にかいたり，ものを作ったりさせ，表現意欲をじゅうぶん満足させ，その喜びを味わわせるようにすること。

イ　2に関する事項の指導にあたっては，幼児の生活や遊びのなかで，絵をかいたり，使うものを作ったり，色や形などを組み合わせて模様を作ったりなどさせ，飾ろうとする欲求を満たし，くふうする態度や構成する力の芽ばえをつちかうようにすること。

ウ　3に関する事項の指導にあたっては，1および2に関する事項と関連をもたせて指導し，各種の材料や用具の扱いに慣れさせるとともに，特に安全に留意すること。

エ　4に関する事項の指導にあたっては，日常生活のなかでつとめて美しいものに接する機会を多くし，身近な環境を美しくすることに興味や関心をもたせるようにし，美的な情操の芽ばえをつちかうようにすること。

▶出所：筆者作成。

作」では「ねらい」と「内容」の区分はなく「望ましいねらい」として歌う，楽器をひく，絵をかくなど，子どもが表現する行為が具体的にあげられています。領域「表現」では，表現に至る過程において，周囲のさまざまなものを味わう感性が表現することと切り離せないという考えが打ち出されています。したがって，表現に関わ

> 9 以下の内容の引用はすべて2017年改訂の幼稚園教育要領によります。

る活動は、子どもが周囲のさまざまなものと関わることからすでに始まっており、たとえばごっこ遊びなどの具体的な活動と切り離せないことから、領域「健康」や領域「言葉」などの他の領域の活動とも関連し、重なりながら展開するものであると言えます。

内容に注目すると、「表現」では、上述したように感性を養い育てることを重視したねらいに対応して、「⑴生活の中で様々な音、形、色、手触り、動きなどに気付いたり、感じたりするなどして楽しむ」「⑵生活の中で美しいものや心を動かす出来事に触れ、イメージを豊かにする」といった内容が見られます。また、「絵画製作」と「音楽リズム」では、個々のねらいに対応してそのねらいを達成するうえで経験することが望ましい活動が、カスタネット、タンブリン、ごっこ、砂や積み木などの具体的な教材名・活動名とともに具体的に記されています。一方で「表現」では、子どもの表現行為を、あらゆる媒介や活動を通して行われるものであると考えていることから、たとえば「⑷感じたこと、考えたことなどを音や動きなどで表現したり、自由にかいたり、つくったりなどする」というように、音楽や造形以外の多様な教材や活動を含み込むような表現の仕方となっています。そして、1989年以降の改訂では、根本にある考え方やねらい・内容は変わりませんが、子どもを取り巻く環境などの変化による現代的課題にも対応した改訂がされてきました。2017年に告示された幼稚園教育要領では、内容の取扱いの⑴で「その際、風の音や雨の音、身近にある草や花の形や色など自然の中にある音、形、色などに気付くようにすること」が、⑶で「様々な素材や表現の仕方に親しんだり」が、新たに記されました。

Work 1

表6-1で、現在の5領域の幼稚園教育要領の領域「表現」と、6領域時代の領域「音楽リズム」「絵画製作」とを読み比べてみましょう。そのうえで、以下のテーマについて、グループで話し合ってみましょう。

①領域「表現」と領域「音楽リズム」とでは、楽器を使った活動にどのような指導の違いがあると思うか。
②領域「表現」と領域「絵画製作」とでは、描いたり、つくったりする活動にどのような指導の違いがあると思うか。
③領域「表現」には、「絵画製作」「音楽リズム」以外のどのような表現活動が含まれていると思うか。

3 領域「表現」のねらい及び内容，内容の取扱い

　現在の領域「表現」のねらい及び内容，内容の取扱いについて，また，2017年の幼稚園教育要領，保育所保育指針，幼保連携型認定こども園教育・保育要領の改訂（定）で新たに加わった3つの「資質・能力」「幼児期の終わりまでに育ってほしい10の姿」にも触れて述べていきます。

❶ 幼稚園教育要領，保育所保育指針，幼保連携型認定こども園教育・保育要領の改訂（定）

　2017年3月に，幼稚園教育要領，保育所保育指針，幼保連携型認定こども園教育・保育要領の改訂（定）が告示されました。この改訂（定）では，それぞれの第1章「総則」において新たに，生きる力の基礎を育むための3つの資質・能力を一体的に育むことが明記されました。
　3つの資質・能力とは以下の3つです。

- 豊かな体験を通じて，感じたり，気付いたり，分かったり，できるようになったりする「知識及び技能の基礎」
- 気付いたことや，できるようになったことなどを使い，考えたり，試したり，工夫したり，表現したりする「思考力，判断力，表現力等の基礎」
- 心情，意欲，態度が育つ中で，よりよい生活を営もうとする「学びに向かう力，人間性等」

　これら3つの資質・能力は，小学校以上の学校教育において育まれる3つの資質・能力（「知識及び技能」「思考力，判断力，表現力等」「学びに向かう力，人間性等」）の基礎となるものです。これらの資質・能力は，従来どおり5領域の保育内容を総合的に指導するなかで育まれるものです。
　また，5領域のねらいは，これらの「資質・能力を，幼児（子ど

▶10 幼稚園教育要領では「幼児」，保育所保育指針では「子ども」，幼保連携型認定こども園教育・保育要領では「園児」と表記しています。

も／園児）の生活する姿から捉えたもの」です。内容は，幼稚園教育要領と幼保連携型認定こども園教育・保育要領では「ねらいを達成するために指導する事項」であり，保育所保育指針では，「『ねらい』を達成するために，子どもの生活やその状況に応じて保育士等が適切に行う事項と，保育士等が援助して子どもが環境に関わって経験する事項を示したもの」です。

さらに，それぞれの第1章「総則」に，「幼児期の終わりまでに育ってほしい姿」として，「健康な心と体」「自立心」「協同性」「道徳性・規範意識の芽生え」「社会生活との関わり」「思考力の芽生え」「自然との関わり・生命尊重」「数量や図形，標識や文字などへの関心・感覚」「言葉による伝え合い」「豊かな感性と表現」の10項目が示されました。この10の姿は，5領域のねらいと内容に基づく活動全体を通して3つの資質・能力が育まれている幼児の，幼稚園（幼保連携型認定こども園）修了時（保育所では小学校就学時）の具体的な姿であり，保育者が指導を行う際に考慮するものです。つまり，これらの「幼児期の終わりまでに育ってほしい姿」は，到達目標ではなく，特に5歳児後半の指導において，「こんな姿に育ってほしい」と願い，指導するための観点です。

この10の姿のうち，領域「表現」との関連が特に深いと考えられるのは，「豊かな感性と表現」です。「豊かな感性と表現」については，次のように示されています。

豊かな感性と表現
心を動かす出来事などに触れ感性を働かせる中で，様々な素材の特徴や表現の仕方などに気付き，感じたことや考えたことを自分で表現したり，友達同士で表現する過程を楽しんだりし，表現する喜びを味わい，意欲をもつようになる。

---

❷ 各発達段階における領域「表現」のねらい及び内容，内容の取扱い

2017年の保育所保育指針と幼保連携型認定こども園教育・保育要領の改訂（定）では，3歳未満児の保育所等の利用率の増加や，3歳未満児の発達の重要性などを背景に，保育内容の記載を「乳児保

→11 幼保連携型認定こども園教育・保育要領では、「乳児期の園児の保育」「満1歳以上満3歳未満の園児の保育」「満3歳以上の園児の教育及び保育」と表記しています。

育」「1歳以上3歳未満児の保育」「3歳以上児の保育」の3つの発達段階ごとに記載しています。以下に、これらの発達段階ごとの領域「表現」のねらい及び内容、内容の取扱いを、保育所保育指針に沿って説明します。

① 乳児保育における「身近なものと関わり感性が育つ」

　乳児保育の保育内容は、その発達が未分化で諸側面の関わりが大きいことなどをふまえ、5領域ではなく3つの視点に分けて示されています。その3つの視点とは、身体的発達に関する視点「健やかに伸び伸びと育つ」、社会的発達に関する視点「身近な人と気持ちが通じ合う」、精神的発達に関する視点「身近なものと関わり感性が育つ」です。このうち、「身近なものと関わり感性が育つ」は、領域「環境」と「表現」との関わりが特に深い視点です。

　表6-2に示すように、「身近なものと関わり感性が育つ」は、3つのねらいと5つの内容、2つの内容の取扱いから成っています。

　表6-2にあるように、「身近なものと関わり感性が育つ」の3つのねらいは、身近な環境への能動的な関わりや、身体の諸感覚の発達、非言語的な方法での表現に関わるものです。ねらいの③に「表情や手足、体の動き等で表現する」とあるように、乳児期の表現は主に身体的なものであると言えます。

　また、これらのねらいを達成するための内容は、③に「保育士等と一緒に」、⑤に「保育士等のあやし遊びに」とあるように、保育者の関わりと一体となって展開するものであると言えます。ただし、それは保育者の一方的な関わりによるものではないことに留意する必要があります。内容の取扱いの②に「これらの表現しようとする意欲を積極的に受け止めて」とあるように、保育者が子どもの多様で微細な表現を丁寧に受け止め、応答する姿勢が子どもの表現あるいは表現の芽生えを育むのです。

② 1歳以上3歳未満児の領域「表現」

　1歳以上3歳未満児の保育内容は、3歳以上児と同様に5領域に分けて記載されています。このうち、領域「表現」は、3歳以上児の保育と同様に、「感じたことや考えたことを自分なりに表現することを通して、豊かな感性や表現する力を養い、創造性を豊かにする」ものです。

第6章 領域「表現」の歴史と内容

表6-2 「身近なものと関わり感性が育つ」のねらい及び内容

> 第2章 保育の内容
> 1 乳児保育に関するねらい及び内容
>   (2) ねらい及び内容
>   ウ 身近なものと関わり感性が育つ
>   身近な環境に興味や好奇心をもって関わり,感じたことや考えたことを表現する力の基盤を養う。
>   (ア) ねらい
>   ① 身の回りのものに親しみ,様々なものに興味や関心をもつ。
>   ② 見る,触れる,探索するなど,身近な環境に自分から関わろうとする。
>   ③ 身体の諸感覚による認識が豊かになり,表情や手足,体の動き等で表現する。
>   (イ) 内容
>   ① 身近な生活用具,玩具や絵本などが用意された中で,身の回りのものに対する興味や好奇心をもつ。
>   ② 生活や遊びの中で様々なものに触れ,音,形,色,手触りなどに気付き,感覚の働きを豊かにする。
>   ③ 保育士等と一緒に様々な色彩や形のものや絵本などを見る。
>   ④ 玩具や身の回りのものを,つまむ,つかむ,たたく,引っ張るなど,手や指を使って遊ぶ。
>   ⑤ 保育士等のあやし遊びに機嫌よく応じたり,歌やリズムに合わせて手足や体を動かして楽しんだりする。
>   (ウ) 内容の取扱い
>   上記の取扱いに当たっては,次の事項に留意する必要がある。
>   ① 玩具などは,音質,形,色,大きさなど子どもの発達状態に応じて適切なものを選び,その時々の子どもの興味や関心を踏まえるなど,遊びを通して感覚の発達が促されるものとなるように工夫すること。なお,安全な環境の下で,子どもが探索意欲を満たして自由に遊べるよう,身の回りのものについては,常に十分な点検を行うこと。
>   ② 乳児期においては,表情,発声,体の動きなどで,感情を表現することが多いことから,これらの表現しようとする意欲を積極的に受け止めて,子どもが様々な活動を楽しむことを通して表現が豊かになるようにすること。

➡出所:「保育所保育指針」より抜粋。

表6-3に示すように,1歳以上3歳未満児の保育の領域「表現」は3つのねらいと6つの内容,4つの内容の取扱いから成っています。

表6-3にあるように,1歳以上3歳未満児の領域「表現」のねらいは,身体の諸感覚の経験,自分なりの表現,イメージや感性の豊かさに関わるものです。1歳を過ぎる頃から表象をもつなどの認知的発達や,有意味語を話すなどの言語的発達も進むことから,子どもの表現の幅もより広がることを反映していると言えます。

これらのねらいを達成するための内容は,内容の③⑤⑥に「生活の中で」や「生活や遊びの中で」とあるように,子どもが園生活のなかでさまざまな素材に触れさまざまな感覚を楽しむことや,経験を自分なりに表現することであると言えます。そのためには,内容

➡12 表象
　今,目の前にない場合でも,そのこと(そのもの)を思い起こしたり思い浮かべたりする能力,またはその思い起こしたり思い浮かべたりしたもの。

表6-3 「表現」（1歳以上3歳未満児）のねらい及び内容

> 第2章　保育の内容
> 2　1歳以上3歳未満児の保育に関わるねらい及び内容
> (2) ねらい及び内容
> 　オ　表現
> 　　　感じたことや考えたことを自分なりに表現することを通して，豊かな感性や表現する力を養い，創造性を豊かにする。
> 　(ア) ねらい
> 　　① 身体の諸感覚の経験を豊かにし，様々な感覚を味わう。
> 　　② 感じたことや考えたことなどを自分なりに表現しようとする。
> 　　③ 生活や遊びの様々な体験を通して，イメージや感性が豊かになる。
> 　(イ) 内　容
> 　　① 水，砂，土，紙，粘土など様々な素材に触れて楽しむ。
> 　　② 音楽，リズムやそれに合わせた体の動きを楽しむ。
> 　　③ 生活の中で様々な音，形，色，手触り，動き，味，香りなどに気付いたり，感じたりして楽しむ。
> 　　④ 歌を歌ったり，簡単な手遊びや全身を使う遊びを楽しんだりする。
> 　　⑤ 保育士等からの話や，生活や遊びの中での出来事を通して，イメージを豊かにする。
> 　　⑥ 生活や遊びの中で，興味のあることや経験したことなどを自分なりに表現する。
> 　(ウ) 内容の取扱い
> 　　上記の取扱いに当たっては，次の事項に留意する必要がある。
> 　　① 子どもの表現は，遊びや生活の様々な場面で表出されているものであることから，それらを積極的に受け止め，様々な表現の仕方や感性を豊かにする経験となるようにすること。
> 　　② 子どもが試行錯誤しながら様々な表現を楽しむことや，自分の力でやり遂げる充実感などに気付くよう，温かく見守るとともに，適切に援助を行うようにすること。
> 　　③ 様々な感情の表現等を通じて，子どもが自分の感情や気持ちに気付くようになる時期であることに鑑み，受容的な関わりの中で自信をもって表現をすることや，諦めずに続けた後の達成感等を感じられるような経験が蓄積されるようにすること。
> 　　④ 身近な自然や身の周りの事物に関る中で，発見や心が動く経験が得られるよう，諸感覚を働かせることを楽しむ遊びや素材を用意するなど保育の環境を整えること。

➡出所：「保育所保育指針」より抜粋。

の取扱いの①に「積極的に受け止め」，②に「温かく見守る」，③「受容的な関わりの中で」とあるように，子どもの表現を受け止め応じる，保育者の応答性が重要であると言えます。

③　3歳以上児の領域「表現」

　3歳以上児の保育内容は，従来どおり5領域であり，領域「表現」のねらい及び内容，内容の取扱いは，幼稚園教育要領，保育所保育指針，幼保連携型認定こども園教育・保育要領で共通しています。

　表6-4に示すように，3歳以上児の保育の領域「表現」は，3

表6-4 「表現」（3歳以上児）のねらい及び内容

> 第2章　ねらい及び内容
> 表現
> 　感じたことや考えたことを自分なりに表現することを通して，豊かな感性や表現する力を養い，創造性を豊かにする。
> 1　ねらい
> 　(1)　いろいろなものの美しさなどに対する豊かな感性をもつ。
> 　(2)　感じたことや考えたことを自分なりに表現して楽しむ。
> 　(3)　生活の中でイメージを豊かにし，様々な表現を楽しむ。
> 2　内容
> 　(1)　生活の中で様々な音，形，色，手触り，動きなどに気付いたり，感じたりするなどして楽しむ。
> 　(2)　生活の中で美しいものや心動かす出来事に触れ，イメージを豊かにする。
> 　(3)　様々な出来事の中で，感動したことを伝え合う楽しさを味わう。
> 　(4)　感じたこと，考えたことなどを音や動きなどで表現したり，自由にかいたり，つくったりなどする。
> 　(5)　いろいろな素材に親しみ，工夫して遊ぶ。
> 　(6)　音楽に親しみ，歌を歌ったり，簡単なリズム楽器を使ったりするなど楽しさを味わう。
> 　(7)　かいたり，つくったりすることを楽しみ，遊びに使ったり，飾ったりなどする。
> 　(8)　自分のイメージを動きや言葉などで表現したり，演じて遊んだりするなどの楽しさを味わう。
> 3　内容の取扱い
> 　上記の取扱いに当たっては，次の事項に留意する必要がある。
> 　(1)　豊かな感性は，身近な環境と十分に関わる中で美しいもの，優れたもの，心を動かす出来事などに出会い，そこから得た感動を他の幼児や教師と共有し，様々に表現することなどを通して養われるようにすること。その際，風の音や雨の音，身近にある草や花の形や色など自然の中にある音，形，色などに気付くようにすること。
> 　(2)　幼児の自己表現は素朴な形で行われることが多いので，教師はそのような表現を受容し，幼児自身の表現しようとする意欲を受け止めて，幼児が生活の中で幼児らしい様々な表現を楽しむことができるようにすること。
> 　(3)　生活経験や発達に応じ，自ら様々な表現を楽しみ，表現する意欲を十分に発揮させることができるように，遊具や用具などを整えたり，様々な素材や表現の仕方に親しんだり，他の幼児の表現に触れられるよう配慮したりし，表現する過程を大切にして自己表現を楽しめるように工夫すること。

➡注：下線は2017年告示の改訂での変更点。
➡出所：「幼稚園教育要領」より抜粋。

つのねらいと8つの内容，3つの内容の取扱いから成っています。

　表6-4にあるように，3歳以上児の領域「表現」のねらいは，豊かな感性，自分なりの表現やさまざまな表現を楽しむことに関わるものです。また，これらを達成するための内容には，造形表現，音楽表現，身体表現など多様な表現を楽しむことから成っています。

　内容の取扱いの(3)に，「表現する過程を大切にして自己表現を楽しめるように工夫すること」とあるように，領域「表現」に関わる活動においては，作品などの結果ではなく，そこに至る「過程」が重要となります。どれほど作品が立派なものであっても，その過程において子どもが表現することを楽しめていなければ，それは，幼

児教育としての意味がないものになってしまいます。3歳以上児の領域「表現」に関わる活動は，活動内容もより作品として残るものになったり，生活発表会などの行事との関連も深くなったりするため，表現の「過程」における子どもの経験を問う保育者の姿勢が必要不可欠と言えます。

Work 2

幼稚園教育要領の領域「表現」の内容の取扱い(1)を踏まえ，子どもが「風の音や雨の音，身近にある草や花の形や色など自然の中にある音，形，色などに気付く」ような，具体的な活動を考え，グループで話し合ってみましょう。

表6-4の下線の箇所は，2017年告示の幼稚園教育要領の改訂での変更点です。先にも述べましたが，内容の取扱い(1)では「その際，風の音や雨の音，身近にある草や花の形や色など自然の中にある音，形，色などに気付くようにすること」が新たに記され，自然と触れ合いそのなかにある美しさを身体の諸感覚を通して感じることを重視しています。また，内容の取扱い(3)では，「様々な素材や表現の仕方に親しんだり」が新たに記されており，子どもの表現媒体や方法の幅を広げることを重視しています。

Book Guide

- 森上史朗『児童中心主義の保育――保育内容，方法改革の歩み』教育出版，1984年。
  倉橋惣三をはじめとする保育指導者たちの歩みを振り返り，児童中心主義を軸に，日本の保育内容と方法の変遷をたどっています。保育内容と方法がどのような歴史的背景をもち，現在に至るかを考えることができます。
- お茶の水女子大学附属幼稚園（編）『時の標』フレーベル館，2006年。
  1876（明治9）年に開園した日本で最初の幼稚園であるお茶の水女子大学附属幼稚園の130年の歩みを，現在の同園の保育実践も含めて，豊富で貴重な資料（絵画，写真等）とともに記しています。明治，大正，昭和初期の写真資料では，「遊戯」「手技」で遊ぶ子どもの姿が見られます。

Exercise

1. 明治時代，大正時代の幼児教育の文献等から，歌や踊り，絵画や造形などの「表現」に関わる活動をしている様子を捉えた絵や写真を探し，そこからどのような特徴が読み取れるか考えてみましょう。
2. 保育所や幼稚園，認定こども園等で子どもの遊びを観察し，以下のことに注目して記録を書いてみましょう。
   ① 子どもの身体の動きを通しての表現にはどのようなものがあるか。
   ② 子どもの音やリズムなどに関する表現にはどのようなものがあるか。
   ③ 子どもが描いたりつくったりしている表現にはどのようなものがあるか。
   ④ ①～③の表現に関わる保育者の援助（間接的・直接的）にはどのようなものがあるか。

第7章
領域「表現」と小学校教科等とのつながり

霧吹きや水を含んだ刷毛で、窓にお花紙を施す子どもたち。「わあっ、見てー、色がついても透明だよ。向こうが透けて見える」。このように、透過性を活かした造形表現に、私たちはどのような意義を見出すことができるでしょう。

透明であること。それは，内側と外側の世界が行き交う可能性に満ちているということです。光，景色，ものの動き，人の声，風の音，透過性のある素材や場においては，こちらとあちらが呼応し合います。色とりどりにお花紙をあしらった透明な窓は，内と外とが響き合う接面（表現）です。この日，お迎えに来た保護者の方は，外からこの窓を見て，その様相に感嘆の声をあげました。内側で保護者を迎え待つ子どもたちは，お花紙での造形表現による遊びの体験をうれしそうに話します。親子の会話は，やがて内と外を超えて浸透し合います。
　さて，これから話題にする幼児期と児童期をつなぐ視点も，透過性＝透けて見える関係性が大切になると思います。

(扉写真提供：大森こども園〈群馬県高崎市〉)

1 接続という時期

❶ 不安を抱える子ども

　時の流れは途切れずとも，私たちの人生にはさまざまな区切りがあるものです。みなさんは，これまでにどのような区切りを経験してきたでしょうか。その時々にどのようなことを感じましたか。

　新しい環境に移行する時，私たちは多かれ少なかれ何らかの不安や葛藤を抱え，そして期待を抱くものです。子どもも同様です。

Episode 1 入園に際して

　入園式翌日，A児（3歳）は，母と離れることに不安を抱えています。次の文章は，担任となった保育者の記録の一部抜粋です。

　翌日以降も，母と離れるたびに，ゾウのぬいぐるみを抱えてその場所（コートかけ：コートや靴袋をかける低い棚）に入るようになった。隅っこに体を寄せて座り，たくさんの靴袋の下にすっぽりと入り込む。そこから保育室や園庭の様子をじっと見て過ごすうちに，涙は徐々にとまっていった。[1]

　入園するということ。それまでは，家庭において保護者との時間を主とする安心・安定した生活から，異なる未知の環境に足を踏み入れるのです。A児に限らず，誰もが揺れる思いを抱えることでしょう。多くの子どもが生まれて初めて体験する時空間の区切りが「入園」という通過儀礼です。保育者は，A児の存在を丸ごと受け止めようとするなかで，手に持つゾウのぬいぐるみにも着目します。保育者の記録は次のように続きます。

　ある日，私は「ぞうくんのご飯をどうぞ」と，ブロックを差し出してみた。しばらくすると，A児はゾウにご飯を食べさせようと動き出した。翌日には，ままごとの布団をコートかけに運んでゾウを寝かせ，自分のハンカチをかけてあげていた。[2]

[1] お茶の水女子大学附属幼稚園『平成28・29年度お茶の水女子大学附属幼稚園研究紀要（子どもの内にある感受性を探る）』2018年，p. 13におけるエピソードの抽出。

[2] 同上書，p. 13におけるエピソードの抽出。

A児がゾウのぬいぐるみと一体となり、それを支えにしながら動き出していることがわかります。また、そのことに保育者が丁寧に向き合おうとしています。

やがてA児は、この保育者との関わりから徐々に行動の範囲を広げていきます。その後のさらなる保育者の省察です。

> 幼稚園の生活に少しずつ慣れていったA児。楽しそうだと感じると、じっと見つめた後に、自分から関わってみようとする好奇心旺盛な姿が増えた。とはいえ、遊んでいるA児の手には、カバンやバケツ、シャベルなど、何かしらの「もの」を握りしめていることが多かった。A児は、自ら手にしたものを支えとして、少しずつ動き出し、楽しむようになっていった[3]。

▶3 前掲書（▶1）、p.13における省察の抽出。

❷「もの」に見る子どもの表現

上記のエピソードのように、「もの」が子どもの行為を支えることがあります。このような「もの」のことをウィニコット（Winnicott, D.W.）は「移行対象」と名づけています[4]。移行対象とは、子どもが見出し執着する対象のことです。小野は、乳幼児期の子どもが母子未分化の状況から個体性を獲得していく際に、このように安心できる対象（もの）を自らの創造物と見なして体験することを通して「人生は生きる価値がある」と感じるようになると言います。これは一度きりの出来事ではなく、家族、地域、学校というように、新たな他者や環境等の出会いにおいて、子どもはその都度、移行対象によって分離と結合の両者を表現し、個体性を形成し直していくのです[5]。

小学校の教員であった筆者にも思い出深い出来事があります。年度始まり、子どもにとっては進級にあたる特別な日です。筆者は3年生の担任になりました。新たな子どもたちとの出会いを経て始業式に向かう際に、2、3名の子どもがポケットにごそごそと何やら「もの」を入れたり出したり……。聞くと、それは昨年度までの担任の先生からの贈りものだったのです。小学生になっても安心につながる「もの」、肌身離さず持っていたい「もの」があるのです。そのことを、微かではあるけれど、子どもの心境を示す「表現」として大切に受けとることができるでしょうか。区切られた時間をつなぐためには、保育者や教師の力量が問われるのです。

▶4 D.W.ウィニコット、橋本雅雄・大矢泰士（訳）『遊ぶことと現実（改訳）』岩崎学術出版社、2015年。
　なお、「移行対象」は、チャーリー・ブラウンの『ピーナッツ』という漫画において、スヌーピーと一緒に登場するライナスが手放すことのない毛布に象徴されます。

▶5 小野康男「美術教育と人類学」神林恒道・ふじえみつる『美術教育ハンドブック』三元社、2018年、p.44。

❸ 領域「表現」の可能性

　本章は，幼保小接続における「表現」に関する話題がメインです。しかし，入園の際はもちろん，小学校の始業式（進級）の時でさえも，接続の渦中にある子どもは不安を抱えるものであり，そのことを何らかの形で「表現」しているかもしれない，その受容が大切であるということを見てきました。そのうえで，幼児期から小学校入学という大きな節目を俯瞰するならば，時間も空間も文化も異なる教育機関への移行であり，子どもも親も，そして保育者や教員でさえも，多くの不安や課題を抱えることが理解できるでしょう。

　そこで，あらためて注目に値するのが保育内容における領域「表現」における遊び／学びの可能性です。子どもは表現することを通じて，その時々の遊びや生活における感情や思考を「表し」，「現れ」たものやことなどを他者と共有しようとします。日々の遊び／学びから多様な表現が生成され，可視化され，子どもにも大人（保育者，教員，保護者等）にも返っていく。このことを互いに丁寧に受け止め合うことが，さらなる遊び／学びの充実や新たな教育課程の編成を含め創造性を発揮する可能性としてひらかれているのです。なめらかな接続を具現化するうえで，子どもの表現を媒介にすることから，子どもを囲む大人たちの歩み寄りが始まります。

➡6　ここでは幼児教育・保育と小学校教育の接続を「幼保小接続」とします。

2　幼児期から児童期へ

　あらためて，接続期とは何でしょう。区切られた時間と別の区切られた時間を再びつなごうとすることが「接続」という言葉であり，幼児期と小学校入学後をつなぐ概念のことを近年「幼小接続」と呼び，さまざまな取り組みがなされています。その定義としては「幼児期から児童期への発達と学びの連続性を保障するため，教育課程も含めた幼児教育と小学校教育との円滑な接続を目指すこと，その取組み」などがあります。接続期の具体的な期間は，園児5歳児クラスの後半から小学校入学後前半（1学期終了時）あたりまでを示しています。

➡7　掘越紀香ほか「保育者養成校における『幼小接続』に対する学生理解の実態」『保育教諭養成課程研究』1，2015年，pp. 13-26。

❶ 幼児教育・保育と小学校教育それぞれの思い

なぜ，このような「接続期」を設けることが必要なのでしょうか。

Work 1

小学校の職員室では，時折次のような声が聞こえてきます。

「小学校はやりたいことだけやっていればいい場所とは違います。園で好きなことだけやらせているから，こういうこと（話が聞けない，課題に取り組めない等）になるのです」。

このような小学校教員の声を，どのように受け止めますか？

　小学校に入学したばかりの1年生が，集団行動に馴染めない，授業中に座っていられない，先生の話を聞かない，などと学校生活に適応できないという課題，いわゆる「小1プロブレム」について捉えたものです。目の前の子どもに指示が通らない，予定していた学習活動と乖離してしまう，授業が成立しない，という悪循環に陥る。想像しただけで，背筋が凍る思いがします。しかし，その原因を保育現場のみに転化することは賛同できません。また，意欲の現れ（＝学びに向かう力）である"やりたいこと"に向かう子どもの姿勢を軽視することにも疑問が残ります。

　幼児期にたっぷりと好きな遊びや，夢中になれることに取り組み，探索活動を通じて心身が満たされる経験は，人としての「生」を根底から支えるうえでとても大切なことです。幼児期は自ら遊びをつくりだし，生活を共にする友達や周囲の大人との響き合いのなかで，自然に「生きる喜び」の素地を形成する重要な時期だからです。その可能性を引き継ぐのが児童期であるならば，子どもの志向に寄り添い，遊びのなかに学びを，学びのなかに遊びを，といった遊戯性にもとづく探索的な学習活動の継続・発展を保障することが，幼保小接続における理念の中核をなすのではないでしょうか。

　「小学校学習指導要領」では，第1章「総則」第2「教育課程の編成」の4「学校段階等間の接続」で「(1)（…略…）特に，小学校入学当初においては，幼児期において自発的な活動としての遊びを

通して育まれてきたことが、各教科等における学習に円滑に接続されるよう、生活科を中心に、合科的・関連的な指導や弾力的な時間割の設定など、指導の工夫や指導計画の作成を行うこと」とあり、互いの教育価値の理解に努め、連携することの重要性が述べられています。もはや、小1プロブレムの課題を超えて、幼児期と児童期のより円滑な遊び／学習における接続の充実を図ろうという段階にあることがわかります。

　一方、保育の現場に耳を傾けてみましょう。「私たちが大事に育てた子どもはどうなっているのか、小学校以降はまったく見えなくて……」「小学校はクールです。効率的にものごとを捉える傾向があり、一人一人の子ども、存在まるごとに向き合うという点で、温度差を感じます」「接続期（5歳児後半）に入り、子どもたちの育ちはこれでいいのか、不安になります」「どこまで何をやったらよいのでしょう。小学校からは、早寝早起き朝食、基本的な生活リズムを身につけさせて、と言われるばかりです」等々、小学校に送り出す側からもさまざまな不安の声が聞こえてきます。

➡8　筆者による保育現場における幼保小接続に関するインタビューの一部（2018年）。

❷ 幼児期と児童期をつなぐ課題

　これらに代表される保育・教育現場での切実な声を受けて、幼保小の接続を円滑にしていこう、という気運が高まっています。「幼稚園教育要領」では、第1章「総則」第3「教育課程の役割と編成等」の5「小学校教育との接続に当たっての留意事項」として、「(1)幼稚園においては、幼稚園教育が、小学校以降の生活や学習の基盤の育成につながることに配慮し、幼児期にふさわしい生活を通して、創造的な思考や主体的な生活態度などの基礎を培うようにするものとする」「(2)幼稚園教育において育まれた資質・能力を踏まえ、小学校教育が円滑に行われるよう、小学校の教師との意見交換や合同の研究の機会などを設け、『幼児期の終わりまでに育ってほしい姿』を共有するなど連携を図り、幼稚園教育と小学校教育との円滑な接続を図るよう努めるものとする」という記述があります。

　これらを受けて、「幼保小の子ども同士の交流を定期的に行う」「保育者・教員が双方に出向いて、子どもの生活、遊び、学習の様子を参観し、幼児・児童理解に努める」「小学校入学予定の子どもと保護者向けに、小学校での体験活動や校長先生らによる説明会等

を行う」また,「小学校入学後も一定期間のスタートカリキュラムを設けて, 幼児期の遊びや生活を取り入れた教育課程を編成する」など, 工夫を凝らし, 課題に向き合おうとしています。

　その一方で, かけがえのない幼児期が小学校教育の準備段階になってしまうケースも散見されます。ある地域の幼保小連絡協議会の様子です。5歳児10月の公開保育における主活動に「ひらがなかこう」とあり, 資料の掲載写真には, 園児全員が黒板に向かい, ピンと伸びた挙手, 姿勢正しくひらがなのワークブックをなぞる姿があるのです。さらに研究協議会では, 小学校教員から次のような意見があがります。「自由保育でのびのび育った子が小学校でいきなり授業を受けるのは無理なので座る習慣をつけてほしい」「文字に興味をもってほしい」「話を聞く訓練をしてほしい」「就学時になだらかな段階になるようにしていけたら」。

➡9　平成26年度T市幼保小連絡協議会報告書より。

　このように, 幼児期本来の遊びを通じた学びの豊かさを手放し, 小学校教育の先取りを互いによかれと思い込み, 尽力してしまう。これが（一部の）現実的な現状であり, 大きな課題であることを直視せざるを得ません。また, 上記のような連絡協議会は形骸化され, 形式的になることも少なくないようです。実際に園児, 児童の姿を見て, それぞれの見方や捉え方を交換できる機会なのですから, 子ども一人一人の存在＝表現のありよう（表現しようとしていること, もの, 他者との関わりやその変化等）を丁寧に見取り, 分かち合うことの楽しみを見出したいものです。

❸ 幼小の独自性と関連性

　子どもの育ちに関して, その発達や学びは個々人において連続したものです。この前提をふまえつつ, 歴史的, 社会的背景により, また教育的配慮から, 幼児期と児童期は, それぞれに独自性と関連性を保ちながら保育・教育がなされています。

Work 2

　幼児期（幼児教育）と児童期（小学校教育）, それぞれの教育（保育）の特徴を書き出してみましょう。

表7-1は，幼小における教育（保育）の特徴を教育課程にもとづき整理したものです。これらは，発達段階に配慮した尊重すべき違い，すなわち独自性の現れでもあります。関連性はどうでしょう。たとえば幼児教育の「教育内容」5領域のひとつに「表現」があり，小学校の表現に関する教科（生活科，音楽，図画工作，体育）には自然な学びの流れが期待できます。確かに，歌うこと，踊ること，描きつくること，感じ考え続ける子どもの具体的な姿をこれらの教科において引き受け，発展させていくことはイメージしやすいでしょう。

一方，子どもの日常的な遊びの場面を見てみましょう。

Episode 2　雨どいで水を流すことから

B児，C児，D児は共に水場で雨どいを組み合わせて，砂場まで水を流し入れています。砂場で水を待ち受けるD児が「もっと勢いよくやってみて」と伝えると，水場からB児は「もう水は最大！」とのこと。そこにC児が「ちょっと待って」と雨どいの傾斜がより急になるように組み合わせを変えようとします。そこにB児もかけ寄り，手を貸します。

このような遊びを通じて，子どもたちは互いにイメージすることを実現しようと，試行錯誤していきます。そこには，感じ，考え，行為する＝表現が行き交います。さらに，水が勢いよく流れるために雨どいの角度を考えることは，数学（算数）的な思考に，また，水が流れて土をけずる様子は，科学（理科）的な思考にもつながるかもしれません。水場と砂場で互いに見えていない状況を説明する際の言葉のやりとりを，国語の観点から見てもおもしろいでしょう。つまり，子どもの遊びや表現する行為は，先の表現（実技）に関する教科をはじめ，小学校以降のすべての教科（学問の体系）に派生していく可能性を孕んでいます。まさに幼児期の遊び（表現行為）そのものに学びの芽があり，遊びに夢中になること自体が真剣に対象に向き合う姿勢，すなわち学びに向かう構えの素地を耕すことになるのです。

ただ，幼児期の豊かで広がりのある遊びを，小学校的視点で教科の学習に収束させるような捉え方をすること自体に残念な思いがよぎります。ある認定こども園の副園長先生は，小学校への接続を見通したうえで，幼児期に遊び込み，表現することの重要性を次のよ

表7-1 幼児期と児童期における教育(保育)の特徴

	幼児期:幼児教育	児童期:小学校教育		
教育(保育)の ねらい・目標	方向目標 (「～を味わう」「～を感じる」等の方向づけを重視)	到達目標 (「～できるようにする」といった目標への到達度を重視)		
教育課程	経験カリキュラム (一人一人の生活や経験を重視)	教科カリキュラム (学問の体系を重視)		
教育内容	幼稚園教育要領,保育所保育指針,幼保連携型認定こども園教育・保育要領(2017年告示)	小学校学習指導要領(2017年告示) 低学年　中学年　高学年		
	健康	国語		
		算数		
	人間関係	生活	社会	
			理科	
	環境	音楽		
		図画工作		
		体育		
	言葉			家庭
				外国語
	表現	特別の教科である道徳		
		特別活動	外国語活動(中学年)・特別活動・総合的な学習の時間	
教育の方法等	個人,友達,小集団(間接教育中心) 「遊び」を通じた総合的な指導 教師(保育者)が環境を通じて幼児の活動を方向づける	学級・学年(直接教育中心) 教科等の目標・内容に沿って選択された教材によって教育が展開		
教育の評価	個人内評価/絶対評価 その子自身のかつての姿と今の姿を比べて「伸び」を明らかにする	目標準拠評価/絶対評価 教育目標を子どもの姿で書き出した評価規準に対して,子どもがどの水準まで達しているのか見取る		

➡出所:文部科学省「幼児期の教育と小学校教育の接続について(資料)」(http://www.mext.go.jp/b_menu/shingi/chousa/shotou/070/gijigaiyou/__icsFiles/afieldfile/2010/06/11/1293215_3.pdf)における「幼稚園・小学校教育の特徴(「違い」)」等を参考に,2017年告示の「小学校学習指導要領」総則に基づいて筆者が加筆した。

うに語ります。

「幼児期に,遊びや表現することを通じて,世界は魅力に溢れていると思える経験を重ねてほしいですね。子どもは遊ぶことで,世界っておもしろいよね,という実感や手応えを得ています。そして,表現することには正解―不正解がないのがおもしろい。そのなかで,何かに真剣に向き合い続ける。その態度さえあれば,好奇心をもって小学校にも行けると思います。世界のおもしろさを突きつめることは,よりよい生き方を探ることでもあり,どんなふうに世界を変えていきたいか,と働きかけること自体がその先の社会を創造することにもつながるのだと思います。」[10]

➡10 認定こども園清心幼稚園(群馬県前橋市)において筆者がインタビューしてまとめたものです。

人が社会を形成しよりよく生きていくうえで,幼児期の遊びや表現は欠かせないという力強いメッセージです。根源的能動的な遊びを通じて得る真のおもしろさや喜びは何ものにも代え難く,その人の「生」を根底から支えるものになるのです。このように,幼児期の遊びや表現は,人の意欲を喚起し学びに向かう素地を形成するとともに,人が人のなかで人として創造的に生きることの礎になると言えましょう。

3 子どもの見方をつなぐ

　幼児期と児童期それぞれの独自性と関連性について見てきました。そのことをふまえたうえで,幼保小ともに子どもの姿を語り合い,子どもの見方をつなぐ努力をしていく必要があります。

❶ 共に「子どもの姿」を語り合うことから

　幼保小で子どもの見方をつなげていく。その契機となるのが,幼稚園教育要領等で示された「幼児期の終わりまでに育ってほしい姿」[11]です。そこでは,(1)健康な心と体,(2)自立心,(3)協同性,(4)道徳性・規範意識の芽生え,(5)社会生活との関わり,(6)思考力の芽生え,(7)自然との関わり・生命尊重,(8)数量や図形,標識や文字などへの関心・感覚,(9)言葉による伝え合い,(10)豊かな感性と表現,があげられています。

　これらは,保育において目指す方向性であり,完成を求めるものでもありません。このような育ちの方向性に照らして,具体的な子どもの姿を見出し伝え合うことが,幼保小をつなぐ視点の共有として期待されているのです。接続期における日々の保育や教育のなかで,また,先の連絡協議会等で,これらの姿を仲立ちに子どものエピソードを出し合い,それぞれの見方や捉え方を分かち合う機会を大切にしていきたいものです。ただし,一人一人異なる子どもの様子や育ちは,必ずしも「幼児期の終わりまでに育ってほしい姿」の10項目に収まるわけではありません。このいわゆる"10の姿"を目指そうとして,あるいはその姿に引き上げようとするあまりに,今,

➡11 「幼稚園教育要領」「保育所保育指針」「幼保連携型認定こども園教育・保育要領」それぞれにおいて,同様の内容が示されています。

目の前の子どもの姿が見えなくなってしまっては本末転倒です。昨日とは違う子どもの姿，そのわずかな変化をも丁寧に認められるような，ただただ子どもを見るということの大切さを胸に，日々の生活や遊びを充実させたいものです。

そのためにも，子どもの具体的な姿を捉え，語り合うことが重要になります。近年，保育現場を中心に取り組みが進むドキュメンテーション（学びの可視化）やポートフォリオ（個々の育ちの可視化）は，子どもの実際の姿を共有するうえでの一助になることでしょう。本来，これら"可視化することの仕組み"は，「対話」にもとづき，園内外（保護者や地域等に向けて）で子どもの遊び／学びやその豊かさを分かち合うことに重きがあります。綴られた記録は，保育者（教員）が子どもを捉える視点であり，語りであり，日々の保育（教育）の振り返りであるとともに，子どもの表現活動を通じた保育者（教員）の「表現」そのものなのです。

❷ 子どもの表現がつなぐ世界

あらためて子どもが表現するということは，遊戯性に満ちた総合的な探索活動であると同時に，多様な人やものごとをつなぐ媒介になる，という事例を見ていきましょう。

➡12 この実践と写真は，お茶の水女子大学附属幼稚園（東京都文京区）によるものであり，インタビューをして筆者がまとめたものです。

Episode 3　水族館

10月末のアトリエには，5歳児たちがつくった水族館の青い空間が広がっています。メインの水槽には色とりどりの海の生き物や大きなジンベエザメがいます。さらに，手元の仕掛けで空間を上下するクラゲやタツノオトシゴやマンタ。これらはすべてダンボールや身辺材でつくられています。その前には，透明ボードが置かれ，水族館を訪れたお客様がショーを見て，食事（新鮮なネタのお寿司）ができるテーブルが用意されています。また，魚釣りを楽しめるようなコーナーもあります。小さな組の人たちがチケットを手にして水族館に招かれると，電気が消えてスポットライトが灯り，ゆるやかな音楽（BGM）と共に5歳児たちのショーが始まります。やがて大きなジンベエザメがE児とF児の手によって水族館（アトリエ）全体を悠々と泳ぎ出しました。

第7章 領域「表現」と小学校教科等とのつながり

　これまでに，自分の好きなことを見つけ，友達と一緒に何かをつくりだすことのおもしろさにふれ，共に広がる世界をつくりだす5歳児の様子です。自分たちが楽しむ空間から，他者を招き，もてなす空間づくりへの意識があらゆるところに見られます。ここに至るには，隣接する認定こども園での小さな交流や保育者と共に積み重ねていく豊かな時間があったと言います。

　また，園を訪れた小学校の教員は，接続期にあたる子どもたちの思考のあり方や精緻につくり込まれた一つ一つの表現，さらに空間全体の構成や仕組みに感嘆の声をあげたとのこと。新年度から小学校に迎え入れる子どもたちの真の力に触れ，その育ちに思いが及んだことでしょう。

❸ Care と Education を一体として

　元来，保育とは"care and education"の意です。ところが，日本では長らく幼児期＝保育 care，学童期＝教育 education の部分が強調され，それと同時に教育機関としての分断が醸成されてきた感があります。一方，時に微弱であったり，素朴であったりする子どもの表現をめぐっては，幼児期，児童期共にケア的な関わり方が求められます。つまり，相手に対して細やかに心を砕き，深い関心を寄せ受容しようとする姿勢が必要なのです。その意味においては，幼児期，児童期共に，保育者及び教員に求められるマインドは"care／education"であると言えましょう。小さな表現をも大切に受け止めて大事に返してくれる人がいれば，その表現は少しずつ確かなものになっていくものです。

　さらに，遠藤（2018）[13]はケアの中核になるアタッチメントにふれて「安心感のある生活の中で子どもたちは遊びにのめり込み，いろいろな学びを展開していける」と述べ，care と education は表裏一体であり，care の質を高めることが education の質を高めるということを強調します。まさに，安心・安定の状況において子どもは自発的に遊び／学びを豊かに発展させ，その質を高めていけるのです。

　そのような安心感のある環境を保障するうえでも，幼小接続という揺らぎの時期における子どもの表現を丁寧に受け止め，理解し受容することに努めたいものです。また，多様な視点や角度から子どもの表現を読み取り考察することにおいて，よき同僚性を発揮する

[13] 遠藤利彦「"Care"と"Education"の表裏一体性（講演の記録）」『平成28・29年度お茶の水女子大学附属幼稚園研究紀要（子どもの内にある感受性を探る）』2018年，p. 34。

場もひらかれていくべきでしょう。つまり，子どもの表現（子どもの感情や思考のありよう）をめぐり，保育者や教員が協同し，互いに交流する場をつくりだすことによって，子ども理解が深まると同時に，care／educationの質を高めることにつながるのです。子どもの姿＝表現を中心に据える対話は，保育・教育現場それぞれの充実に直結するとともに，幼児期と児童期のひらきを超える架け橋になることでしょう。

Book Guide

- 小玉亮子（編著）『幼小接続期の家族・園・学校』東洋館出版社，2017年。
  幼小接続期に関する課題を，さまざまな調査をもとに家族・園・学校の視点から読み解きます。特に，接続期は子どものみならず，親も不安を抱えていることに，園や学校はどのように向き合うのか，具体的なエピソードに学ぶことができます。
- 森眞理『ポートフォリオ入門』小学館，2016年。
  幼小の見方をつなぐ際に，子どもの育ちや学びを可視化する「ポートフォリオ」や「ドキュメンテーション」の可能性をあげました。その考え方や実際の内容，方法，活用等について詳しく学ぶうえで，お薦めの一冊です。

Exercise

1. 本章の学びを踏まえ，表7-1を参考にしながら，それぞれの独自性と関連性について，2人のペアになって説明し合ってみましょう。
2. 幼児期の終わりにあたる子どもと児童期の始まりにあたる子どもの様子（参観，エピソード，動画等を通じて）を，「幼児期の終わりまでに育ってほしい姿」を参考にしながら，具体的な育ちとして伝え合いましょう。幼児期の子どもについての話し手は保育者，聞き手は小学校教員という役割を設け（児童期の子どもについては逆），役割を交替して，どちらの立場にもなってみましょう。

第8章
領域「表現」と環境構成

　3歳児クラスの子どもが,すっかり魚になりきって遊んでいます。
保育者はそれを促す言葉を発することはありません。
何がこの表現を支えているのでしょう。

子どもたちは「なりきる」こと，「表す」ことを通して，自分を感じ，自分が生きる世界を理解します。表現を促す援助においてもっとも大切なのは，子どもの「表したい」という気持ちです。それは子ども自身の五感を通して引き出されるものなので，保育者の促しは間接的であることが望ましいのです。
　この写真の実践では，教室の半分にブルーシートが敷かれ，ダンボール箱が岩のように積まれていました。保育者は波や光の擬音語で語りかけながら，その上に透明なシートをかけていきます。そして半分のスペースには，いろいろな魚の形に切った質の異なる紙や自由に切ることができる紙，被り物にする紙帯，濃さの違う絵の具，シールなどが用意されていて，表したい気持ちをすぐに形や色や動きで表現できる環境が構成されていました。子どもたちは両方を行き来しながら思い思いの海を満喫しています。
　4月に入園した子どももいる3歳児クラスにふさわしい環境を構成した保育者は，一緒に泳いだり，時折環境を再構成して，子どもたちが泳いだり，つくることに没頭している姿を受け止め，温かく見守っていました。写真の笑顔は，イメージを押しつけず，共に環境をつくりだすことを大切にした実践が生み出したものだったのですね。

（実践・扉写真提供：山王幼稚園・保育園〈秋田県秋田市〉）

1 保育における表現と環境

　幼児教育・保育の基本は環境を通して行う教育です。領域「表現」のねらいや内容に「表現を楽しむ」ということが繰り返し書かれていますが，そのためには，それを実現する環境が必要です。ここでは，表現を楽しむために必要な環境について考えていきます。

❶ 物的空間的環境の役割──環境が引き出すもの

　子どもの表現を支える環境は，保育者や仲間などの「人的環境」と材料や場などの「物的空間的環境」の両面から捉えることができるでしょう。もちろん，「物的空間的環境」を整えるのは保育者ですから，間接的には「人的環境」によるものということになります。また，ほかにも時間や雰囲気や地域など，目に見えない環境も影響を与えています。このように子どもたちを取り巻くすべては保育環境ですが，ここではあえて切り離して，「物的空間的環境」そのものの果たす役割について考えてみたいと思います。

　物的空間的環境の役割について考える際に知っていてほしいのは「アフォーダンス」です。これは，生態心理学者ギブソンが提唱した理論で，英語の動詞「afford（与える，提供する）」を名詞化したギブソンの造語です。「アフォーダンス」とは，環境が生き物に提供するもの，身の周りに潜む「意味」，行為の「資源」となるものです。やや難しく感じられるかもしれませんが，「地面は立つことをアフォードし，水は泳ぐことをアフォードする」という文章から，その意味を感じ取ってみてください（写真8-1参照）。そして，子どもたちが身の周りの環境に促されて動く姿，たとえば段差を見つけると登ろうとする姿や斜度に気づくと滑ろうとする姿，丸い花壇の周囲を走り回る様子などを思い浮かべてみましょう。すると「行為はアフォーダンスに動機づけられて始まる」という一文が保育場面とつながり，段差や斜度，花壇の丸い形状には，行為の源となる意味があり，そこには保育の意図を潜ませることができることに気づかされます。

1 「アフォーダンス」についてさらに深く学ぶためには，佐々木正人『アフォーダンス入門──知性はどこに生まれるか』講談社，2008年などを参照してください。

第Ⅱ部　保育内容の指導法

写真8-1　ドラム缶がアフォードする
▶写真提供：和光保育園（千葉県富津市）。

▶2　ピアジェ（Piaget, J., 1896-1980)

スイスの心理学者。ピアジェの発達理論は，保育環境を考えるうえでも指針になるものです。波多野完治『ピアジェ入門』国土社，1986年など多くの関連書籍があります。

特に2歳までの乳幼児は，五感の感覚情報とそれに対する反射行動（運動）が結びついている発達段階にあるとして，ピアジェが「感覚運動期」と名づけています。このように乳幼児期は，視覚的な情報や五感に働きかける物的空間的環境の影響を受けやすい傾向が見られます。そのため，「環境を提供することは，子どもたちに環境の意味を探り，行為することを動機づける」という「アフォーダンス」の視点は，保育環境を構成するうえで欠かすことができません。そして，環境に保育の意図を潜ませる際に，「子どもにとって」という視点を提供し，「どのように」という設定方法に根拠をもたらし，「どんな表現が引き出されるか」を予想する手がかりを与えてくれるのです。

Work 1

以下に示す，実習で困った場面の事例について，日誌の文章を読み，その理由とどうすればよかったかをアフォーダンスの視点から話し合ってみましょう。

園庭で遊びの説明をしようと思い，「丸くなって」と言ったのですが子どもたちはうまく丸くなれませんでした。そこで，座って話を聞くように言ったところ，しばらくするとほとんどの子どもが顔を下に向けてしまいました。「こっちを向いて」といくら言っても長続きしません。よく見ると手が動いているので砂いじりをやめるように言ったのですが，注意することばかり増えて，話の内容がうまく伝わりませんでした。私にはほんとうに指導力がないと感じました。

表現媒体である「物」について考えてみましょう。「物」は大きさや数の質の違いによって、関わる人に異なるメッセージを発します。

たとえば、大きくてたくさんであれば大胆さを、小さくて少なければ繊細さを引き出します。のびのびと表現してほしいと願うのであれば、大きな材料や豊富な量、大胆に扱える用具を用意しましょう。また、砂や粘土のように可塑性に富んだ性質の物であれば、身体的な関わりが動機づけられます。積み木やブロックのような物であれば、構成などの操作的な関わりが促されるでしょう。さらに、手に取る物が単色か多色かによっても違ってきます。色彩には好みがあるだけでなく、心に働きかける力があることが知られています。活発であってほしい場合は暖色、沈静化させたい場合は寒色の物を用いるとよいでしょう。いずれにしても、多様な選択肢があり、「自由に使ってね」というメッセージを発する「物」が、表現媒体としては優れた環境と言えるでしょう。

次に、空間について考えます。園庭に最初に出た子どもが、思わず走り出す光景を見たことがあるでしょうか。広さは子どもに走ることを促すと考えることができるでしょう。ある園の庭は、どの教室からも緩やかな下り斜面の木立を抜けてから広々とした園庭に出るような設計になっています。あちらこちらに傾斜があるその園では、自分の足で走ることそのものを楽しみ、動きながらさまざまなイメージを広げて遊んでいる姿が多く見られます。その園には、木登りができる木もあります。登る行為そのものもさまざまな育ちにつながりますが、高い所からながめることによって引き出される心の動きやイメージの広がりにも着目しましょう。また、遊ぶ子どもたちの観察から、自然、オープン、道、アナーキー、アジト、遊具という「6つの原空間」の必要性を見出した建築家もいます。

このように空間を複雑化することは、子どもたちの身体感覚や視野を変化させ、感動や新たなイメージを与え、その表出や共有を動機づける優れた環境をつくりだすことにつながります。

▶3 「色彩心理」は保育環境をデザインするうえで重要な要素のひとつです。世界中に広がっている「シュタイナー教育」では、教室の壁の色が学年によって異なり、それぞれの年齢にふさわしい色彩環境づくりを行っています。

▶4 仙田満は、子どもの遊び空間の研究から、子どもたちが群れて遊ぶ場には「遊環構造」があることも見出しています。詳しくは、『子どもとあそび──環境建築家の眼』(岩波書店、1992年)などを参照してください。

Episode 1　シート山の誕生[5]

　A園では，子どもたちの体と心がもっと弾むような園庭環境にしたいという声が保育者からあがりました。以前から平坦な園庭に築山を設置していましたが，その山をより高くし，その上にシートをかけるという提案がなされました。その結果，滑って登りにくくなり，登る工夫や協力が生まれただけでなく，登頂の喜びを体全体で表現する，飛行機になりきって走り降りるなどの姿も見られるようになりました。シートをかけたことが，表現を豊かに育む環境づくりにもつながったのです。

写真8-2　シート山は新しい動きとイメージを与える環境

[5] この実践と写真は，富岡幼稚園（千葉県浦安市）によるものです。

　これまで，主に戸外環境について考えてきましたが，室内であっても，空間や場がイメージを生み出します。たとえば，絵本コーナーでゆったり過ごしてほしい場合には，生活上の動線に重ならない静かに過ごせる隅に天蓋を設置し，小さなソファーや手づくりのイスを置くと落ち着いた場になるでしょう。絵本を置く際も，背表紙だけでなく表紙が見える置き方ができる棚であれば，より手に取りやすい環境になるでしょう。棚の周囲に絵本の主人公に関わる小物や季節感のある飾りを置き，手に取って遊ぶことができるようにすることで，お話の世界へ誘う環境をつくることができます。

❷ 関わり，つながる──興味・関心と発達に応じる

　表現を楽しむことができる環境を提供するためには，一般的な環境の意味に着目すると同時に，それぞれの子どもの表現の起点，関わろうとする意欲が生まれる場面についての配慮が大切です。表現の起点について考える際には，子どもの興味・関心と発達の状況がポイントになります。

　まず，興味・関心に応じる表現環境について考えてみましょう。自由な遊び場面を観察する機会があったら，何をおもしろいと感じているのかを想像してみましょう。砂場はそれを理解するための観察に適している場所です。砂場が好きな子どもたちのなかにも，型抜きや団子づくりなど砂と向き合って遊ぶ子どももいれば，友達と協力してダムづくりをしている子どももいます。前者は，触感や物

の性質や形を変化させることに，後者はそれを使って場をつくりだすことや，人と関わってイメージや物語を共有することに楽しさを感じていると考えられます。前者はどちらかというと物との関わりに，後者は人との関わりに対する関心から砂場にいることがわかります。そうした興味・関心を環境構成に結びつけるために「表現スタイル」が参考になります。それは興味・関心の方向性として「自分（身体感覚）」「物（視覚）」「人（言語）」を想定し，それらに応じつつ互いに交わる環境を提供することが豊かな表現活動につながるという理論です。例にあげたように，砂場はそのすべてを満たす優れた保育環境です。

「表現スタイル」は，ブルーナーが提示した表象の発達理論とその発達的変化の個人差をふまえています。それは，子どものイメージ（表象）は，「こうするもの」という身体的な表象から「こんな感じのもの」と形や色で捉えて表す視覚的な表象の時期へ，「こういうもの」と言葉で伝え合う言語的表象が中心となる時期へとゆるやかに移行するという理論です。つまり，幼児が周囲の環境に関わってそれを自分のなかに取り込み，そのイメージを表出する中心的な手立てには，発達による変化と個人差があるという理解が，興味・関心に応じた表現環境の構成のヒントになります。

たとえば2歳くらいまでの保育環境は，身体感覚や視覚，聴覚へのフィードバックがあり，動きに対する欲求を満たす遊具や素材，行為によって見立てられる物などを主とします。そして，徐々に蓄積されたイメージを形や色で表したい欲求を満たす素材や用具の比率を高め，人とつながり物語りたい気持ちを満たすごっこ遊びのコーナーや，友達と協働して粘り強く取り組める材料や仲間同士で場をつくれる用具を増やし，実際の姿に応じてその比率を調整していきます。

また，ごっこ遊びの観察を続けた中沢（1979）は，4，5歳ではおうちごっこなどの会話中心の「物語型」ごっこ，装置や小道具を必要とし本物らしさを求める「図鑑型」ごっこに傾向が分かれ，次第に交流し協力して遊びを発展させていくようになると述べています。

➡ 6 「表現スタイル」は筆者が5歳児の遊びの場の選択傾向から抽出した枠組みです（槇英子「幼児の『表現スタイル』に配慮した保育実践」『保育学研究』**42**（2），2004年，pp. 139-148）。1，2歳児への観察と実験から「人指向」「物指向」という枠組みを明らかにした研究もあります（向井美穂「社会的参照の発生メカニズム──個人差『人指向』・『物指向』の検討」『人間文化論叢』**6**，2004年，pp. 83-93）。これらは子どもをタイプ分けするための枠組みではありませんので留意してください。

➡ 7 ブルーナー（Bruner, J. S., 1915-2016）
アメリカの心理学者。ブルーナーの，長年にわたる幅広い研究は幼児教育にも多大な影響を与えています。表象の発達については，岡本夏木・奥野茂夫・村川紀子・清水美智子（共訳）『認識能力の成長（上）』明治図書出版，1968年に書かれています。

➡ 8 中沢和子『イメージの誕生──0歳からの行動観察』NHK出版，1979年。

Episode 2　2歳児の遊びに見られる表現傾向

お昼寝前の2歳児クラスの室内遊び場面では，ままごと用具の箱から玩具を取り出して遊ぶ2人の子どもがまったく違う用い方をしていました。ひとりは複数のお皿を並べ，その上にブロックをひとつずつ乗せて遊んでいました。もうひとりは「お汁です。どうぞ」と観察者に空のお椀を差し出し，お礼を言うとうれしそうに次は「スープです」と同じお椀を持ってきました。しばらくすると，その子どもは遊びに使うスカートを身にまとい，保育者に何かを話しかけていました。ひとり目の子どもは，まだブロックケースを探っていて終始無言でしたが，自分で決めた遊びを続けていて，言葉を蓄えているようにも見えました。落ち着いた遊びの場には，それぞれの興味・関心に応じた表現を楽しめる環境が整えられていることに気づきました。

興味・関心の傾向は必ずしも固定的ではなく，発達的特徴も指針でしかありませんが，こうした理論と実態の両面からすべての子どもにとって表現しやすい環境の仮説を立て，実態に応じて柔軟に再構成する専門性が求められます。子どもたちが世界と関わりつながろうとする手立ては多様です。そのための表現媒体を適切に提供することが，豊かな表現につながる環境構成なのではないでしょうか。

Work 2　保育環境から興味・関心と発達への配慮が見える

保育の現場に観察に行き，室内環境に着目して記録を取り，室内環境構成図を描いてみてください。観察後，それぞれの設定意図を考察し，他のクラスの図と比較して，違いとその要因について考察しましょう。また，それぞれの場が，どんな興味・関心や発達的な特徴に応じているか，そこで遊ぶ子どもたちの姿を思い出しながら，話し合ってみましょう。

❸ 表現過程を支える──出会いから見合うまで

一般的な表現過程について考えてみましょう。教育場面で表現を促す場合は，①導入場面（おもしろそう），②展開場面（楽しい），③評価場面（よかった）という段階に分けて考えることができます。それに対する援助としては，①から②への「動機づけ（やってみたい）」，②から③への「意欲づけ（もっとやりたい）」，③から①への「循環（またやろう）」を引き出すことが課題になります。まずその循環過程を支える環境について考えていきましょう（図8-1）。

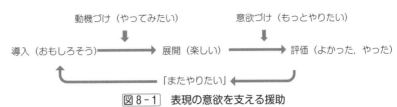

図 8-1 表現の意欲を支える援助

▶出所：槇英子『保育をひらく造形表現』萌文書林，2008年。

　「動機づけ」を支えるのは「安心感」です。「やりたくない」という気持ちさえ受容するような環境であることが大切です。一斉にではなく，見ていてもよい，後からでもやれる場づくりを心がけましょう。そして，起点となるのは「出会い」です。「気づき」が生まれ「感性」が働くような出来事や心が動く環境が必要です。目新しさや変化を好む子どもたちにとって，季節や天候によって変化する自然環境はとても魅力的です。環境の魅力だけでなく，表現のモデルや興味関心との適合も重要です。そのための第一歩は，まず保育者自身が子どもたちは何を感じているのか，その心もちに関心を寄せることでしょう。[9]そして周囲の環境に対して五感を働かせ感性豊かに関わり，気づきを大切にする姿で接することが重要です。

　そして「意欲」につながるのは「夢中」や「充実感」です。イメージが広がり，その物語のなかで「必要感」が生まれ，遊びが与えるさまざまな課題の解決に自ら取り組むことができる時間と場，自己決定の自由がある環境がポイントになります。ヒントとなる絵本などの情報や多様な素材など，豊富な選択肢がいつでもあり，つくった物は毎回片付けると決めつけるのではなく，遊びの展開によっては，そのままにしておくことができることも意欲を支える援助となります（写真8-3）。

▶9　「心もち」は倉橋惣三がよく用いた言葉です。子ども理解を理論からするのではなく，生きている感じを丸ごと味わうことが大切だと言っています。本書でも既成概念をもたず心を寄せてほしいという意味で用いています。倉橋惣三『育ての心（上・下）』フレーベル館，2008年などを参照してください。

写真 8-3 砂場に立てる「つづき」の看板

▶写真提供：和光保育園（千葉県富津市）。

さらに再び動機づけられる「循環」を支えるのは「満足感」と「達成感」でしょう。それには表現そのものの美しさや納得感を実感するとともに保育者や仲間がその表現に共感し，表現の喜びを二重に味わうことも表現に対する肯定感を高めます。そのためには「見合う」場や「つながる」状況を工夫する援助が大切です。

ただし，幼児の場合は，表現は「遊び」として展開するので，次々と発想が浮かんで拡散する傾向があり，必ずしもこのような経過をたどり，表現の結果が得られるわけではありません。その過程は，生きる喜びを深く感じる体験になるだけでなく，資質・能力の育ちが期待できるため，「表現過程の重視」が幼稚園教育要領等にも明記されています。[10] ところが，そのことが十分に理解されていない現状もあります。意図的に表現結果を残そうとする保育は，表現の楽しさを損なう懸念もあるので，「表現」領域のねらいに沿っているかを確認する必要があります。一方，表現結果も，満足感や共感が得られた場合は，自己肯定感や表現意欲にもつながるので，結果を尊重しつつ，それを目的化しない配慮が大切です。

> [10] 2018年施行の幼稚園教育要領，保育所保育指針，幼保連携型認定こども園教育・保育要領において示された「幼児期の終わりまでに育ってほしい姿」の「豊かな感性と表現」のなかで「友達同士で表現する過程を楽しんだり……」とあります。
>
> [11] エンゲストローム (Engeström, Y., 1948-)
> フィンランドの教育学者。「活動理論」と呼ばれる人間の教育と学習の発達を創造するための理論を展開し，そこから「拡張的学習」という新しい学習理論をつくりだしました。詳しくはユーリア・エンゲストローム，山住勝広・松下佳代ほか(訳)『拡張による学習——活動理論からのアプローチ』新曜社，1999年を参照してください。
>
> [12] 鈴木まひろ・久保健太『育ちあいの場づくり論』ひとなる書房，2015年の第4章参照。

Episode 3　「壁面」がねらい!?　A先生とB先生の違いは？

冬になり壁面を雪景色にしようと考えたA先生は，4歳クラスの子どもでもイメージをもちやすいようにと，大きな模造紙に積もった雪を描いておきました。白い絵の具をたっぷり用意しましたが，空の部分に雪だるまを描いたり，絵の具を垂らして遊んだりしはじめたので，思わず注意をしたり，描き方を教えてしまったりして，せっかくの絵の具活動が今ひとつ楽しめず，先生が思い描いていたような壁面にもなりませんでした。

B先生は，絵の具を楽しむために，床に濃い青の大きな模造紙を敷いてたっぷりの白い絵の具を用意しました。雪ふらし遊びを楽しんだ翌日，みんなで見合えるように壁に貼っておくと，「雪が降った時みたい」という声があがり，描いた絵や素材を切って貼る遊びが拡がりました。

エンゲストロームの学習理論を，①欲求状態（「やりたい」の段階），②ダブルバインド（「やりたいけど，できない」「できないけどやりたい」の段階），③ツールの発見（「やった！」「できた！」の段階），④ツールの洗練化（「いつでもできる，どこでもできる」の段階）の4段階に整理した理論に表現過程を当てはめてみましょう。[12] すると，②の欲求と表現技能の板挟みともいえる葛藤場面が重要な役割を果たしていること，試行錯誤して表現媒体を自分の表現の手立てとする

第 8 章　領域「表現」と環境構成

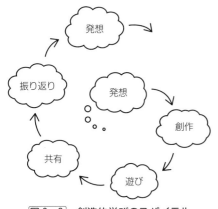

図 8-2　創造的学びのスパイラル
→出所：ミッチェル・レズニックほか，酒匂寛（訳）『ライフロングキンダーガーデン』日経BP社，2018年，p.35。

過程が大切であること，表現の結果は「いつでもどこでも表現できる自分」になることなどに気づかされます。それぞれの段階をいかに支え，次の段階への踏み台をどのように用意すべきかが問われていると考えると，いつでも自分の意思で①の段階に加わることのできる「周辺参加」は，「自発性」の発揮のためにも必要な状況と許容すべきと考えられるでしょう。また，創造性の学習理論によると，幼児期の遊びの過程は「クリエイティブ・ラーニング・スパイラル」という創造的プロセスそのもので（図 8-2），創造性の育成が重要な課題になるこれからの教育にとって，目指すべき学びのあり方とも考えられています。これらは学びに関する理論ですが，その過程は表現する姿と重なります。つくることで学ぶと言われるように，表現が学びを支える役割も果たしていることに着目しましょう。

　そして，表現過程を支える環境構成でもっとも重要なのは，自己決定場面の設定です。保育者が敷いたレールの上を走らせるのではなく，刻々と変わる状況のなかで自己決定をし続けられるような自由が保障された環境こそが，子ども自身の育ちをねらいとした表現環境ということができるでしょう。

2　環境構成の実際

→13　フランスの文化人類学者クロード・レヴィ＝ストロース（Lévi-Strauss, C., 1908-2009）の主著『野生の思考』（大橋保夫（訳），みすず書房，1976年）に，「ブリコラージュ」とは，「ありあわせの道具材料を用いて自分の手でものを作ること」とあります。保育者には必要な力でしょう。

　これまで，表現を楽しむための環境構成について考えてきましたが，決まりきった手法があるわけではなく，改めて，保育者は保育の場のデザイナーであることが理解されたのではないでしょうか。しかも，計画的であるだけでなく，その場に応じる柔軟さ，そこにあるものでなんとかつくりだす思考や行動力も必要です。

　それでは，実際に「表現」領域のねらいに沿った環境をどのようにデザインしたらよいのかを見ていきましょう。

❶ 感性を豊かにする環境

乳幼児は鋭敏な感受性をもっていますが、それが「感動」や「発想」につながる豊かな感性を育むためにはどのような環境が望ましいのでしょうか。

① 周囲と一体化するような環境

子どもたちは何かに包まれると安心する様子が見られます。カーテンに隠れたりロッカーに入り込んだりじゅうたんに寝転んだりしているのも、何もしていないのではありません。それは、周囲と溶け合い、隔たりをなくしている姿であり、その子どもなりの表現、自分を外に表し出すために必要な姿であるとも考えられます。情緒の安定は豊かな表現の基盤です。

また、色彩環境は色感を育てると考えられます。人工的な色彩と自然物の色彩では、刺激の強さや色合いの豊かさが違います。心地よさのなかで、感性は育まれ開かれていきます。

② 五感が刺激される多様性のある環境

五感に対する刺激があるといっても、感受したくなるのは、心が和み、美しさを感じる魅力的な環境でしょう。風や雨や陽の光に気づき、音や動きや色・形やその変化を楽しめる環境は感受性を豊かにします。▶14 たとえば、色であれば描画材で色名を知るだけではなく、絵の具遊びや草花を使った色水遊びから感受することが大切です。

また、命を感じられる飼育や栽培の体験ができ、触れたり味わったりできる環境は、五感を刺激するだけでなく感情体験にもつなが

▶14 2018年施行の幼稚園教育要領の領域「表現」の「内容の取扱い」(1)には「風の音や雨の音、身近にある草や花の形や色など自然の中にある音、形、色などに気付くようにすること」ということが加えられ、身近な自然に触れることの大切さが示されました。また、(3)では「様々な素材や表現の仕方に親しんだり」が加わりましたが、これは、表現が促される環境づくりと言えるでしょう。

写真8-4 食卓に花を生ける
▶写真提供：和光保育園（千葉県富津市）。

写真8-5 周囲と自分を同時に感じている
▶写真提供：和光保育園（千葉県富津市）。

写真8-6 水滴のおもしろさを全身で感じる環境
➡写真提供：アトリエたんぽぽ（千葉県習志野市）。

写真8-7 音への気づきを促す竹を用いてつくった「音場」
➡写真提供：美浜南認定こども園（千葉県浦安市）。

る豊かな環境です。子どもたちの心にも働きかける多様な素敵さのある環境づくりを工夫しましょう。また，雪が降ったり鳥が園庭に来たりというその時しかない出会いを大切にすることも豊かな感性の育成につながります。

Work 3　保育環境から豊かな感性への配慮が見える

保育の現場で園庭にある遊具や植物，飼育小屋などの環境構成要素を記録し，「感性を育む」という視点から考えて，それぞれからどのような気づきや心が動く出来事が生まれるかをグループで討議し，書き出しましょう。さらに豊かな感性を育む環境にするためには，どんな環境を設定することができるかを話し合ってみましょう。

❷ 表現したくなる環境

表現意欲を引き出す環境づくりのポイントを考えてみましょう。

① 自発的な参加ができる環境

最初は見ていることができ，後から参加することができるような場は，新奇なものにためらいのある子どもにも優しい環境と言えるでしょう。そのためには視野を考え，見えやすい場所でやりはじめた仲間に引きつけられ，真似ることもできる状況づくりが必要です。

② 探索でき，失敗感のない環境

　目新しい物，扱い方が固定化されていない素材などが豊富にあり，課題や目的を自分たちで設定できる環境は表現意欲を引き出します。いつでも素材に自由に関われる「物場」ともいえるコーナーからは多様な表現が生まれます（写真8-8）。五感を働かせながら直線的には進まない子どもの表現過程に即した表現環境ということができます。素材への関わりから生まれる行為主導の見立て，素材の形状や特性からイメージする形態誘発的な見立てなど，子ども主体で表現の起点が生まれる大切な場になります。

　ただし，イメージを形にする過程で技能面からあきらめることもあるので，継続や発展には情報提供などの適切な援助が必要となります。また，共同の画面など，結果を求められず失敗感がない設定は表現意欲をもちやすい環境と言えるでしょう。テラスなどの半野外は汚しても大丈夫という安心感があり，心も解放されます。

③ 憧れが生まれる環境

　こうなりたい，こうしたい，これがつくりたいという強い思いが生まれるようなモデルがあると，表現意欲は高まります。それは，異年齢の子どもや保育者の姿であったり，表した物であったりします。特に年上の子どもたちのごっこ遊びでの姿や制作物は「大きくなったら」という思いを抱かせ，意欲につながりますので，交流の機会をもちましょう。また，地域の文化的な価値のある物やお祭りなども憧れを抱く機会になりますので探してみるとよいでしょう。

④ わかりやすい環境

　表現意欲が芽生えた時に，用いる媒体がわかりやすく設定されていることは，意欲を行為につなげます。表示は，文字だけでなくイラストで示す，楽器などを置く場所には写真を貼るなど，視覚的な理解を促す工夫をしましょう。おりがみなどは色別に取りやすく設置してあるとよいでしょう。また，リサイクル材などは，子ども自身が分類するように促すことで，物の性質や特徴を理解するようになり，表現に用いやすくなります（写真8-9）。「透明」「キラキラ」「音がするもの」「目になるもの」など，性質別の分類も発想につながります。用具は，ワゴンにまとめるなど，いつでも取りやすくわかりやすくします。

写真8-8 ウッドデッキ上の素材置き場では、さまざまな音を出して遊ぶ姿が見られる

➡写真提供：磯辺白百合幼稚園（千葉県千葉市）。

写真8-9 子ども自身がリサイクル材を分類する

➡写真提供：磯辺白百合幼稚園（千葉県千葉市）。

⑤ 自由度に幅がある環境

表現の起点を考えるうえで、興味・関心の対象がそれぞれに異なることはすでに触れましたが、表現する際の自由度に対する好みにも違いがあります。たとえば、積み木や素材だけが置かれたオープンな場と○○づくりコーナーなど決まった遊びに誘われる場については、どちらかだけしかない環境では飽きてしまう子どもがいます。枠から出たい人と枠を求める人のどちらにも応じる「自由度に幅のある環境」が表現意欲の喚起につながります。

➡15 槙英子『保育をひらく造形表現』萌文書林、2008年。

❸ 没頭できる環境

没頭して表現する姿には、主にひとりで環境と向かい合う場面と仲間と一緒に取り組む場面があるでしょう。傾向の偏りについてはすでに述べましたが、実際の遊び場面では、ひとりで夢中になっているといつのまにか仲間が集う、集団での遊びから得た発想をひとりで試すというように、個と集団間の自由な行き来ができる時間と場があることが遊びを深めます。倉橋惣三が「自己充実」という言葉を用いた状況にどうしたら至るかは、表現に限らず、保育そのものの課題でもあります。

➡16 倉橋は『幼稚園真諦』のなかで「幼児の生活それ自身が自己充実の大きな力を持っている」とし、そのためには「自由」と「設備」が必要だと述べています。現在も保育の基本となっている理論です。

写真8-10 遊びのなかで課題を見つけ出す
（どんぐり立て）

➡写真：青葉幼稚園（千葉県浦安市）。

Work 4　夢中になっている遊びを見つけよう

　保育現場に観察に行き，「夢中になっている遊び」を見つけましょう。そのなかで，イメージを表すことや美しさなどの価値に向かっている遊びや表現を探して，その様子とそれを助けている「環境」を記録しましょう。その後，グループで「なぜ夢中になっていたのか」について話し合ってみましょう。

①挑戦課題がつくりだせる環境

　子どもたちは本来チャレンジ精神に富んでいます。ただし，難易度が不適合であると挑戦をやめてしまいます。遊び場面で自ら課題を設定する時には，適度な難しさの自分が少し背伸びできるような課題を選びます。必要なのは，たっぷりの時間と自由なスペースと手がかりとなる豊かな媒体です。また，その背景として，基礎的な表現体験や培われた技能，成功体験を通して養われた自信と表現の受け手に対する信頼も必要でしょう。

② 課題解決に誘われる環境

　遊びや表現のなかで自ら目的や課題やルールをつくり，遊び込みつくり込む姿が生まれる源泉となるのは「夢中になった楽しさ」でしょう。そのために，保育者が適切な課題と解決を促す場面や環境を設定し，楽しい体験を計画することも必要な援助です。それは共通体験となり，知識・技能や意欲の源にもなります。ただし，適切でなければ子どもたちはその課題を自ら選択することはありません。

写真 8-11　技能や美しさを追求できる課題に没頭する（水滴画）
▶写真提供：磯辺白百合幼稚園（千葉県千葉市）。

写真 8-12　力を合わせて園庭に巨大な落ち葉のプールをつくる
▶写真提供：磯辺白百合幼稚園（千葉県千葉市）。

表現を誘う場面では，子どもとの対話，問いかけによる子ども理解が欠かせません。また，その体験が子どもの表現の育ちにどう結びつくのかという振り返りも重要です。

③ 枠をひろげる環境

　与えられていた枠を破るようなダイナミックさのある環境には，子どもたちは夢中になって関わろうとします。子どもたちからの提案を受け入れて，あるいは保育者間でアイデアを出し合って，挑戦をためらう子どもや発散したい子どもも一緒になって楽しめる環境をつくりだすことは，新しい環境を自分の手でつくりだす喜びにつながります。保育者自身が枠をひろげるモデルとなって遊び込むことも，子どもたちに没頭を促す力強い援助となります。

④ イメージの共有と仲間とのつながりが得られる環境

　子どもたちが同じ遊びに没頭する時間は必ずしも長くはありません。遊びの継続には，イメージの共有の持続と物語の新たな展開が必要です。イメージの持続を支えるのは物的空間的環境です。幼児期は，視覚的な情報からイメージを得やすいので，店構えや道路など，遊びの基盤となる装置をダンボールでつくるなどして，シンボルの役割を担わせることが有効です。また，同じ物を持つことや被り物，衣装が仲間意識を強める役割を果たします。3歳児クラスでは保育者が主となり，5歳児クラスでは子ども自身の手で，そうした環境をつくることが遊びを持続させ，魅力的なものにしていきます。

　ただし，物語を展開していくのは主体である子どもたちです。一方的な押しつけにならないよう，その姿から思いを読み取り，対話

第Ⅱ部　保育内容の指導法

写真8-13　プロジェクト活動が生み出す夢中：椿の種から出る油を探る子どもたち

▶写真提供：和光保育園（千葉県富津市）。

を重ねながら子どもたちの発想に沿った環境づくりをすることが大切です（本章の扉写真参照）。

このように，自発的な遊びを子ども主体で発展し，深めていくのを助けるのが「プロジェクト・アプローチ」です。その過程は，子どもの気づきや興味が起点となり，それぞれの活動が深まるように子どもの判断と選択を励ます対話的な援助によって進展します。そのため，保育環境の視点からは，表現欲求に応じ選択できる物的環境や知識・技能などの情報，人的環境をいかに豊かに用意できるかが，活動の深まりを左右します。自ら設定した課題に自分たちなりに粘り強く取り組むプロジェクト活動の過程は，子どもたちを夢中にし，没頭した充実感や得られた成果は，大きな喜びと自信を与えてくれます。[17]

▶17　イタリアのレッジョ・エミリアの幼児教育では，プロジェクト活動がその中核となり，子どもたちの豊かな表現と学びが引き出されています。森眞理『レッジョ・エミリアからのおくりもの――子どもが真ん中にある乳幼児教育』（フレーベル館，2013年）などを参照してください。地域に根ざした独自の保育哲学と人的物的環境の豊かさがそれを支えていますが，日本での展開については，磯部錦司・福田泰雅『保育のなかのアート』（小学館，2015年），鈴木秀弘・森眞理『響きあういのちの躍動』（ひとなる書房，2015年）などから読み解きましょう。

❹ 味わうための環境

表現とは，表し出して伝わることや伝わるものです。それを表し手にとっても受け手にとっても豊かな体験とするためには，表現の過程と結果が「よさへの気づき」と「多様性の受容」の機会になるように心がけることです。数値化や順位づけから優劣を競う評価を幼児教育にもち込むことは弊害となるだけです。表現に優劣はないことを確認し，一人一人の表現の違いを味わい，楽しみましょう。

① よさに気づきやすい環境

表現のよさに気づくためには，まず見合う機会を用意する必要があります。ステージを設置する，作品や制作途中のものを置く場所を子どもの視線を考えて用意するなど，表現を発表する機会と環境を設けます。具体的にはステージを見るイスを並べる，保育室や廊下にひもや網を取りつけて作品を下げるなどです。また，光や色を意識するなど，表現がきれいに見える工夫も環境づくりになります。また「よさ」というと「褒める」という援助が想起されますが，評価的ではなく，表し手の思いを受け止め，魅力を見つけ，それを具体的に伝える言葉かけが互いのよさに気づきやすい環境づくりになります。

② 多様性を受け止め楽しむ環境

　味わうことを楽しむためには，表現は多様であってよいし，だからこそおもしろいという感じ方をする経験が必要です。身近な年長者ののびやかな発表や保育者の創造的な表現を見ることもその一方法ですが，地域の美術館や文化施設で多様な表現に触れる，演奏会や観劇会などを通して多様な表現の仕方に出会う機会をつくることも，味わう楽しさを知る環境づくりとなります。

Episode 4　美術館で感じた思いを表現する（5歳児）[18]

　園の近くにある美術館は，子どもたちにとってはおもしろいものや見たことのないものに出会え，発見できる楽しい場所になっています。作品の前に座った子どもたちに「この動物はどんな気持ちかな？」と問いかけ，見方や感じ方を広げて楽しんでいます。「絵を見ていたら何か描きたくなっちゃった！」という子どもの言葉から絵を見た後に造形活動を行うことが始まりました。子どもが表現したものは子どもが見ている世界です。表したいと思うきっかけとなった美術館に感謝するとともに，これからも美術館での楽しい時間をつくっていきたいと思います。

写真8-14　船水徳雄「塊（かい）」（佐久近代美術館）

[18] 浅川文美「美術館で，見て，感じて，楽しもう」『美育文化ポケット』19，2018年，pp. 36-37。この実践と写真は，小雀保育園（長野県佐久市）によるものです。

[19] 『センス・オブ・ワンダー』（上遠恵子（訳），新潮社，1996年）はアメリカの科学者であったレイチェル・カーソン（Rachel, L. Carson, 1907-1964）の著書です。表現領域の視点からも示唆に富んだ内容になっています。

　表現が心の育ちにつながるのは，表すことで環境に働きかけた効力感や心地よさによる満足感，葛藤を乗り越え思いを表すことができた達成感が得られるからと考えられます。また，表現を相手が受け止め，共感やつながりが得られると，それが自己肯定感につながります。自分と他者から二重に肯定感が得られるよう，探求する時期にはそれに応えるだけの設備や材料を用意し，フィードバックが大切な時期には見合える場を整えます。そして「それいいね」という言葉が交わされるような仲間同士の雰囲気づくりが大切です。

❺ 戸外環境を活かす

　レイチェル・カーソンは，『センス・オブ・ワンダー』[19]のなかで，自然が子どもたちにもたらす豊かな感受性はかけがいのないものであると述べています。表現の場は，一般的に室内であることが多い

ですが，戸外は不思議さや新しさとの出会いがあり，さまざまな気づきを引き出すのに適した環境です。樹木や草花を，花の咲く頃や実のなる頃，そして葉の色の変化や飛来する生き物を想像して植え，表現に活かすこともできるでしょう。都会であっても，遠足の機会やベランダや屋上を活用すれば，その恵みを活かすことができるでしょう。

　泥団子づくりは多くの子どもに親しまれている遊びですが，さらに環境を工夫すると，砂や土を使った豊かな表現を楽しむことができます。たとえば，砂による表現の可能性をひろげる環境づくりとしてはボードの活用があります。砂の音を聴く，指での線描，箱庭のような表現，水で描いて砂をかける砂絵，砂を分類・色づけなどをして配置する砂による描画など，幅広い表現が楽しめます。

Episode 5　砂による表現のひろがり[20]

子どもたちがしゃがむとすぐに指で地面に描き出す姿から着想して，指で描いた線がよく見えるカラーベニヤ板に枠を取り付けた「カラー板」を考案し作成しました。ふるった砂に指で自由に描くことができ，板を持って動かすとすぐに線が消えるので，絵に苦手意識のある子どもも楽しんでいます。
　夏には水を加えて触感を楽しみ，秋には自然物を取り入れ，時には板を組み合わせて共同で遊びます。絵の具で砂に色を付ける遊びを楽しんだ後は，つくった色砂で，色彩豊かな描画も楽しみました。戸外であることが，楽しさを倍増させているように感じます。

写真 8-15　カラー板

[20] この実践と写真は，美浜南認定こども園（千葉県浦安市）によるものです。

　また，土は乾かして砕いて糊で溶くと絵の具のように使うこともできます。土によって微妙に色合いが違うのが感じられる楽しい遊びです。

　ほかにもさまざまな素材との組み合わせから戸外ならではの表現遊びが楽しめます。たとえば農業用の透明シートやプラダンボールを遊具などに取り付け，はじかない絵具を用意して，汚れを気にせずダイナミックな描画を楽しむこともできます（写真 8-16）。

　自然素材を表現に取り入れる工夫を考えてみましょう。押し葉や押し花をつくると画用紙に貼って表現を楽しむことができますが，

第 8 章　領域「表現」と環境構成

写真 8-16　透明シートで遊具が大きなキャンバスに
➡写真提供：北部認定こども園（千葉県浦安市）。

写真 8-17　デジタル機器を使った表現
➡写真提供：磯辺白百合幼稚園（千葉県千葉市）。

葉や花に出会った時のひらめきをすぐに表せないこととそのまま保存できないのが残念な点です。ところが，カメラとプリンターを使うと魅力的な表現体験をすることができます。お散歩に画用紙とカメラを持って行き，好きな自然物を感じたままに画用紙に置いてそれぞれに写真を撮ります。それだけでも楽しい体験ですが，園に戻ってプリントアウトした紙に，クレヨンで自由に描画することもできます（写真 8-17）。こんな新しい活動にチャレンジする創造的な先生は，子どもにとって何より魅力的な環境です。

このように，表現を楽しむための環境の構成は，環境と子どもに対する深い理解と日々環境をつくりだす保育者の創造的な姿勢によって実現できると言えるでしょう。

Book Guide

- 無藤隆『幼児教育のデザイン――保育の生態学』東京大学出版会，2013 年。
  子どもが環境に関わり意味を汲み出すのを充実させる保育の営みを，環境のあり方に注目して検討する「保育の生態学」が保育の場のデザインの基本であることが理解でき，「環境を通して」の具体化の手がかりとなる一冊です。
- 中沢和子『イメージの誕生――0 歳からの行動観察』NHK 出版，1979 年。
  探索と見なされる環境への関わり行動が表現の源となるイメージを育み，やがてイメージから環境を選択しつくりだすようになるという発達の姿が豊富な事例から解き明かされ，子どもにとっての環境の意味の理解が深まります。
- 仙田満『人が集まる建築』講談社，2016 年。
  建築家である著者が子どもの遊び環境の重要性を論じた『子どもとあそび』（岩波書店，1992

年）を著してから四半世紀。その間の設計事例から環境デザインの重要性が実証され，環境が人に働きかける力の大きさを実感できます。

Exercise

1. 子どもの素朴な表現が環境によって引き出される事例を見つけ，記録して発表しましょう。
2. 本章の学びをふまえて「豊かな表現を引き出す物的空間的保育環境」の要素を書き出し，それらを配置した理想的な保育環境（園庭を含む）をグループで表現してみましょう。

第9章

3歳未満児の領域「表現」の指導方法及び保育の構想

子どもたちは,何かになりきって遊ぶのが大好きです。笑顔いっぱいで大きなカブを抜こうとしている子どもたち。見ている私たちまでうれしくなります。このような姿はどうすれば引き出せると思いますか?

2歳児クラスの子どもたちが，保育者と一緒に「大きなカブ」の劇遊びをしている様子です。はじけるような笑顔から，子どもたちがお話の世界に入り込み楽しんでいることが伝わってきます。
　この写真，よーく見てください。子どもたちと一緒に「うんとこしょ，どっこいしょ」とかけ声をかけてカブを引っ張っているように見える保育者は，実は，「うんとこしょ，どっこいしょ」と言いながら，カブが抜けないように押さえているのです！
　保育って，本当におもしろい！　引っ張る風に見せて押さえているという，保育者の密かな努力が，子どもたちの楽しさを支えているのです。「大きなカブ」の表現遊びを支えているのです。

(扉写真提供：お茶の水女子大学こども園〈東京都文京区〉)

1 遊びや生活における「表現」

❶ 子どもが感じていることを感じる

子どもたちは，遊びや生活のなかでさまざまに感じとり，感じとったことを体のなかにため込んでいきます。表現というと，外に現れたものをイメージしがちですが，外には現れない状態，つまり体のなかにため込んでいる状態を大切にしていきたいと思います。3歳未満児の表現は，子どもたちが「感じる」ことや「ため込んでいる」ことの意味を保育者がしっかりと捉えていることによって支えられると考えます。

そこで，この章の学びの第一歩は，子どもたちが感じていることを感じることからはじめることにします。

> ➡1　オノマトペ
> ものの音や声などをまねた擬声語（ザアザア，ジョキジョキなど），あるいは状態などをまねた擬態語（キラキラ，サラサラ）を指す言葉のこと。保育のなかで，子どもたちに何かを伝える時に効果を発揮します。日本語のなかにオノマトペは5,000種類以上あると言われています。

Work 1　子どもが感じていることは何？

① 右の写真をよく見てください。薄い和紙（薄葉紙）を子どもたちがふれることができるようにつるした保育室で遊ぶ0歳児の子どもたちの姿です。
　子どもたちが感じていることを感じてみましょう。見えたことだけでなく，聞こえてくること，匂ってくることなど多様な感覚を総動員してください。
② それを言葉に表してみます。オノマトペで表してみましょう。10通りの言い方を試みてください。
③ 書き出したものを4，5人で共有し，感じられることを書き加えてみましょう。子どもたちが感じているものを感じとれる表し方を工夫しましょう。
④ それぞれにまとめたことを発表しましょう。

　座ることができるようになり，次にはハイハイでどこにでも移動できるようになった0歳児クラスの子どもたちは，好奇心旺盛にさまざまなものに触れていきます。手に取った物を，これは何だろう

という顔でじっと見つめることもあります。身近なものとの出会いのなかで、感じることを体のなかにため込んでいるように思います。

このWorkは、子どもが感じていることを感じようとするWorkです。正解を見つけるWorkではありません。いろいろに思いめぐらし、思いめぐらしたことを言葉やかたちにしてみようとする、その時間のなかに大事な意味があります。

「子どもが感じていることを感じようとする」ということと、「子どもが感じていることを理解しようとする」ということは同じでしょうか？ 私は違うと思います。子どもが感じていることを感じようとする、その先に理解が生まれます。理解は結果だと思います。逆に言えば、感じることなしに理解しようとしたら、それは形式的なものなのではないかと思います。だからこそ、この章の始まりとして、感じることを実感するWorkを取り上げたのです。

写真から聞き取った音はどのようなものだったでしょうか？ どのような景色を想像し、どのような匂いを感じましたか？ 写真のなかに入り込み、子どもが感じたことを感じようとした時、体のなかに残っている、小さい頃の記憶がよみがえることはありませんでしたか？ 自分のなかに眠っている体験そのものを大切にしましょう。感じる世界は、心と体のなかにある小さい頃の記憶によって豊かなものになっていくと考えます。

❷ 身近な環境に関わりさまざまに感じとる子どもを支えている要素とは？

遊びや生活のなかで多様な体験をし、さまざまに感じとることで、子どもたちの心は豊かに育ち、表現の根っこが育っていきます。さまざまに感じとるためには、子ども自身が身近な環境に関わることが必要です。

具体的な子どもの姿から考えてみましょう。Episode 1「バッタいた！」（0歳児クラス　2月）、Episode 2「見えた、見えた」（1歳児クラス　4月）、Episode 3「かさつくったの」（2歳児クラス　6月）の3つのエピソードを紹介します。

いずれも遊びや生活のなかで、さまざまに感じる姿、感じたことを表している姿です。その姿から見えてきたことについて考察し、子どもたちの姿を支えている要素について考えてみましょう。

Episode 1 　「バッタいた！」（0歳児クラス　2月）

　冬にしては，日差しが温かかったある日，子どもたちが集まってきて何かをじーっと見ていました。どうしたのかな，と思って見に行くと，そこには大きなバッタがいたのです。子どもたちは，言葉もなくじーっと見つめています。冬のバッタはあまり早く動くことはできず，ゆっくり動きます。子どもたちも，バッタの動きに合わせるようにして，ゆっくりついていきます。

　保育者が「バッタさんだね」と声をかけると，「バ！」と呼びかけたり，指さして「いた！」と言う姿も見られました。

　レイチェル・カーソンは『センス・オブ・ワンダー』（上遠恵子（訳），新潮社，1996年）のなかで，「もしもわたしが，すべての子どもの成長を見守る善良な妖精に話しかける力をもっているとしたら，世界中の子どもに，生涯消えることのない『センス・オブ・ワンダー＝神秘さや不思議さに目を見はる感性』を授けてほしいとたのむでしょう」と言っています。

　神秘さや不思議さに目を見はるその時，子どもたちのなかには，何がひろがっているのでしょうか。Episode 1 の子どもたちは，まさに目を見はっています。目の前にいる大きな「何者か」に驚き近づいていきます。前のめりになって見入る姿勢が見事にみんな同じです。目の前の物に引き込まれている時の体の動きなのでしょう。子どもたちは，その姿勢のまま，目の前の「何者か」を見続けています。その時間が重要なのです。

〈「目を見はる体験」を支えている要素〉
・心ゆくまで目の前のものを見続けられる時間
・動きの変化に合わせて自分たちも動きを変えていける自由な雰囲気
・互いの動きを受け止め合う柔らかな共感
・共に目を見はり，何かを創り出そうとする保育者

Episode 2 「見えた，見えた」（1歳児クラス　4月）

保育室の水道のところにある鏡に興味をもった子どもたちの様子を見て，室内の床に鏡状のミラーシートを貼りました。
早速興味をもったA児は，四つ這いになって，シートに映る自分の顔に見入っていました。窓ガラスに貼ることができるカラーフィルムも出すとそれもつけてみています。言葉は発せず，夢中になって遊んでいる様子でした。

　鏡への興味は0歳児の頃から現れますが，1歳児クラスの床に貼ったミラーシートへの興味はとても強いものでした。四つ這いになってのぞきこんでいるA児の目には，自分やその周りの物はどのように映っているのでしょう。まるで，鏡の世界に飛び込んでいってしまいそうな体の動きです。全身で感じている姿と捉えました。
　シートに映り込んでいるものは，A児とその周りにある物だけではないようです。窓から差し込む光も映っています。光は場合によっては，ユラユラと揺らぎます。明るさは天気によって変化していきます。このように時間帯や天候によって見える世界が変わっていきます。日々生活している場での気づきは，時間帯や天候により微細に変わっていく，そのことを，子どもたちは体験的に感じとっていきます。

〈「全身で感じる体験」を支えている要素〉
・「何だろう？」と心が動く環境
・心ゆくまで目の前のものを見続け，関わり続けられる時間
・全身で関わることができる安定感や自由感
・窓や戸口近く，テラスなど，風や光が感じられる環境
・子どもの動きを見守り，支える保育者

Episode 3 「かさつくったの」（2歳児クラス　6月）

薄い布を身にまとい，ドレスのようにして遊ぶことが大好きなB児とC児は，保育者に「体に巻いて！」と言いにきました。B児が「このくらい」と，足首くらいまでの長さにしてほしいと言うと，C児も同じようにしたい，と言います。保育者が同じような感じに布を巻きつけると，2人で顔を見合わ

せてうれしそうに笑い出しました。
　しばらくして，ブロックをつないで大きな四角をつくり，持ち上げたら"傘みたい！"と思ったようでした。6月で雨が続いていた頃だけに，雨降りのお出かけのイメージが浮かんだようです。
　B児が四角くつないだブロックを頭の上に載せるように持ち上げて歩きだすと，C児も同じようにしようとしています。布の色もお揃い，持っているブロックの大きさも同じです。「あめ，ふってるね」「あめ，ふってる」と歌うような口調でB児がつぶやくと，C児も「ふってる！」と同じようにつぶやき，雨の散歩を楽しんでいました。

　2歳児では，身近なものを何かに見立てて遊んだり，「つもり」になって動くことを楽しんだりする姿が多く見られるようになります。一枚の布がママのスカートを想起させ，掲げて持つブロックが傘になります。このように，シンプルな物を使って遊ぶ姿は，この年齢特有ではないかと思います。3，4歳児になると「本物らしくしたい」という思いが出てきて，細部をつくりこんだり，本物らしいものをほしがったりします。しかし2歳児はそこまでを求めようとはせず，一枚の布，一本の棒だけで，「そのものになったつもり」で遊びます。

　Episode 3の子どもたちも，布を巻きつけ静々と歩くことがうれしいようでした。誰かひとりがブロックを頭の上に置き「あめ，ふってるね」と言えば，それが傘をイメージしているということがすぐに伝わり，同じようにブロックを持ち上げながら「あめ，ふってるね」と返します。歌うような口調のリズムが合い，楽しさが共鳴していることがわかります。雨の日に傘をさすという生活のなかの行為は，子どもたちにとってイメージがしやすく，共有しやすいテーマです。

〈「生活のなかの行為を遊びとして取り込み表現する体験」を支えている要素〉
・何かに変身するきっかけになる布（薄手の布で身に着けやすい）
・つもりになって遊んでいることを共有できる友達
・形が変えられてイメージを付与して遊べる遊具
・子どもたちがやりたいと思っていることをよく聞きとり共感したり，それが実現できるように援助したりする保育者
・ゆっくりと遊ぶことができる時間や場所

❸ 保育者としての援助のあり方

　子どもの体験は，その場を構成し維持する保育者のあり方によって大きく左右されます。子どもの年齢が下がれば下がるほど保育者の影響は大きいと感じます。一人一人発達も違い，多様な個性をもつ子どもたちに向き合うわけですから，子どもに応答的に援助する必要があり，援助を考える視点も幅広いことが大切だと思います。

　次のWork 2 の目的は，援助の可能性をひろげることにあります。子ども自身に直接関わる援助はすぐに思いつきますが，援助はそれだけではありません。

　場を支える援助，素材との出会いを鮮やかにするための援助，素材とじっくり関われるようにするための援助等々，数限りなくあるのです。Workのなかで具体的に考え合ったことを上記のような言葉で整理することで，多様な援助の意味が見えてくるのではないでしょうか。どうぞゆっくり取り組んでみてください。

Work 2　援助について考えてみよう

① Work 1 の写真がもう一度登場します。
　もう一度よく見てください。保育者は何をしていますか？　環境はどうなっているでしょうか？

② もしも，自分がこの場に保育者としていたら，どのように援助しますか？　援助はねらいに沿って出てきます。まず，ねらいと内容を書き出し，そのうえで援助を書きます。
　援助は3つの視点（環境構成・全体指導・個別の援助）で書きましょう。

③ 書き出したものを，グループ（4，5人）で共有します。

④ 子ども役と保育者役になって模擬保育を行ってみましょう。役を交替し，感じたことを書き出しましょう。

⑤ それぞれのグループの取り組みを発表しましょう。他のグループの発表を聞き，学んだことを書き出してみましょう。

①援助のポイント１：表現を支えるために同時に行われている多様な援助

図 9-1（２歳児クラス）は，子どもたちがバッタに興味をもったことを捉えて，保育者がバッタづくりを提案し，つくったバッタで遊んでいる様子です。この姿のなかに，大切にしたい援助のポイントを見ることができます。子どもたちが表現の喜びを味わって遊ぶ姿を支えているのは，これらの複数の援助なのです。

基盤となる体験
○散歩の度にバッタを追いかける。
○つかまえたバッタを保育者や友達と一緒に見る。
○つくったもので思い思いに遊ぶ経験を重ねている。

表現のきっかけ
○バッタになってピョンピョンはねて遊ぶ。（子ども）
○バッタの歌を歌う。（保育者）
○紙を折って簡単につくれるバッタづくり。（保育者）
○バッタを持ち思い思いに動いたり会話する。（子ども）

慎重に行動したい気持ちのA児に寄り添う
・A児は，初めてのことに対して慎重ですが保育者のそばにいれば，やってみることができるようになってきました。
・A児の気持ちを受け止めて，隣にいるようにします。

笑顔で楽しく遊ぶ
・保育者もバッタをつくり，そのバッタを「ピョンピョン」とつぶやき動かしながら遊びます。
・保育者の動きは，子どもの動きをなぞるようにして，あまり大きく動きすぎないようにします。保育者が遊びをつくりすぎないように注意します。

バッタで遊べるようにする場をつくる
・手で持てるようなバッタづくりを提案したわけは，つくったバッタを手に持って遊べるようにという思いからです。そのために，机の周りに草の形に切った紙を貼っておきます。
・子どもたちが草の場所に気がつくのを待ちます。子どもたちが気がついて遊び出す姿を支えていきます。

離れた場所にいるB児の思いも受け止める
・バッタに対して人一倍興味をもっているB児。保育者から離れた場所にいながらも，「バッタってすごい跳ぶよね」と話しかけてきます。離れていますが，しっかりと目を合わせ，「そうだね，Bちゃんよく知ってるよね」と，B児の伝えたい気持ちを受け止めます。

図 9-1　バッタで遊ぶ

②援助のポイント2：表現を支え，共に表現を楽しむために

　図9-2（1歳児クラス）は，大きな和紙にスポンジで色をつけていく体験をみんなで楽しんでいる場面の写真です。10名のクラスの子どもが興味をもって参加してくることを想定して広いスペースをつくっています。一人一人のやりたい気持ちが満足できるように，そして色の美しさやおもしろさが味わえるように，ということを大切にしています。

　複数の保育者で関わっている場面について詳しく見ていきましょう。

基盤となる体験
○いろいろなことをやってみて，おもしろかったという経験をしている。
○色水やクレヨン遊びなどで色の美しさを感じている。

→

表現のきっかけ
○場所を広くし「お楽しみ！」と言いながら材料や用具を用意する。（保育者）
○「やりたい！」と集まってきて，我先に，とポンポンやり始める。（子ども）

子どもたちのそばで一人一人に応じる
・"どうやるのかな？"と戸惑っている子どもには，そっと手を添えながらやり方を伝えます。
・スポンジが見つからず友達のものを取りそうになっている子どもには，「はい，どうぞ」とスポンジを渡します。

色水の補充をする
・色水が無くなっても気づかずに，ポンポンとしている子どもには「色水，まだありますよ」と声をかける。
・「今度は何色がいいかな？」と聞きながら，色水を注いでいく。
・「きれいね」「すてきね」と声をかける。

「ポンポン」のリズムが全体を包む
・「ポンポン」とスポンジを紙の上で弾ませているリズムを保育者も楽しみながら声に出したり，動いたりします。
・「上手」という言葉よりも「きれい」や「楽しいね」の言葉を。「この色，スキ！」という言葉も，子どもの心を弾ませます。

誰もが安定して取り組める環境
・子どもたちは，自分の場所がしっかりあると安心します。自分の場所と友達の場所がつながっていると，重なるうれしさも味わえます。そのためには広さが必要です。
・立って行う，座って行う，しゃがんで行うなど，どのような体勢で行うのか，発達やクラスの状態に合わせて決めていきます。

図9-2　スポンジでアート

2 行事への取り組みと「表現」

❶「表現」に関わる行事の基本的なあり方

　幼稚園や認定こども園，保育所における「表現」に関わる行事においては，普段の遊びや生活のなかで子どもたちが楽しんでいる姿そのままを紹介できるようなあり方を工夫すること，それにより子どもたちの育っている姿を保護者と共に確かめ合ったり喜び合ったりすること，それが大切です。

　4，5歳児になると子ども自身がめあてをもち，よりよく表現しようという意識をもって取り組む姿勢が出てきます。しかし，0～3歳児の子どもたちにおいては，そのような意識をもたせることはふさわしいとは思えません。感じたままに動くこと，楽しみながらそれを行うこと，その姿を認められることで，安心し，さらに表現するようになっていく，それが何よりも大切な時期です。「表現」に関わる行事を行ううえでは，「安心」「楽しさ」「伸びやかさ」をいかに保つかが大切になります。

　では，具体的な工夫点について考えていきましょう。

❷ 普段の遊びや生活とつながっている行事
　　──工夫点・援助のあり方

　❶の考え方に立ち，一般的な園で行われていると思われる3つの行事を取り上げ，そこでの配慮点や子どもの様子を紹介します。0～2歳児は行事に参加しないという園もありますが，ここでは0～2歳児も参加をすることを前提としたうえで，それぞれの年齢に応じた参加の工夫について考えました。

① 運動会（リズム表現を楽しむ）
　運動会では，体操やリズム表現など，体を伸びやかに動かす楽しさを味わうことができます。ただし，運動会は多くの人が見ている

なかで行われるため，0〜2歳児の子どもたちは驚いたり戸惑ったりしがちです。ですから，安心感をもたらすためにどうしたらいいのかを工夫することが何よりも大切になります。

〈工夫点〉

- 園児席を親子の席にします。入場や体操も親子で行うようにし，一緒に楽しめるようにします。
- 体操やリズム遊びは，ゆっくりしたテンポのもので短いフレーズが繰り返されるものを選びます。日常的に楽しんでいて，曲が流れると思わず体が動くくらいのお気に入りになっていることが大切です。
- わらべうた遊びを取り入れると，歌いながら体を動かすことができます。そのまま家庭でも行うことができ，豊かな体験が広がります。

〈援助のポイント〉

- 子どもたちは音楽に合わせて体を動かすことが大好きです。普段の遊びのなかで楽しむ機会をつくり，保育者も一緒に体を動かしながら，リズムを感じたり，動き

運動会：親子種目の様子（1歳児）

のおもしろさを感じられるようにしていきます。

- 運動会前に保護者にこれまでの取り組みの様子や，運動会当日に保護者にしていただきたいことについて伝え，保護者が親子で一緒に体操やリズム表現をすることの意味を理解して参加していただけるようにします。
- 簡単な動きについて，保護者にも事前に伝えることで，保護者も楽しんで動けるようにしていきます。また，当日，戸惑っているような親子の様子が見られたら，一緒に動き，楽しさが味わえるようにします。

② 発表会（劇遊びや歌を楽しむ）

劇遊びや歌などを発表する会も，見せるということよりも，遊ぶということに重点置くととても楽しいものになります。

第9章　3歳未満児の領域「表現」の指導方法及び保育の構想

客席風景

「はーい」カブを抜きにいきます。

「うんとこしょ，どっこいしょ」

カブが抜けて大喜び

　左の写真は，普段生活している保育室を会場にして行った発表会の様子です。1歳児10名，2歳児11名の子どもたちとその保護者が集まりました。1歳児はお店屋さんごっこのような遊びを行いました。2歳児は「大きなカブ」の劇遊びです。左の写真は，その様子です。

　「○○ちゃん，手伝って！」と呼ぶと，客席にいた友達が出てきます。出ていくことに戸惑う子がいると「じゃあ，あとでまた呼ぶね」と声をかけることもできます。だんだん，カブを引っ張る友達が増えていくので，自分も出ていこうかな，と思えるようです。

　繰り返されるリズムがとても楽しそうです。

　そしていよいよみんなが出てきました。「うんとこしょ」とかけ声も大きくなります。保育者も一緒に「うんとこしょ！」「スッポーン！」抜けた抜けた！と大喜びする子どもたちの笑顔がはじけました。

〈工夫点〉

- 「見られている」ということで緊張してしまう子どももいます。親子で観客席にいるようにすると，一緒に見ている時間があり，心が安らぐようです。
- 劇場のような場所ではなく，普段生活している保育室を会場にすることでいつものような動きが引き出されます。その姿が保護者のうれしさや笑いを呼び，会場が温かくなるようです。
- 子どもたちが疲れず楽しめる時間に配慮します。また，親子で歌遊びをするなど参加者全員で楽しめることを盛り込みます。

〈援助のポイント〉

- 劇遊びは，見せるものではなく遊ぶものです。保育者もお話のなかに入り込み，共に楽しむようにします。
- イメージがもちやすくなる大道具（この場合は大きなカブ）は必要ですが，何にでもなりきれ

るところがよさです。衣装などは簡単なものにしたほうが，のびやかな表現が守られます。体全体で表現しているよさを保護者にも伝え，理解を得ていくようにします。
- 普段から絵本や素話などに親しみ，小さなお話遊びを楽しみます。布や紐など，身に着けることでいろいろなものになって遊ぶことも楽しみます。遊びの経験が蓄えられていることを大切にします。

③ 作品展（表現活動を紹介する）

　子どもたちが伸びやかに表現している様子を紹介するのが作品展です。作品というと成果物をイメージしてしまいがちですが，子どもたちの作品は遊んでいるその時間そのものです。したがって，どのような表情で，何を楽しみながら作品をつくっていたのかが伝わるように，画像を活用しながら表示すると保護者の理解の助けになります。「子どもたちが楽しんでいる様子」「それぞれに思いを込めてつくっている様子」などを掲示し説明すると，保護者の顔がほころびます。プロセスをイメージできるようにすることが大切です。

〈掲示の例〉（図9-3参照）

○0歳児クラス
- 0歳児クラスの子どもたちが，柔らかくて大きな和紙に触れて遊ぶというアート体験をした様子を伝えている掲示です。
- 大きな和紙を保育者がふわりと子どもの上で揺らすと，大喜びする子どもの笑顔がこのような体験の大切さを伝えてくれます。
- 0歳児では，感じる体験の大切さが伝わってくる掲示を心がけたいものです。

○1歳児クラス
- 1歳児クラスでも紙で遊びました。こちらが取り組んだのはトイレットペーパー。あっという間に自分のまわりが紙だらけになり驚いている様子がわかります。
- 「感じる」を中心において表現活動に取り組んでいるという園の姿勢が伝わってきます。

○2歳児クラス
- 2歳児クラスでは，お花紙で遊んだ後に，そこに水を加えて変化を楽しむという活動をしました。
- みんなで楽しんでいる様子や，友達と一緒に取り組んでいる様

第9章 3歳未満児の領域「表現」の指導方法及び保育の構想

ほわほわふわり　〜0歳児　□□組〜

部屋に吊るされた大きくて薄い紙。柔らかいけれど，バリッとした不思議な感触。くしゃくしゃ，かさかさ　聞こえてくる優しい音。次第にダイナミックに持ち上げて，降ろして，ひっぱって。「これはなんだろう。」全身で試してみているかのよう。

ころころふわり　ロールペーパー　〜1歳児　△△組〜

長くのばしたロールペーパー。はじめはそっと手を伸ばす。頭にかぶる。寝そべってみる。かくれてみる。次第にそれぞれが感じるおもしろさがうまれてくる。

ふわふわぺたぺた　おはながみ　〜2歳児　○○組〜

薄くて，やわらかくて，きれいな紙と出会った子どもたち。ふわりと宙を舞う。くしゃっと丸めたり千切ったり。やわらかな感触を味わうように触れる。紙に水をたらしてみると…

図9-3　掲示の例

子など人との関わりが豊かになってきたことがわかります。
- 紙を水で濡らし手で固めて，紙皿の上に並べてみたら，作品のでき上がり。その作品と合わせて掲示します。

〈工夫点〉
- 0〜2歳児の時期は，身近な物に触れ，さまざまに感じとることが大切です。作品展というとかたちにとらわれがちになりますが，「触れる」「遊ぶ」「感じる」という体験が得られるようにしていきます。
- 図9-3で紹介した活動例では，「紙で遊ぶ」ということが共通のテーマとなっています。このように共通のテーマがあると，保護者も発達の違いに気づくことができます。
- 遊びを中心とした活動の場合は，作品が後に残らないことも多くあります。動画やドキュメンテーションを作成し，伝えていくことで理解を得られるようにしたいものです。

〈援助のポイント〉

- 素材に触れさまざまに感じとることを大切にするために，保育者自身が素材への関心を高め「これと子どもたちが出会ったらどうなるかな？」など，さまざまな出会いの機会を提案する姿勢が大切です。
- 子どもたちが感じている姿を見逃さず，受け止めたり，広げたりしていきます。保護者も心を開放し，感じる心を保っておく必要があります。

❸ 昔から伝わる伝統的な行事と表現

行事は園生活の彩りとして意味をもちます。こどもの日，七夕，お月見，クリスマス，豆まきなど，昔から伝わる行事には，由来がありそれを大切につないでいく意味があります。その意味を理解したうえで，丁寧に取り扱うことで，子どもたちの生活は豊かなものとなっていきます。

こいのぼりや七夕飾りを飾ったり，関連する歌を歌ったりなど，日本古来

地域の祭：神輿が練り歩く様子を見る

の伝統的な行事には，表現の楽しさを味わうきっかけがたくさんあります。その様子を子どもたちが間近で見たり触れたりする機会を大切にしましょう。各地域には，大切に伝えられている祭りや舞などがあると思います。地域と連携し，園も祭りに参加したり，園のなかに地域の祭りと関連するものを取り入れたりすることで，子どもたちの関心が高まり，より豊かな経験になると思われます。

上の写真は地域のお祭りで勇壮な神輿が道を練り歩いている様子です。近くの保育所の子どもたちも道に出て神輿に手を振ったり，拍手をしたりしていました。午前中には獅子舞が園を訪れていました。獅子舞の様子を驚いたように見つめたり，そっと頭に触ったりしていた子どもたちでした。地域に昔から伝わる文化との出会いが貴重であることを確認した出来事でした。

3 保育の構想と省察

❶「表現」が育つ保育の構想

　表現とは，子ども自身の心が動き，子どもの内側からあふれ出てくるものです。子どもたちがのびのびと表現する喜びを味わって遊ぶようになるためには，経験の積み重ねが必要であり，保育を構想することが大切になります。

　保育を構想するために必要なポイントを整理してみました。相互に関連し合うポイントです。一つ一つについて詳しく見ていきましょう。

〈基盤として大切にしたいこと〉

○安心感・安定感が感じられる生活

　この場所は安心，この仲間は安心，自分は大丈夫。このような気持ちは，子どもが成長する基盤であり，表現が生まれる原点でもあります。安心感は一度築かれたら大丈夫，というものではなく，常に揺らいでいく可能性があります。安心から不安へと揺れ動いていることに敏感に気づき，心を傾けていくことで，安定感が得られるのだと考えます。

○心のおもむくままに行動できると感じられる生活

　安心感を抱いた子どもたちは，自分らしく行動していきます。その時に，「それでいいよ」「やってごらん」という承認し奨励するメッセージを送り続けると，子どもたちは自分らしく行動するようになります。

〈表現の喜びや豊かさに触れる環境〉

○歌を口ずさんだり体を動かしたり表現が身近にある生活

　伸びやかに過ごしている子どもたちは，よく鼻歌を口ずさんだり，リズミカルに体を動かしたりします。楽しそうなものを見つけると踊り出すなど，心と体は密接につながっています。それを大切に受け止めたり，保育者も共に動いたりなど，表現が身近にある生活が大切です。

〇光や影，配色，静けさなど，美を意識した環境

キャラクターの絵を大きく切り抜いた掲示や，「壁面装飾」と称して紙で製作した掲示をしている園を見かけます。室内に多くの色が氾濫し，落ち着かない雰囲気になりがちな面があるのではと危惧します。子どもたちが過ごす園環境は，子どもたちの感性や美的感覚を育む重要なものです。配色に気を配ったり，自然物など本物を飾ったりなど，美を意識した環境づくりを心がけましょう。

落ち葉を紙に張り付けて飾りに。自然の美しさ。

〈のびのびとした表現を引き出す援助〉

〇一人一人の動きや現れを共感的に受け止める

右の写真は，薄い布で遊んでいた子が，その布を友達にかぶせて遊んでいる様子です。「いない，いない，バー」を繰り返し楽しんでいる様子を保育者も一緒に楽しんでいます。楽しさを一緒に味わっていることが伝わってきます。

布をかぶせてみる。（1歳児）

保育者が子どもの動きを共感的に受け止めていることは，子どもにすぐに伝わります。布をかぶせている子どもが実に楽しそうなことからも，伝わっているということを実感します。

〇保育者自身が表現することに喜びを感じ，楽しく表現する

子どもたちは近くにいる大人の影響を強く受けます。その際，高い技術を有していることよりも，好きであることのほうがよいと思われます。保育者が表現することを好み，楽しそうに歌ったり踊ったりするクラスでは，子どもたちも実に楽しそうに歌ったり踊ったりします。クラスのなかに楽しさがひろがっています。大切にしたいことです。

❷ つながりが見えてくる省察のあり方

　保育の質を向上させるために欠かすことができないのが省察です。保育の後には短い時間でもいいので，省察を必ず行いましょう。
　「表現」という視点から省察する際には，保育の流れや教材選択について評価反省することはもちろん大切ですが，それ以上に大切なのは，体験のつながりに視点を置いた一人一人に視点を当てた省察です。
　みんなで楽しむような表現遊びを楽しんだ時には，そこでの一人一人の様子を一覧表に書き出すとよいでしょう。元気いっぱいと思っていた子がなかなか動き出せないということに気づいたり，ゆっくりタイプの子がグングン前に出てきて動き出したりなど，いつもとは違う姿に気づきます。そのような記録を継続してつけていくと，その子どもの傾向が見えてきます。点が線になり面になる，そのようなつながりが見えてくる省察をしていきましょう。

Book Guide

- まどみちお『いわずにおれない』集英社，2005年。
  まどみちおと言えば，童謡「ぞうさん」や「一年生になったら」などの歌詞を書いた詩人です。私たちの生活のすぐそばにある小さなもの，見過ごしてしまいそうなものに目をとめて，それを子どもたちにわかりやすい言葉で世界を描いていきます。まどみちおさんの詩と文で構成された本『いわずにおれない』を読んでいると，今まで聞こえなかった小さな声が聞こえてきそうな気がしてきます。どうぞ，まどさんのシンプルで素直な文章を読みながら，まどさんの世界に入り込んでみてください。
- 吉村真理子『0〜2歳児の保育──育ちの意味を考える』ミネルヴァ書房，2014年。
  実践的保育研究者である著者が，豊富なエピソードを通して，0〜2歳児の世界を描いて見せます。空を見上げる子どもたちの姿を紹介しながら，どうして小さな子どもは空を見上げるのか，という問いを発し，それは立ち上がった時の喜びが体のなかに残っているからではないか，と書いています。子どもの姿のなかに，「小さな天体観測者」を見つけるという豊かで温かな視点をもった著者が描く子どもの世界を読み，子どもの理解の幅をひろげましょう。

Exercise

1. 本章の学びをふまえ，電車のなかや公園，近所などで見かける0～2歳児の子どものなかにある「表現の芽」について語り合ってみましょう。
2. 小さな子どものことを題材にした絵本を一人1，2冊選びましょう。そして，3，4人のグループで絵本を読み合ってみましょう。それぞれの絵本のなかで描かれている子どもの姿について，気づいたことを話し合ってください。

第10章

3歳以上児の領域「表現」の指導方法及び保育の構想

12月の園庭，落ち葉の山，両手で持った木の枝，叩きつける動き……。
3歳児，Kくんの姿です。
この子どもは一体何を表現しているのでしょうか。

「先生，取れた！」とKくんの声。見ると，枝の先に落ち葉が突き刺さっています。担任の先生が「とれたね〜」と返してくれると「うん，おさかな！」，……「え，魚釣りだったのか」と驚く私。

　幼児期の子どもは，自分の周りにある環境に関わりながら，さまざまなイメージを表現していきます。一見，大人には「よくわからない」表現から見えてくる子どもの豊かな世界があります。また，子どもは友達や先生と一緒に表現したい，遊びたいと思っています。一人一人のイメージが重なり，響き合いながら表現が広がっていく幼児期の表現世界に，みなさんもひとりの表現者として入っていくことにしましょう。

（扉写真提供：兵庫教育大学附属幼稚園〈兵庫県加東市〉）

1 遊びや生活における「表現」

幼児期の遊びや生活における「表現」とはどのようなものなのでしょうか。保育者は，子どもの「表現」をどのように援助し，支えているのでしょうか。実際に子どもが表現している姿から探ってみたいと思います。

❶ 子どもの姿の実際

Episode 1　「お風呂に入れてもいい？」

入園して3週間のリュウくん（3歳）は，帰りの支度を担任保育者と一緒にしています。タオルを取りに向かう途中，目に入ったおたまじゃくし（たらいに入れてある）が気になり，自分の手を入れて掬おうとします。その姿に，保育者も一緒に手を入れ，触り方を見せます。リュウくんは，優しく包むように触り，ニンマリ。その後，着替えはじめたリュウくんは，傍で見守る保育者に「おたまじゃくし……お風呂に入れてもいい？」と聞いていました。

Episode 2　水槽のなかに広がる世界

「どんぐりころころ」の歌をクラスで歌うことを楽しんでいた10月。それとちょうど同じ時期に，金魚とドジョウを保育室内の水槽で飼いはじめました。すると，ある日，水槽のなかにどんぐりが数個入っています。それに気づいたユウコちゃんが「どんぐりころころどんぶりこ〜」と歌い出します。気づいた保育者も一緒に水槽を見ながら歌声を重ねます。

▶1　文部科学省「幼稚園教育要領解説」2018年, p.223。

「幼児の自己表現は，極めて直接的で素朴な形で行われることが多い」[1]と言われています。この2つのエピソードから，そのような子どもの表現のニュアンスが伝わってくるのではないでしょうか。Episode 1では，触ることで親しみを感じたおたまじゃくしとリュウ自身の着替えを重ねて，「お風呂」のイメージをつくりだしています。Episode 2では，歌詞に描かれたどんぐりとドジョウの出会

いを水槽内に表現しています。表現行為としては，素朴でありながら，その奥にある想像の世界の広がりを感じる事例です。

このような場面に出会うことができると，大人の心のほうが和みます。それは，日常生活のなかでありふれた物や気にもとめないことに，改めて気づかせ，注目させてくれるからなのかもしれません。このように，子どもの表現は，遊びと生活が混ざり合った日常のそこかしこに生まれていると言えます。

4歳児のユウキちゃんが廊下で新聞紙を使って何かをつくりはじめました。さて，何をつくりはじめたのでしょうか。剣でしょうか。それともボール？　ビリビリ破いて紙吹雪？　マント，お面，布団，洋服，凧のように持って走る……？　それとも……。

実際のユウキちゃんは，広げた新聞紙の上に，上靴を履いたまま片方の足を乗せ，新聞紙を折り曲げ上靴の上に重ねてセロハンテープでとめていきました。すべてとめ終わると，足を抜き，上靴も抜いて……そう，立体的な靴をつくったのです。なぜ靴だったのか，そのような新聞紙の使い方をどこで学んでいたのかは，保育者にもよくわかりませんでした。

しかし，このユウキちゃんの姿は，新聞紙というひとつの素材からどのような物や出来事，さらに言えば遊びが生み出されるのかは，無限の可能性があるということを教えてくれています。ここに大人が考えるよりもより広く柔軟な子どもの表現のありようが確認できます。

子どもの表現は，素材と直接的に出会い，触れてイメージを浮かべたり，いろいろに使いながらイメージを広げたりして，生まれていくのだと言えます。

写真10-1　ユウキの靴づくり

Episode 3　思わぬ展開に

　その園では，ゲージに入れて飼育しているウサギがいます。その日，年長児のアミちゃんとミユウちゃんが「お外で遊ばせてあげたい」と言って，園庭の片隅にサークルを組み立てて準備をし，ウサギを連れていきました。サークルのなかに，ウサギと一緒に入るアミちゃんとミユウちゃん。しばらくすると，自分たちもウサギになって，跳んだりはねたり，一緒に遊んでいます。
　その様子をテラスから見ていた年少児のサキコちゃんが近寄っていきました。勇気を出して「いれーて」とサキコちゃん。すると，「ごめんね，今はダメなの」と年長さんに断られてしまいます。
　保育室に戻っていくサキコちゃんを見て，保育者が「どうしようかな？」と思っていると……製作した空き箱を手に，サキコちゃんが戻ってきました。そして，年長のお姉さんたちに「（写真）撮るだけならいい？」と聞きます。すると，「いいよ！　撮って！」と答える年長さんたち。カメラ（空き箱）を顔の前に構え「パシャ，パシャ」と撮影するサキコちゃんの姿がありました。

　みなさんはこのエピソードを読んで，どのようなことを感じたでしょうか。もし，自分がこの場に居合わせた保育者だったとしたら，どのような行動をとったでしょうか。
　「年長児が年下の子を入れない」ことだけに着目すると，年長児のアミとミユウに対して，サキコの気持ちにも気づくことができるような保育者の指導・援助が求められるのかもしれません。しかし，「表現や遊びの広がり」ということにも着目すると，「年長児が年下の子を入れない」ことによって，サキコの新たな表現が生み出されたとも捉えられます。そのサキコの表現に，アミとミユウが刺激を受け，サキコのイメージを受け取りながら，自分たちの遊びのイメージを広げ展開させていく姿につながっています。
　子どもは，自分のイメージを表現するだけではなく，友達のイメージに刺激を受け，重ねたり，受け入れたりして遊ぶ楽しさを感じると言えます。それとともに，友達とのイメージのズレや違いに直面した時は，柔軟に視点や方向を転換させ，響かせ合いながら遊ぶことも楽しんでいると言えます。

❷ 保育者としての援助のあり方

　上記に見たような子どもの表現に対して，保育者の援助にはどのような配慮が求められるのでしょうか。3点に分けて考えてみたいと思います。

① 子どもらしい表現の受容

　子どもとの遊びや生活のなかで，Episode 1・Episode 2 にあげたような場面を保育者が捉えることから援助は始まると言えます。そのためには，幼児の何気ない動作や表情，仕草をよく見ることが大切です。たとえば，すごいねぇなどと認めたり，ただ隣でじっと見ていたり，耳を澄ましていたりするだけでも……子どもにとっては自分（の表現）を受け止めてくれる人がいることとして意味をもち，もっと表現しようとする意欲へとつながっていくと言えます。

② イメージが響き合う場づくり

　ユウキちゃんの靴づくりの話や Episode 3 からは，個々の子どものもつイメージはそれぞれ異なるものであり，大人の既成概念の枠を飛び越えていくものであることを理解することができたと言えます。よって，保育者は子どもの表現が何を表しているのか，どんな意味があるのか，理解を進めていく際に，あらかじめ自分がもつ一般的なイメージや枠組みを一度取り払って向き合うくらいの姿勢が求められると言えます。

　また，個々のもつイメージは異なることから，一挙にイメージを統合させることを急ぐのではなく，個々のイメージが十分に表現できるよう配慮していくことが大切であると言えます。そのうえで，互いの表出されたイメージが，時に重なり，時に刺激を受け，またズレや違いから新たなイメージが生まれてくるといった響き合う遊びの展開を目指していく必要があるでしょう。

　そのためには，保育者も子どものなかに入り，一緒に遊びながら子どものもつイメージを感じ取ったり，保育者のイメージを形にしたりしながら響き合う場づくりをしていくことが重要です。

③ 物との出会いをデザインする

　上にあげた3つのエピソードには，すべて可視化（目に見える）された物が登場しています。「どのようなものを幼児の周りに配置するかは，多様な見立てや豊かなイメージを引き出すことと密接な関わりをもつ」とされることから，子どもの表現を考えるうえで，物の配置への配慮は欠かせません。

　多様な見立てやイメージが引き出される素材とはどのようなものなのでしょうか。先のエピソードに出てきたおたまじゃくしやウサ

▶ 2　前掲（▶ 1），pp. 232-233。

ギ，ドジョウなど，生き物や自然に由来する物は，子どもに豊かなイメージや感情をもたらしてくれると言えます。では，人工物はどうでしょうか。身近にある素材や材料は……というように，保育者自身もさまざまな物に触れて遊びながら，素材や材料の特性を把握し，道具や用具を吟味していく教材研究が大切です。また，さまざまな道具や用具，素材や材料の配置を考え，子どもたちと物との出会い方をデザインする必要があるでしょう。

2 行事への取り組みと「表現」

みなさんがこれまでに経験してきた行事を思い出してみてください。運動会，発表会，音楽会……保育において行事とは何のためにあるのでしょうか。子どもにとって，どんな意味があるのでしょうか。さまざまな行事に取り組む子どもの姿から考えていきたいと思います。

❶ 子どもの姿の実際

Episode 4　「ダンゴムシになる」運動会

　運動会，3歳児の種目です。ダンゴムシになって園庭に出てきた子どもたちは，ビニールシート（グリーン）の上で，四つん這いになって散歩に出かけていきます。ピアノの音に合わせながら，ご飯を食べたり，ひっくり返って寝たり，ダンゴムシになりきって表現をしています。そこへ，曲調が変わると，カマキリ（先生）が抜き足差し足で登場です。カマキリ役が好きなGくんは，先生と一緒にカマキリになります。すると，ダンゴムシたちは，固く，丸くなって動きません。一つ一つのダンゴムシ（の背中を持って）を捕まえようとするカマキリは，「あれ，あれれ，ツルツル滑って捕まえられない……」と言いながら，退散していきます。再び，ダンゴムシたちのお散歩は続きます。

➡3　このストーリー展開のもとには，子どもたちが大好きな絵本『ころちゃんはダンゴムシ』（童心社，1998年）のストーリーがありました。

　これは，運動会の様子です。運動会では，人の多さや独特の雰囲気に圧倒され，固まって動けなくなる3歳児の姿も少なくありません。しかし，このエピソードでは，どの子どもも自然な動きを見せ，日常の遊びや生活の姿と同じように楽しんでいる様子です。それは，

なぜでしょうか。

　この「ダンゴムシになる」ことは，普段の遊びのなかで，繰り返し楽しんできたものです。きっかけは，園庭でのダンゴムシ探しです。子どもたちは，捕まえてきたダンゴムシを見ながら，「お父さん」「赤ちゃん」と名づける様子，自分と重ね合わせながら「ご飯食べている」「イヤって言っている」とイメージを膨らませている様子がありました。

　また，クラスで「ダンゴムシになる」ことを繰り返し楽しむなかで，「お昼寝をする」「プールに入る」「カマキリから身を守る」など，いろいろなダンゴムシになって表現する場面が増えていき，ダンゴムシの散歩のイメージが広がっていったと言います。カマキリになっていたGくんは，ずっとやらずにみんなの様子を見ていましたが，ある日，自分からカマキリになる先生の横で一緒に動くことを楽しみはじめたようです。

　つまり，エピソードに出てくる子どもたちにとって，運動会は日常から切り離された特別な日ではなく，日常生活や遊びの延長線上にあったと言えます。運動会後も「ダンゴムシになる」ことを楽しみ，秋や冬の季節の訪れに応じて，ストーリーや表現の変化が加わっていったそうです。

Episode 5 「ダサい」の声に耳を傾けて

　先週から今週にかけて，ひまわり組の保育室からは，いろいろな音楽が聞こえてきます。クリスマスの時期に合わせて開かれる音楽会の歌と合奏（分担奏）に取り組んでいる様子です。担任保育者は，2曲（クラシック・こどものうた）を提案し，その曲に合わせやすい楽器を用意し，演奏したり，曲を聴いたりして，曲や楽器を子どもたちと決めようとしているようです。

　その日，話し合いの末に，ようやく曲が決まり（こどものうた），その曲に合わせてどんなふうに演奏できるか，つくっていこうと言って，昼食になりました。それから，数日経った日のことです。

　少し遅めに登園してきたカンくんは元気がない様子です。カンくんのお母さんに事情を聞いてみると，今朝，急に「音楽会に出たくない」と言い出したそうです。理由が飲み込めないお母さんは，なかなか進まない支度に寄り添い，何とか園に連れてきたと言います。

　保育者は，お母さんに「カンくんにじっくり話を聞いてみますね」と言って，迎え入れ，落ち着いてからカンくんと話をしました。「あの曲で楽器したくない」と話すカンくん。理由を尋ねると「だって，ダサい」と言うのです。「うーん，ダサいか。困ったな……」と保育者。「じゃあさ，カンくんが"これいいな"って思う曲はある？」と聞くと「わからない。ない」とカンくん。その日は，カンくんの気持ちを受け止めるだけで精一杯でした。

　翌日，たくさんのCDを抱えてカンくんの元に向かう保育者。「カンくん，このなかからカンくんが

"いいな""かっこいいな"って思う曲を探そう」と言って聞きはじめます。それに応えるカンくん。周りの子どもたちも寄ってきて，次々と流れる曲に一緒に耳を澄ませます。何十曲もの曲を聞いて，ようやく「これ！」という曲にたどり着きました。「だけれど，カンくん，これをクラスのみんなに聞いてもらって『変えてもいい？』って聞かなきゃだよね」と保育者が言うと頷きます。「もし，みんなが変えるのイヤだって言ったらどうする？」。しばらく考えたカンくんは「（変えないで）いい」と答えたのでした。

　このエピソードのなかのカンの姿は，みなさんの目にどのように映ったでしょうか。「わがまま」とも言えますし，「こだわり」とも捉えることができます。みんなで決めた（はずの）曲に対するカンの「ダサい」という言葉は，ともすると，「そんなこと言わないの」として，かき消されてしまうことも多いかもしれません。しかし，この保育者はカンの言葉を，カンの表現として受け取り，その思いやイメージに耳を傾けようとしています。もともと，個々のイメージは異なり，音楽に対する感じ方も異なるのが当然です。その感性の違いをきちんと表すことで，他の子どもたちにとっても音楽の多様な美しさやいろいろな楽しさに触れる機会につながっていきます。

　保育者や保護者の側から行事を捉える際，どうしても「まとまりがある」ことや「みんなと同じにできている」ことへと価値を置くあまりに，子どものイメージや表現を引き出すことよりも，先にあげた目標を達成することを優先してしまう恐れがあります。このエピソードにおいて，カンの声を拾わずに進めていたら，カンにとってのこの音楽会はどのようなものになっていたのでしょうか。

　このように，子どもは行事に取り組むなかで，自分の思いや表現が尊重され，友達の思いや考えと響かせ合う過程に，興味や関心が広がる楽しさを感じていきます。また自分とは異なる思いやイメージに触れることで，友達を理解し，自分を理解する大きな学びが生まれるのです。

Episode 6　自分たちでつくる音楽劇

　今年の年長組（5歳児）の生活発表会は，3つのチームに分けてすることになりました。チームは，表現方法で分けます。①人形（ハンドパペット・ペープサート等）を使った劇，②光と影を使った影絵，③音楽（身体）を使った劇のなかから，子どもが自分でやりたいものを選択し，チーム分けをしました。音楽劇のチームは，音楽と身体を動かすことが好きな子たちが集まってきました。「どんなふうにつ

くっていくか」そこから子どもたちと相談です。いろいろな音楽を聞いてさまざまに身体を動かしてみる日，ひとつの絵本（お話）をもとに身体で表現してみる日などを設け，相談していくなかで，自分たちでお話をつくりたいという意見が出ました。子どもたちの話を聞いていくと「魔女が出てくる」「海賊も」「あ，姫が海賊にさらわれて……それをみんなで助けにいくってのはどう？」とドンドン話が進んでいきます。「宝箱のなかからロボットが出てきたらおもしろい」「でも，それ，どうやってやるの？」「あ，ゲームボックスのなかにロボット役の人が隠れていて，それを見えないようにしておいて」「その上に宝箱を置くのね」「そう，それで宝箱の下を開けておいて，ロボットが出てくる」「いいね！」など，演じ方についてまで話が及びます。おおよその話ができ上がると，すぐに「やってみたい」という子どもたち。ホールに行って早速上演です。

その後，舞台となるホールを拠点に，劇の大道具を使って海賊ごっこをして遊ぶ姿や姫や妖精になるための衣装づくり等，音楽劇の準備と言いながら，イメージの世界に入り込んで遊ぶことが楽しくて仕方がない様子の子どもたち。細かなストーリーの調整や肝心な音楽選び，配役や舞台設定など，自分たちで楽しみながら準備や話し合いを進めていきました。

　生活発表会のあり方や取り組み方は，園によってさまざまです。この園でも，内容・取り組み方については，その年々の子どもたちの様子を捉えながら，話し合って決めているそうです。

　この取り組みのユニークなところは，表現方法によるチーム分けと子どもたちの自己選択だと言えます。年長児の子どもたちは，これまでの生活や遊びのなかで，身体，声（言葉），物などを使ってさまざまな表現を積み重ねてきた経験があります。そのような経験があるからこそ，3つの表現方法のなかから，自分で好きなものや得意なものを選択し，決定することができるのでしょう。

　表現方法の選択に続き，取り組み方においても，チームの仲間と相談しながら自分たちで決定していく過程が描かれています。お話づくりでは，個々のもつ物語の断片やイメージを重ね合わせながらひとつのストーリーをつくっていく楽しさを感じています。また，お話をつくりながら演じ方にまで議論が及ぶ様子からは，これまで劇やごっこ遊びのなかで，演じたり観たりした経験をもとに，自分たちのお話をどうやって実現可能なものにしていくか，という視点で考えようとする育ちも見られます。

　このように，5歳児くらいになると，自分（たち）の表現を「見られる」ことにも少しずつ意識を向けながら，演じることの楽しさも感じられるようになっていきます。そして，自分の表現が受け止められるうれしさが主体的な取り組みへとつながり，仲間とイメージや考えを出し合いながらひとつの劇（話）をつくりあげていくこ

とに満足感を感じていくようになると言えます。

❷ 保育者としての援助のあり方

　これまで見てきた子どもの姿に対して、保育者はどのように援助していけばよいのでしょうか。また、行事への関わりをどのように構想していけばよいのでしょうか。3点に分けて考えてみたいと思います。

① 日常と行事とのつながりを意識した構想
　ダンゴムシになる Episode 4 では、普段の遊びや生活の様子から行事の内容を考案する担任保育者の姿があります。それは、保育者が行事当日と普段の生活や遊びの様子を関連づけて捉え、取り組み方をデザインすることで、どの子どもも楽しんで参加でき、子どもの経験につながりができるようにしている大切な援助です。
　「ダンゴムシになる」活動は、ダンゴムシとの出会いから得た感動体験をもとに、音楽の力を借り、身体を使って表現できる場を整えることで、子どもがもつイメージ世界を表現する機会を生み出しています。そこに、保育者も一緒に表現者となりながら、イメージ世界を広げ、楽しみをつないでいます。さらに、行事を日常の延長線上にあるものとしてデザインすることによって、子どもが自然体で楽しめる場となり、観る側にとっても子どもらしい表現を受け止められる場となっています。
　このように、それまでの生活における遊びや表現の積み重ねから生まれる行事のもち方、子どもの経験の連続性を考慮した内容の吟味、環境づくりを工夫していくことが重要であると言えます。

② つくりあげていく過程におけるイメージや表現の響き合い
　カンの音楽選びの Episode 5 からは、みんなでひとつのことに取り組む過程のあり方について、考えることができます。従来、幼児期の行事への取り組みでは、保育者主導の教え込みや反復練習による指導が行われることが多かったと言えます。現在もなお、普段の遊びや生活において、子ども主体の発想に転換する保育をしている園でも、行事への取り組みは依然として保育者主導になっている園も少なくありません。

しかし，そのような過程においては，カンの事例に見たように，一人一人の子どものイメージや表現を出し合いながらつくることが難しく，子どもにとっては「やらされる」行事，あるいは自分で考えなくても「やっていればよい」行事という経験になってしまうでしょう。

乳幼児期の子どもの表現は，素材（もの）に触れ，出来事に出会い，友達の表現に刺激を受けながら刻々と変化を続ける生きものです。行事においても，子どもの生き生きとした表現が生まれるようにするためには，子どものイメージや表現を引き出しながら，保育者も楽しみ，表現者として加わりながら，共につくりあげていくしかありません。つまり，みんなでひとつのことに取り組む場面が多い行事において，一人一人の思いやイメージを出し合えるように援助していくことが非常に重要だということです。

③「見る」「見られる」ことへの配慮と工夫

子どもにとって，行事は普段の生活や遊びにおける経験とのつながりをもつ意義，各々の違いを受け入れ合いながらつくりあげていく過程の意義があると見てきました。保育者と保護者にとっては，子どもの育ちを共有する機会としての意義があります。

多くの行事で，保護者は「見る」側に立ち，子どもの姿から育ちを読み取ります。大好きな人に見ていてもらえることは子どもの意欲や自己肯定感にもつながります。実際に，子どもは行事の日に保護者の方が来てくれることに楽しさとうれしさを感じています。

一方で，「見られる」ことを意識しすぎるあまりに，不自然でぎこちない動きや表現になることも考えられます。そのような場合には，なるべく「見られる」ことを意識しすぎないような配慮や工夫があるとよいでしょう。また「見られる」ことによって，子どもが張り切ったり，興奮したり，緊張したり，固まったりする姿を具体的に伝え，それも今の子どもの表現として受け止めていけるような理解を共有できるよう，保護者との連携を図っていく必要があると言えます。

他方，Episode 6 のように，年長児くらいになると，「見られる」ことを意識することが表現内容の工夫へとつながっていくことも見られます。このことは，子ども自身が表現することの楽しさを感じるだけでなく，表現を他者からの視点で見直すことによって，より

豊かな表現を求めていく大事な経験となります。よって，子どもの様子を捉えつつ，子どもたちが自らの表現を違う視点で捉え直すような工夫をしていくことが必要となるでしょう。具体的には，ビデオ撮影・録音などの記録媒体の活用，役割交代や他者の視点から捉える機会の提供，表現方法の工夫についての話し合いなど，情報機器や教材を活用しながら効果的に取り入れていけるとよいと思います。

3 保育の構想と省察

　これまでは，遊びや生活，行事への取り組みにおける子どもの表現する姿を捉え，具体的な援助方法について考えてきました。ここでは，もう少し広い視点から保育を構想することについて，実践の展開とともに見ていきたいと思います。

❶ 在園期間を通したカリキュラムマネジメント

Work 1

「端午の節句」を題材にどのような保育（表現活動）を構想しますか？　考えてみましょう。

　5月，園に伺うとどこの園でも必ず「鯉のぼり」が飾られています。子どもが個々で製作しているものやグループやクラスなどの集団で製作したものが見受けられます。材料も，布やビニール袋，卵パックなど，多様な材料を使用したものも多く，園に伺う度に「鯉のぼり」製作の広がりを感じます。

　しかし，色とりどりの鯉のぼりを見ながら，ふと思うこともあります。「なぜ，鯉のぼりをつくるのだろうか」と。乳幼児期の子どもが「端午の節句」を感じたりわかったりするためには「鯉のぼり」をつくる道筋しかないのでしょうか。

　近年，0歳・1歳児から園に通う子どもが増えてきています。春

夏秋冬のある一年サイクルを6回，同じ園で過ごすということになります。たとえば，毎年5月に鯉のぼり製作をすることで，家庭には6体の鯉のぼりが残るわけです。この保育の構想について，一考してみるとよいでしょう。年齢ごとの製作内容の違いから，育ちを感じ取る意味をもって保育を構想するという捉え方もあるでしょう。他方で，6回が全部「鯉のぼり」製作ではなくても多様な方法で「端午の節句」に迫っていき，それが子どものさまざまな表現の経験につながっていくという構想の仕方も考えられます。以下の取り組みは後者から発想したエピソードです。

Episode 7 「そういう端午の節句もありだね」

年長児クラスで「端午の節句」について話し合っています。子どもたちは，これまでの経験をもとに「こいのぼりをつくる」と意見を出します。「どうやってつくる？ 何を使う？」など具体的な案も飛び出す一方，あまり発言をしていない子どもたちもいます。保育者は，まだ話をしていないHくんに意見を求めると「かぶと」と発言。隣のJくんも「あれ，本物の刀だよな」と続けます。保育者が「兜をつくるのではなくて，飾るということ？」と聞くと頷く2人。「なるほど，そういう端午の節句もありだね」と保育者。すると，Rちゃんが「先生，私，柏餅つくりたい」と言います。「えー？ つくれるの？」という声。「買ってくればいいんじゃない？」という意見もあがります。「でも，この前みんなでお餅つきしたでしょ。だから私，つくれそうな気がするんだけれど」とRちゃん。Eちゃんが「私，お家に帰ってつくり方調べてくる」と言うと「僕も」「私も」と続き，柏餅づくりをすることも決まっていきました。

このエピソードからは，まさにさまざまな視点から「端午の節句」に迫っていく子どもたちの様子が読み取れます。結局，柏餅づくりはクラス全員がやりたいと言ってつくることになりました。そのほかの兜飾り，こいのぼりづくり，こいのぼりごっこ，菖蒲湯づくり，などは好きな遊びで，やりたい子たちがそれぞれに体験し，その様子をクラスに報告し合いながら，端午の節句を味わっていったという取り組みです。

保育者は日々の遊びや生活における計画を基盤として，季節や社会的行事，園の行事などを組み込みながら保育を構想していきます。一つ一つの行事（この場合は端午の節句）について，子どもの姿と合わせながら，ねらいや内容を考えていきますが，日々の生活に追われていると，その計画は細切れになる側面も否めません。また，ここで取り上げたような伝承的行事については，園の慣習や伝統から

「こうすべきもの」として捉えることが多く，内容を広げたり，取り組み方を見直したりすることは，なかなか行われていないように思います。

しかし，エピソードから学べるように，毎年経験する行事についても子どもが多様に経験する保育の構想は可能であり，そのことが子どものさまざまな表現や多様な理解へとつながっていくことが確認できます。日頃の生活を豊かにする体験として組み込まれる行事について，保育者もその度ごと題材について，新たに探究していく姿勢が求められると言えます。より長期的に，在園期間を見通したカリキュラムマネジメントを行い，子どもたちの一つ一つの経験がどのように積み重なり，どのように広がっていくのか，経験の積み重ねを見とりつつ，構想を練っていくことが大切です。

➡4　カリキュラムマネジメント
各保育施設が教育課程や全体的な計画にもとづき，指導計画の作成や環境構成を行い，実施・評価し，改善していくという営みのことです。教育活動の質の向上につながることが重要とされています。

❷ 表現する過程を可視化する

これまで，遊びや生活，行事への取り組みのなかで乳幼児期の表現が生まれる過程に学びがあることを見てきました。表現が生まれる場に立ち会うことのできる保育者は，その過程を捉えることが可能です。しかし，保護者や他の保育者とその過程をどのように共有するのかは重要な課題です。以下のエピソードから考えてみたいと思います。

Episode 8　表現する過程を「見える」ようにする工夫

3つのチームに分かれて行う5歳児生活発表会（Episode 6）の続きです。人形劇と影絵のチームに集まった子どもたちは，自分の身体を使って表現するよりも，舞台の裏側に隠れて表現することを好む子どもが多くいました。それ以上に，製作が好きな子どもが多く，人形や影絵の背景を描いたりつくったりすることを楽しみつつ，人形劇という舞台や光と影でつくりだされるイメージやお話の魅力に引き込まれながら取り組む様子がありました。毎回の上演においては，見えている舞台の裏側でライト・マイク・背景（を出す）・音楽など，さまざまな役割を分担しながら自分たちで進めようとする姿もあり，そこに年長児としての育ちを感じる保育者たちでした。

しかし，当日保護者が観ることができるのは，人形の動きや影絵で表現される世界です。もちろん，その美しさやおもしろさを十分味わってほしいと考えていましたが，保護者と育ちの共有もしたいと考えた保育者たちは，つくりあげていく過程のビデオを撮ることにしました。製作している様子，話し合っている様子，舞台の裏側での動きなど，外部からのボランティアの方に撮影をお願いしました。

そのような経緯で始まったビデオ撮影は，以下の3つの学びをもたらしたと言います。

　ひとつ目は，担任保育者たちの省察になりました。撮影日には，ビデオを観ながら保育を振り返る時間をもちました。すると，担任保育者自身が子どもと一緒につくりあげていく実践の最中では気づかなかったことに気づく機会となっていきました。たとえば，見落としてしまっていた表現やイメージのズレに気づいたり，発言内容に注目したりして，翌日の活動展開を再構成・再計画することもありました。また，観客の視点から，今，つくりあげようとしている表現内容を振り返ることで，表現内容の方向性を見直す保育者の姿もありました。

　2つ目は，子どもたちとの話し合いにも撮影したビデオを活用しました。すると，子どもたちは「見る」側の視点に立ちながら，「隠れているつもりが見えていた」ことや「いきなり話がおわっちゃった」こと（タイミングが合っていなかった），人形の動かし方などに気づいていきました。こうして「見る」「見られる」立場を行ったり来たり循環しながら，自分たちの表現を創り上げていこうとする姿がありました。

　そして，3つ目は当初の目的であった保護者との育ちの共有です。保育者は，「本当は，わが子の顔や姿を確認したい」という保護者の思いも確認し受け止めながらも，ビデオを通して，子どもの育ちを理解してもらえるように伝えていきました。当日，上演を見た多くの保護者は，わが子の姿は見えないけれども，見えない世界へと想像を膨らませることの楽しさを感じ，子どもの表現や育ちを共有することができたことに満足感を得たと言います。

　このように，次々と生まれ出て，一瞬で消えていく子どもの表現を共有するためには，情報機器や記録を活用し，そのプロセスを可視化していくことが必要となります。動画や写真，記録の方法等もさまざまに工夫し，共有したい内容によって可視化の方法を考えるとよいでしょう。可視化されたものを介して，子どもの生き生きとした表現の豊かさや，発想のユニークさをその場に立ち会うことのできた者としてさまざまな他者に伝えていきたいものです。

Book Guide

- 河崎道夫『あそびのひみつ――指導と理論の新展開』ひとなる書房, 1994年。
  さまざまな遊びの事例が取り上げられ, 遊びで子どもが体験していることが解説されています。遊び（表現）にどのように関わるか, 援助するかを考える参考になりそうです。
- 小林紀子（編著）『私と私たちの物語を生きる子ども』フレーベル館, 2008年。
  既成の物語を取り込んだ子どもたちは, 遊びのなかでどのように物語を再構成し, 遊びを広げているのか, 具体的な実践例が多く取り上げられています。劇ごっこや劇遊びの保育を構想する際に参照するとよいと思います。

Exercise

1. 自分が考える子どもらしい表現を出し合い, その表現を引き出し支えるためにできることを話し合ってみましょう。
2. 実習で体験した行事への取り組みを振り返り, 子どもが主体的に取り組むための援助について話し合ってみましょう。
3. 園庭が真っ白な雪に覆われている一日, どのような保育（表現活動）を構想しますか。絵に描いてみましょう。

第11章

造形表現の教材と指導法

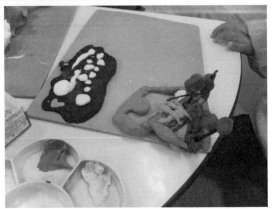

2枚の写真から,それぞれの遊びの展開と援助をさかのぼって考えてみましょう。
〈ヒント①〉上の写真に写っている2歳児クラスの2人は,それぞれ何をしていますか?
〈ヒント②〉下の写真の2つの作品(4歳,軽紙粘土)は,何をイメージしているのでしょうか?

上の写真，左の子どもは，せんたくばさみを手に2つ持って互いに挟めないか試しているうちに金具の部分なら簡単に挟むことができることに気づき，その後，長く長くつないでいくことに夢中になりました。最後には「へびだよ」と言ってとぐろを巻くように曲げています。保育者は，遊びの広がる空間と素材の量の確保をしました。右の子どもは，足りなくならないように，やってきてはせんたくばさみを落としていきます。

　下の写真です。前回の粘土で恐竜やおやつなどイメージが多様であったため，この日，保育者は，それぞれつくりたいものがつくれるように，多色の軽紙粘土を用意しました。保育者が持っていた黒い粘土が目に入ったM児は「夜なんだ」と言いながら粘土を伸ばし，黄色の粘土で星や月をはりつけていきました（作品左）。その後，茶色い粘土で土を置いて，細く丸めて構成した真っ赤な階段，水色で丸く長い滑り台，本物の小枝に緑の粘土を刺して木を植えて，週末に行った公園をイメージしました（作品右）。

　このように，子どもたちの造形表現の多くは，最初からつくりたいものやイメージを明確にもっているのではなく，遊んでいくなかで素材そのものや，その色，形をきっかけに試したりつくったりしながらイメージを広げて，工夫して遊びを展開させていきます。

（扉写真提供：（上）あかさかルンビニー園〈佐賀県西松浦郡〉
（下）九度山幼稚園〈和歌山県伊都郡〉）

第11章 造形表現の教材と指導法

1 造形表現とねらい

Work 1

乳児・幼児の造形にはどのような遊びがあるでしょうか？ その遊びのねらいはなんでしょう？ また，事前に用意しておくことは何でしょうか？ 話し合ってみよう！

❶ ねらいは育ちへの願いである

　乳幼児の造形では，保育者は目の前の子どもたちに，どのようなねらいで保育をするのでしょうか。3歳ならセロハンテープやはさみなどの用具を使えることでしょうか。4歳，5歳なら形が描けることでしょうか。造形では，目に見えやすい目標だけをあげて保育のねらいにすることには注意が必要です。保育者は，子どもの姿をもとに「自分の思いをのびのびと表してほしい」「クラスで飼育している○○への思いを深めたり興味を広げたりしてほしい」「遊びが長続きしないので，じっくり遊んでほしい。その子なりに工夫をしてほしい」など，子どもの興味や発達課題から生まれる保育者自身の願いを大切にします。保育者の願いをねらいとして遊びを考えましょう。

❷ ねらいは丁寧に考えて立てる

　ここでは，子どもたちの遊びを充実させるために，「ねらい」で気をつけることについて事例を用いて説明します。

Episode 1　ザリガニを描く

ある幼稚園で，クラスで飼っているザリガニを5歳児クラスの子どもたちが描くことになった。保育

者は，ザリガニを丁寧に描いてもらおうと「(この日はザリガニを隠して)ザリガニがいなくなっちゃった」と子どもとザリガニを探した後，「見つからないから，絵に描いて他のクラスのお友達にもそのザリガニを探してもらおう！」と子どもたちに投げかけた。そこで，子どもたちと一緒に図鑑を出してきて，ザリガニは足が何本あり，爪がどんな形で，目はどこになって，色は……，形は……，と確認をしながら，子どもたちは描いていく。でき上がったのは，どれも図鑑にあるような両手を広げたわかりやすいザリガニばかりで，子どものこだわりもザリガニの動きもなくおもしろくない絵ばかりであった。

　一方，隣のクラスでは，ザリガニの特徴とお世話していて楽しかったことを話し合ってからはじめたので，クラスの友達と一緒にザリガニに餌をあげている様子や振り上げた大きな爪は色を重ねるなどして丁寧に絵が描かれていた。その後，前者の保育者にねらいを尋ねると，「ザリガニを描くこと」と話した。よく話を聞くと，日頃，絵を描くのが苦手な子どももいるので，好きなものとして「大好きなザリガニを子どもなりに思いを込めて描いてほしかった」と話した。

　この事例から，保育者は子どもがザリガニを正確に描くことより，クラスで飼っているザリガニへの思いをもって自分なりに描こうする意欲や表現の工夫を願っていることがわかります。しかし，前者の保育者は，願いとは裏腹に，「ザリガニを描く」ことのみをねらいにしたので，手立ても図鑑を見せることになりました。その結果，子どもたちは図鑑のザリガニを描いたのです。造形の保育のねらいは，目の前の見えやすいことをねらいにするのではなく，その先にある育ってほしい力（資質・能力）を見据えることが大切です。ねらいを丁寧に考えて立ててこそ，子どもの力となります。

❸ ねらいと幼稚園教育要領等との関連

　本書の他の章でも学んできたように，保育現場で行われる保育の内容は「幼稚園教育要領」「保育所保育指針」「幼保連携型認定こども園教育・保育要領」で示されています。そこでは，「ねらい」とは育みたい資質・能力を子どもの生活する姿から捉えたものとしています。また，「内容」は，「ねらい」を達成するために行われる指導や援助する事項としてまとめられています。そして，0歳児の保育の内容については，「保育所保育指針」において，「健やかに伸び伸びと育つ」「身近な人と気持ちが通じ合う」「身近なものと関わり感性が育つ」という3つの視点として，また，1～2歳児及び3歳以上児の保育内容については「健康」「人間関係」「環境」「言葉」「表現」の5領域としてまとめられ，それぞれに「ねらい」と「内容」が示されています。

▶1　資質・能力

　幼稚園教育要領等において，生涯にわたる生きる力の基礎を培うために幼児期に育みたい資質・能力として「知識及び技能の基礎」「思考力，判断力，表現力等の基礎」「学びに向かう力，人間性等」の3つを掲げています。詳細は本書第6章を参照してください。

第 11 章　造形表現の教材と指導法

本章で扱う「造形表現」は，3つの視点のうち「身近なものと関わり感性が育つ」や5領域の「表現」と関連しており，たとえば，3歳以上児については「ねらい」として「①いろいろなものの美しさなどに対する豊かな感性をもつ。②感じたことや考えたことを自分なりに表現して楽しむ。③生活の中でイメージを豊かにし，様々な表現を楽しむ」と示されています。感性豊かに自分なりに，さまざまに表現を楽しんでいくことが幼児期に求められるねらいであり，これらが子どもたちの今後の人生における表現の基礎となるのです。そのためにも，この時期に「見たものが描ける」「上手につくる」などの年齢にふさわしくないねらいを立ててしまわないように，これらのねらいを押さえておくことが重要です。

また，先にも述べたように，幼児期に育みたい「資質・能力」を見据えたねらいとすることが必要で，そのためにも，「幼児期の終わりまでに育ってほしい姿」を意識しながら子どもたちの育ちを丁寧に見ていくことが求められます。

❹ 総合的な遊びを通して表現を育む

造形の遊びでは，デカルコマニーやスクラッチなどの技法遊びや，はさみの使用方法を知る場合などは，最初に保育者による指導が不可欠ですが，経験したことをもとにする，環境を整えたりするなどの援助で，子ども自らが遊び方を見つけていく場合もしばしばです。

乳児の事例から説明します。ある日，0歳児のA児が棚と壁の隙間を見つけて物を落とす姿を保育者が見つけます。そこから，保育者が段ボールに穴をあけてつくった仕掛けを使って遊んでいきます。

▶2　幼児期の終わりまでに育ってほしい姿
　就学を見据えて保幼こ小で共有したい幼児期の終わりまでに育ってほしい10の姿が，幼稚園教育要領等で示されています。「健康な心と体」「自立心」「協同性」「道徳性・規範意識の芽生え」「社会生活との関わり」「思考力の芽生え」「自然との関わり・生命尊重」「数量や図形，標識や文字などへの関心・感覚」「言葉による伝え合い」「豊かな感性と表現」の10の姿。詳しくは本書第6章を参照ください。

▶3　デカルコマニー
　合わせ絵。絵の具を紙に乗せて半分に折り，押し付けて開くなどして偶然の形を生み出す技法。絵の具を転写させる方法のこと。

▶4　スクラッチ
　ひっかき絵。パスなどで下塗りした下地に違う色を塗り重ねて，先のとがったもので上の色を引っかいて描く技法。

Episode 2　穴落としの遊びにみる乳児の育ち

持ちやすい形や大きさの素材を保育者が用意しておくことで，春にはつかまり立ちをしながら掌全体で素材をつかむ動きを見せていたB児。素材が床に落ちた時の音が楽しいと感じたB児は，自分から次々と繰り返し穴に素材を落としていく。繰り返して心地よく遊んでいるうちに，それを喜んでくれる保育者に気づき，安心して笑顔で喜びを伝える。そして，歩けるようになると穴を探し角度を変えて素材を落としたり，ぴったりはまる穴につめたりするようになってきた。そして，冬には少し小さめの素材をカバンに集めてきて，指を使ってつまんでは，ぴったりの空き箱に詰めたり，しかけの小さな穴に落としたりして遊ぶようになった。傍らで，B児より月齢の低いC児は，その足元に転がるたくさんの素材を拾っては保育者に見せにきて「どうぞ」と手を伸ばしている。

ここでは，身近な物との関わりを通して，素材に触れ，素材が落ちる音や穴に興味や好奇心を示し，手や指を使って繰り返し遊ぶ，身近な環境に自分から関わろうとする子どもの姿があります。穴落としへの興味から，つかまって立つから歩くなどの身体的な育ちや，保育者とのやり取りを通して身近な人と気持ちを通わせる社会的な育ち，そして，自分なりに遊びを見つけ，繰り返し試そうとする意欲や自立性につながる心の育ちがあります。

次は生活のなかで，子どもたちのもつ経験やイメージから遊びが始まる例を紹介します。

Episode 3　恐竜づくりから博物館ごっこへの広がり

　ある幼稚園の5歳児クラスは，遠足で近くの博物館に行った。そこには，ビルの3〜4階ほどの高さの等身大の恐竜の模型があり，しかもその恐竜は動くので幼児にとっては迫力いっぱいである。そして，園に帰った幼児たちは口々にびっくりしたことやおもしろかったことを話し合った。翌日，男児たちは，保育者に恐竜をつくりたいからダンボールがほしいと伝えにきた。そして，最初は小さい恐竜をつくったがそれでは満足できず，ダンボールを積んではガムテープでとめて……と大きな恐竜をつくりだした男児たちがいた。そして，それを見て，他の男児たちも恐竜をつくりだした。片方は肉食系恐竜になり，片方は首長恐竜で口にエサを入れられる。そうしているうちに説明係りの役をしたい女児が，カラービニールでスカートをつくり，針金を曲げて口元までくるハンズフリーのマイクもつくりだした。受付には切符切りの役の子どもがでてきて入場券を集めている。

　この遊びは数日続いた。そのうちに，「お客さんを呼びたい」という子どもが出てきた。そこで，3歳児クラスの幼児を招待すると，年少児に自分たちがつくったものや遊び方をやさしく説明する姿が見られた。その後，地域の人にも来てもらって，博物館ごっこを楽しんだ。

この事例では当初，保育者は遠足での経験から「気の合う友達と意見を出し合ってつくることを楽しむ」を「ねらい」としていましたが，その後，遊びが続くなかで恐竜づくりから博物館ごっごへと発展していきました。そこで，「異年齢の友達や地域の人と博物館ごっこでつくったものを通して関わる心地よさを感じる」ことにねらいも移っていったと考えられます。このように，この事例も，領域「表現」だけでなく，意見や思いを出し合う「言葉」や，友達や地域の人と関わる「人間関係」，恐竜やその生態について図鑑で調べたりする「環境」などが，つながり合っています。保育とは，ある領域が単独であるものではなく，総合的に展開されているものです。特に造形でねらいを立てる時は，領域「表現」の活動という視点の

みではなく，総合的で広い視点からねらいを考えることが大切です。

❺ 指導計画の確認

　では，実際に保育（模擬保育）を行ってみる場合，たくさんある造形の遊びからどのように遊びを考えたらよいでしょうか。目の前の子どもを観察して考えたり，クラスの様子や流行の遊びなどについて情報収集しておきます。そして，子どもたち一人一人が好きなこと，苦手とする発達課題を考えます。

　それ以外にも保育を行う前に，指導計画等の確認をします。そこには，対象とする子どもの年齢別に季節や月ごとの子どもの姿とその時期のねらい，遊びなどが記されています。そこで，保育を行う場合は，その園のその時期の子どもの姿を知り，保育者が保育を行っているねらいを確かめておくことが必要です。[5] 指導計画等を理解しておくことは，子どもたちの楽しさと学びを継続させて高めていくことにつながるので大切です。

▶5　丁子かおる「造形活動における幼小接続へ向けての現状調査――材料用具の経験カリキュラムについて（フロントライン教育研究）」『初等教育資料』887, 2012年, pp. 112-115。保育現場で基本的な用具等をそれぞれ何歳から使うのかについてアンケート調査し，その平均をまとめています。保育案を立てる際に参考にしてください。

2　教材研究

　造形の保育を行う際，事前の教材研究は欠かせません。そこで，教材研究をする際に気をつけたいことや必要な視点を説明します。

❶ 保育を行うまでの時間や日数を確認する

　造形の遊びは素材・用具を使用するため，準備は事前から行うことが必要です。用意するのが遅くて素材の準備が間に合わずにやりたい保育ができなかった，直前になって数が足りなかったため子ども同士でトラブルになった，などがないようにしたいものです。

　そのためにも，教材研究の計画を立てることが大切です。教材研究を行い，保育案を書くことは，慣れないととても時間がかかるので，最初に計画を立てましょう。

〈例〉
・大まかな保育を決める（1週間）

・教材研究をして保育案を構想し、素材の発注等を行う（2週間）
・保育案を完成し見直し、教材などの準備をする（1週間）

❷ 子どもの姿から保育のねらいを考える

保育のねらいや遊びを考えるにあたって、まずは、①子どもの姿から興味があることや発達課題を捉えます。そして、②子どもたちの興味や課題をもとに、大まかに遊びをイメージしましょう。その時、子どもの年齢や月齢、季節、素材、用具、場所などと合わせて遊びの種類を考えるとよいでしょう。また、③指導計画等（期・月・週のねらい、子どもの姿など）と遊びのねらいなどにずれがないかを確認しましょう。このように、子どもの姿からねらいを考え、大まかに遊びを決めていきましょう。

〈例〉
① 「言葉で伝えるように援助はしているけど、3歳の6月はまだまだ、自分の思いを出せなくてお友達とトラブルになりやすいなぁ」
② 「広い場所にのびのびとタンポ筆でかいたりぬったりする遊びだと安心して個々が思いを出せて、後には、友達とぬる楽しさにも気づいてもらえるかな？」
③ 「3歳のこの時期として、期のねらいは『自分の好きな遊びを見つけて、喜んで遊ぶ』だし、いいかな」

❸ 遊びやその流れ・材料用具・環境構成を決める

ここから、具体的に遊びを考えていきます。
まずは、教材集、雑誌、インターネットなどから遊びについての資料や情報を集めたり、経験したことのある遊びなら思い出したりしましょう。そして、素材、用具の種類や色、数や量など準備物を決めていきます。素材、用具には、それぞれ種類と特徴があるのでよく調べて、用途や目的に応じて選びます。表11-1に、描く、つくる、造形遊びの区分で代表的な素材や用具の種類と特徴をまとめているので参考にしてください。
数や量については子どもがじっくり遊べるために多めに用意します。造形遊びなら、必要に応じて追加できるように準備しておきま

➡6 明確に区分できないような描いたりつくったりする遊びもあるので、表11-1全体を参照してください。

第11章 造形表現の教材と指導法

表11-1 保育で使用頻度の高い素材や用具の種類と特徴

	よく使う素材の種類と特徴		よく使う用具の種類と特徴
描く遊び	◇絵の具 　ポスターカラー，粉絵の具，指絵具用絵の具などの種類がある。 　ポスターカラーは色数も多く，発色と定着がよく，扱いやすい。粉絵の具は水に溶けやすく淡い色合いで安価である。指絵具は混色を目的につくられているため混ざりがよい。でんぷんのりや小麦粉のりと絵の具で代用できる（その他，アクリル絵の具や，薄墨もある）。 ◇支持体 ・紙類 　紙なら白画用紙，色画用紙，ロール画用紙，模造紙，クラフト紙，障子紙などの和紙。その他，新聞紙，アート紙（カレンダーの裏紙など）もある。 ・雑材 　ビニール袋，空箱，ダンボール，飲料の紙パック，ペットボトル容器など。 　紙には色や大きさ，種類がある。雑材に描くのも楽しい。	描く遊び	◇筆，パス，クレヨン，水性カラーペン，油性ペン，顔料系など耐水性のペン，墨をつけるはしペンなど。 ・筆は，丸筆で，中，太サイズが中心で，スポンジ筆，タンポ筆＊なども使う。パスは，やわらかいので筆圧の弱い線も捉えられ，線描きと面塗が可能であり，発色もよいので年齢を選ばない。クレヨンは，スクラッチなど色を重ねる場合や，線描に向く。蜜蝋クレヨンなど，自然由来の成分のものもある。 ＊スポンジ筆は柄の先にスポンジをつけて輪ゴムでとめる。タンポ筆は，柄の先を綿を入れたガーゼなどで覆って輪ゴムでとめる。筆先が安定しない低年齢の子どもに使用することも多い。 ・水性カラーペンは，発色はよく，手が汚れにくく，先がフエルトでやわらかい。ペンの軸が太く持ちやすい色数の少ない低年齢用のものから，次第に太さも色数も変わり，年長児だと名前ペンくらいだと細かく描ける。12色は必要。食料染料インク使用のものもある。
つくる遊び	◇紙・箱類など 　先にあげた紙類，雑材のほかは，折り紙，ボール紙，トイレットペーパーの芯，ラップの芯などの紙管，カップ類など。紙は折り方で平面から立体になるので便利。箱や紙管は積んだり組み合わせたりして立体に表しやすい。ドングリや落ち葉，お花紙，ビーズやスパンコール，ボタン，毛糸やリボンなどがあると華やぐ。 ◇粘土 　油粘土，土粘土，紙粘土（軽紙粘土）が適している。どれも感触から，可塑性もあり形になりやすく楽しめる。軽紙粘土は，色を混ぜ込んでから使う。土粘土は，園で密封容器に入れ，管理して使う。	つくる遊び	◇はさみ，ダンボールカッターなど ◇接着材料 　でんぷんのり，木工用ボンド，セロハンテープ，ビニールテープ，ガムテープ，両面テープなど。接着は紙や布など吸収面はのりや木工用ボンドで。プラスチック類などの非吸収面は，テープなどが適している。でんぷんのりと木工用ボンドを使う際は，量の確認ができるよう，少量を指にとって薄く伸ばして使う。この時，濡れ手拭きを用意しておく園が多い。または，のりをつける指と紙を押さえる指を決めておく。科学接着剤やホットボンドは用途を選ばずに使えるが，安全性から保育者と一緒に使う。
造形遊び	◇雑材 　画用紙，新聞紙，シュレッダーなどの紙くず，不織布などの布，お花紙，空き箱，飲料の紙パック，ダンボール，ペットボトルとそのキャップ，乳飲料の容器，洗濯ばさみ，紙管，木片，おはし棒など。身近にあり手に入りやすいので，失敗を気にせず試行錯誤して遊べる。0〜1歳児クラスの子どもであれば，誤飲を避けるため直径3cm以上の口に入らない大きさのものを用意する。 ◇支持体 　広い画面にロール画用紙や模造紙，ビニールへダイナミックにコロッコ（ローラー）や筆，パスで線や絵を描いて楽しむ。画材や立体と組み合わせて使うこともある。 ◇粘土 　上記の土粘土や油粘土に加え，園でつくって感触から遊べる小麦粉粘土（アレルギーに注意），片栗粉粘土，トイレットペーパー粘土等がある。つくって遊ぶところから楽しみやすいのは小麦粉，トイレットペーパー粘土で，個々から共同まで体を使って遊べるのは土粘土である。土粘土は，共同の場合は一人あたり4〜10kgを用意したい。 ◇その他 　色水遊びや寒天遊びなどで，食紅や食材，すりつぶしてつかうオシロイバナなどの植物を使用することもある。		

出所：筆者作成。

しょう。また，教材研究をするために，まずはすべての材料用具を1〜3人分程度（造形遊びの場合は複数人分）用意します。準備物が決まったら，片付けの仕方や保存方法についても考えておきましょう。たとえば，土粘土や指絵の具なら，手や足を洗うたらいとタオルの用意が必要です。子どもがつくっている途中の作品や完成した作品を保管したり飾ったりするなら，保管するための容器や飾る場所なども考えておきましょう。

❹ 環境構成を考える

環境構成は，年齢やねらいに応じて考えます。

乳児（0〜1歳）クラスの場合は，体全体で関われるように床で活動することが多いです。活動内容にもよりますが，床や棚，壁などに，扉や筒をつけるなどの手づくりのしかけを設置するのもよいでしょう。ただし，しかけは丈夫につくり，しっかり固定するなど安全面に気をつけましょう。また，子どもの目線の高さや，配置などに配慮して設置します。

幼児になると，活動によっては体を使って広々と表せる空間を確保し，保育室のみならず園庭などの野外や遊戯室も活用するなど，環境構成も多様に考えていくことで活動に広がりが生まれます。

絵を描く時は，場合によって画板を床に置いて床に座って描く，椅子に座って机で描く，設置されたイーゼルや壁に立って描くなどを考えます。子どもは机で描く時は小さく表現しがちですので，腕や体全体を使ってのびのびと表現してほしい時は椅子には座らず，床に座る，衝立などを使って立って描くなどします。また，ごちそうづくりなどをする際は実際の生活をまねられるように，机や長椅子などを用意します。

全員またはグループで絵を描く時には，保育者は机や床にある画板の真ん中に絵の具を用意すれば，溶き絵具のカップが少なくてすむので準備しやすいです。環境構成を考える時のポイントのひとつとして，素材を置く場所と配布のタイミングがあります。スペースがあれば普段から箱やケースごとに分けられた雑材をいつでも保育室に準備しておくことで，子どもたちが好きな時に自由に制作できます。設定保育では，素材は自由に選べるように机などに並べて置いておくこともあります。グループごとに制作する際は，グループ

ごとに事前に分けた素材をタイミングをみて配ると場所が狭くならず，子どもにもわかりやすいでしょう。

　もうひとつ大事なことは，動線と環境の再構成です。大まかに保育の流れをイメージしたら，環境構成を確認し，子どもの動線や活動に合わせた広さを確保するとともに，子どもの様子に合わせて環境を再構成します。

❺ 子どもを想定して実際の素材を用いてやってみる

　教材研究のために，材料用具を1〜3人分用意し，遊びの手順や過程を確認します。教材研究については，自分が楽しむことも必要ですが，実際に子どもたちを想像しながら素材に向き合い，触ったりつくったり描いたりして可能性を探求することが重要です。その時に，子どもにとって難しそうな部分や困りそうなところはないかを考えながらやってみましょう。改善方法は，テーマ，説明，素材，用具，やり方の変更などがあります。いろいろと試してみましょう。

　また，遊びの過程で，対象となる子どもたち一人一人が自分なりに考え工夫できること，イメージを広げられるところ，楽しめることを再度検討し，必要な手立てを考えます。

　そして，必要なもの，色，数，量や種類について改めて考えます。色，量や種類が少ないと物足りなく，多すぎても粗雑な扱いになるので注意しましょう。

3　造形活動の実践

❶ 保育案の具体例

　保育案に書く項目は，他領域と同じですが，造形表現の場合は，環境構成に材料を出すタイミングや材料を配置する位置などの配慮が必要です。また，備考欄や準備物欄に素材・用具の色や数を書きます。保育案の例は章末（pp. 198-201）に示し，以下では，造形表

現における保育案作成の注意点を説明します。

① ねらいと経験する内容は分ける

　ねらいと経験する内容が同じにならないように注意します。たとえば，節分で鬼のお面をつくる保育を仮定します。ねらいが，「鬼のお面をつくって遊ぶ」「つくった鬼の面をつけて豆まきをする」など活動内容になった間違った例があります。経験する内容は，時系列にそって書き，ねらいは，子どもたちに育ってほしい資質・能力ですから，ここでは，「節分を通して季節の行事に親しみ，自分なりの鬼のお面を工夫してつくることを楽しむ」にしました（表11-2）。

　「僕の鬼は優しい鬼だから目と口は笑っている」「私はみんなを助けられる強い鬼にするから角をいっぱいつける」など，子どもがつくることを楽しみ，自分のイメージに合うようにつくろうとする意欲や態度，はさみの使用などできることを活かして工夫しようとする思考力・判断力・表現力などからねらいを立てました。

　表11-3（p. 198）に示す5歳児の保育案でも，「ハサミを使って自分なりの路づくりを工夫し，様々な友達の迷路の工夫に気づきながら，友達と一緒につくることを楽しむ」として，「自分なりの路づくりを工夫」することや，「友達と一緒に」という願いを込めてねらいを立てています。

　なお，乳幼児期の造形は，描く・つくるのほか，並べたり積んだり行為を楽しんだり，感触を味わったり，素材を確かめたりする，できあがりのイメージを最初からもたない造形遊びが特徴です。造形遊びは，乳幼児では創造性の基盤となるので大切にしたいです。

② 材料用具を用意する

　保育者が準備するもの，子どもが準備するものを考え，2週間前には用意しましょう。表11-3の5歳児の保育案は，画用紙やペンなど日頃から揃えやすい材料で考えていますが，ボンドを入れるゼリーカップは事前に集めておきました。数は，少し多めに用意します。

③ 活動の流れと時間配分を考える

　子どもの活動は時間がかかるので，楽しんでほしい活動に時間配

第11章 造形表現の教材と指導法

表11-2 ねらいと内容の例

ねらい 　節分を通して季節の行事に親しみ，自分なりの鬼のお面を工夫してつくることを楽しむ
経験する内容 ・季節の行事である節分を知り，自分なりの鬼のイメージを考える。 ・鬼のイメージに合わせて目と口の形を切り取って土台をつくる。 ・空き箱に色画用紙や毛糸等の素材を選んでボンドで貼っていく。 ・完成した鬼のお面を被ってみて，どんな鬼をつくったのか紹介し合う。

➡出所：筆者作成。

分を多くします。子どもによって早くできる子どもと時間のかかる子どもがいるので，その際の対応も考えておきます。

④ 活動の展開は，具体的に書いていく

　活動は，「絵をかく」「遊べるおもちゃをつくる」など大雑把にせず，制作過程を段階に分けて書きます。表11-3の5歳児の保育案でも「イメージしたことを保育者や友達に話」をして「友達と考え」る段階，「紙の切り方，接着方法」を理解・確認する段階，ひとりでつくる段階，友達と路をつないでつくっていく段階，意見を出し合ってつくる段階，発表する段階と，制作だけで大きくは5段階あります。制作過程の想定を丁寧にします。

⑤ 援助や配慮について書いていく

　援助や配慮には，保育者が子どもたちに個別に対応することや配慮をすることも書きます。たとえば，「子どもが考えたり試したりしている時は，見守るようにする」や，表11-3の5歳児の保育案でも「手が止まっている子どもには気持ちを尋ねて共感しながら一緒に考える」といったように，子どもの様子に合わせて活動がしやすくなるように援助し配慮することなどを書きます。

⑥ 環境構成

　環境構成については，保育者がクラスの全員に働きかけることや，物の配置や配布について，基本的には文章でわかるように記述します。表11-3の5歳児の保育案では「これまでの活動を振り返りどんな路をつくりたいかを聞き，相談するように投げかける」など。物の配置は，「グループごとに色画用紙，木工用ボンド，お手拭きを用意しておく」で，乳児の例だと「壁に○○のしかけを設置して

おく」など。必要な場合は，備考欄などに手づくりの素材や用具，保育室における配置については絵を添えるなどして，絵のみにならないようにします。

先にも述べたように章末に，時系列の保育案として5歳児クラスの保育案（表11-3；p. 198）と1歳児クラスの保育案（表11-4；p. 199），3～5歳児の環境図で書く保育案（表11-5；pp. 200-201）を紹介しています。

表11-3，表11-4のように時系列で書く保育案では，保育の流れを細かくイメージできます。実習時や模擬保育の際によく使用される形式です。表11-4の1歳児クラスの保育案では，幼児クラスよりも，言葉での説明が少ないだけに環境構成の考慮を多くし，保育者は子どもが安心して遊べるように安全面への配慮と，個々の子どもとの自然な関わりややり取りをしています。

表11-5の環境図で書く保育案は，環境設定が一目でわかり，（公立幼稚園など）自由遊びの保育などで複数の遊びを同時並行で考える際に役立ちます。日々の連続する遊びを環境から考えるのに便利です。

❷ 保育者の役割

最後に，造形表現における保育者の役割について説明します。保育者は，子どもが思いを色や形で表せるようにさまざまな場面で手立てを考えて援助します。造形表現では，素材や用具，物的・空間的環境を事前に整えることがより重要です。子どもの活動に応じて必要な指導と援助を行い，子どもが遊びの主役になれるように応答的に関わります。そして，怪我をしないような安全の確保と，そこから子どもが自分なりに素材や用具を使って自由に試したり考えたり挑戦していけるように援助をします。子どもが夢中になった姿は小さくてもとても凛々しいものです。この時，保育者は不必要な言葉がけは控えて，子どもを見守り，子どもがしている挑戦や工夫をしっかりと見とります。ただし，子どもが「イメージが浮かばない」「描けない」「つくれない」など思いを表せない時は，子どもの言葉に耳を傾けてほしいと思います。保育者がいる安心感も子どもの表現につながっています。

また，年齢や発達，子どもの興味など，目の前の子どもたちにふさわしい遊びや環境を用意することも大切です。作品などの形とし

ての成果ではなく，内面に育つ表現する楽しさを生涯覚えていてほしいのです。子どもの心が動いた瞬間を見逃さず，子どもの印象が強いうちに色や形に表現できる機会を保障し，あせらずにゆったりと保育に臨みます。語彙の少ない子どもは，表現することで言葉の代わりに色や形，物を通して気持ちや思いを伝えたり，表したりします。思いを出せないと人はとても苦しいものです。その場限りで作品をつくるよりも，子どもたち一人一人が思いを表せているか，問い続ける姿勢を大切にしましょう。

　願いをもとに教材研究をし，具体的な手立てや素材などの準備をして保育をすることはもちろん，子どもたちは創造的な存在ですから，保育者は臨機応変に関わり，一緒に楽しむゆとりをもちましょう。

Book Guide

- 花篤實・岡田憼吾（編著）『新造形表現──理論・実践編』三晃書房，2009年。
  幼児期の造形表現の理論から実践における考え方，材料用具の特徴などを網羅しており，事例も多くわかりやすい一冊です。少し深く知りたくなったらおすすめです。
- 保育の造形研究会『DVDでわかる！　乳幼児の造形』サクラクレパス出版，2016年。
  乳幼児の造形について事例をもとに解説しています。特に，DVDで事例が紹介されており，幼児のみならず0・1歳の動画による場面もあるので，イメージもつかみやすいです。

Exercise

1. 実際に子どもが描いたりつくったり，素材に関わったりして造形表現で遊んでいる姿を見つけて，子どもが何をしたいのか，楽しんでいるかなど，子どもの思いを考えてみましょう。
2. その時の保育者の援助や環境構成について，言葉がけや振る舞い，また使用する物の種類，大きさ，数や配置など，それぞれの関係を考えながら，できるだけ具体的に書き出してみましょう。
3. 同じ遊びの場面でのそれぞれの子どもの様子の違いと保育者の援助の意図，その遊び全体の保育のねらいについて，数人のグループで意見を出し合って考えてみましょう。

表11-3　5歳児の保育案：みんなでつくって転がして……！

○○年7月15日　さくら組　28名　　　　　　　　　　　　　　　　　　　　保育者　松下貴代子・大島典子

題材	みんなでつくって転がして……！
子どもの姿	元気な子どもが多く，気の合う友達となら体を動かして一緒に遊ぶ姿がある。つくることが好きで，先日も七夕の飾りや箱と紙を使った迷路づくりなどを楽しんでいた。ただし，自分がつくるのは好きだが，友達のつくるものにはあまり興味を持たないので遊びが広がりにくく，考えて工夫していく姿も少ない。そこで，身近な紙を使って，友達とイメージを共有し，考えを伝え合いながら遊びを進められるようになってほしいと考え，昨日，大きな板につくりたい路のイメージをグループごとに話し合った。
ねらい	ハサミを使って自分なりの路づくりを工夫し，様々な友達の迷路の工夫に気づきながら，友達と一緒につくることを楽しむ。

経験する内容	・グループでつくりたい路について話し合う。 ・紙の切り方や折り方，接着などの方法を確認する。 ・グループごとに話しながら巨大な路をつくる。 ・言葉で発表したりつくった路で遊んだりする。	準備等	・画用紙　・板段ボール　・養生テープ　・木工用ボンド　・ゼリーカップ　・お手拭き　・アルミホイル　・水性フェルトペン　・机　・トレー

環境構成（●物的 ○人的）	予想される子どもの活動	保育者の援助
●グループごとに，斜めにした机の上に板段ボールを置き，養生テープで固定しておく。 ●グループごとに色画用紙，木工用ボンド，お手拭きを用意しておく。 ○これまでの活動を振り返りどんな路をつくりたいかを聞き，相談するように投げかける。 ○紙の切り方や接着について説明する。 ・どのような切り方，貼り方等があるか尋ねる。 ・のりしろについて説明する。	○お道具箱のフタにハサミ，のり台紙を用意する。 ○保育者の話を聞く。 ○自分の考えやイメージしたことを保育者や友達に話をする。 ○自分たちがつくりたい路を友達と考える。 ○紙の切り方，接着方法について理解する。 ・真っ直ぐ・くねくね ・くるくる・トゲトゲの路を切る。 ・階段折り等をする。 ○つくりたい路を考えながらつくっていく。 ・好きな色の画用紙を選ぶ。 ・画用紙を切って，順序立てて折る。 ・切った画用紙を接着する。 ・アルミホイルのボールを転がし試しながらつくる。	○前時の活動を振り返り，本時の活動に期待が持てるように話をする。 ○グループの様子をみながら話を聞いたり尋ねたりして話し合いがしやすいようにする。 ○子どもが考えつくり始めていくまで様子を見守る。 ○手が止まっている子どもには気持ちを尋ねて共感しながら一緒に考える。 ○折り方やつなぎ方が分からない子どもには友達のやり方を見るよう促す等きっかけをつくる。
●水性フェルトペンと小さい画用紙は活動を見て，子どもたちの分かりやすい場所に置く。	○友達と一緒に工夫して楽しい路をつくる。 ・長い路をつくる。 ・トンネルをつくる。 ・迷路をつくる。 ・紙に水性フェルトペンで描いたものを張る。	○子どもの気づきを見逃さないようにし，思いに共有する。
●片付ける環境を整える。 ○グループごとに工夫したことや面白いところを言葉で発表するように伝える。	○友達と意見を出し合い，つくり方を工夫する。 ○片付ける。 ○グループごとに集まり工夫したところや面白いところを発表する。 ○友達の考えに耳を傾け面白さに気づく。	○遊びの満足感を受け止め，片付けを誘導する。 ○それぞれの子どもの思いを表現できるように援助する。

表11-4 1歳児の保育案：とおしたり，ひっぱったり……

○○年10月4日（水）

1歳児	だいだい（にんじんチーム）		18名	立案者	たちばな保育園　門田也実
題材	とおしたり，ひっぱったり……		担任		小松，上田，小川
子どもの姿	・シールを貼ったり剥がしたり，クリップや木片で指先を使う遊びが増えてきた。 ・一人ひとり遊び方が違い，遊び方を見つけて真似したり一緒に遊んだりする姿が見られる。				
ねらい	・保育者に見守られながら，安心して遊べるようにする。 ・指先を使い，紙管やヒモを通したり引っ張ったりしようとする。 ・友だちと一緒に好きな遊びを見つけ遊ぶ楽しさを味わう。				
経験する内容		・様々な素材に関わって遊ぶ。 ・指先を使って素材（ヒモやホース）を持ち，穴に通す。 ・しかけのあるダンボールに入れたり出したり引っかけたりする。 ・ヒモ，リボンなどを触ったりして，感触を楽しんだりする。	準備物	・紙管　・穴のあいたスポンジ ・ホース　・カーラー　・花はじきヒモ ・チュール　・リボン　・靴ヒモ ・ダンボールのしかけ　・厚紙（穴通し用） ・棚　・箱（紙管などを入れる）	

環境構成	予想される子どもの活動	保育者の援助・留意点
※にんじんチームの部屋で行う。 ・紙管の様々な大きさや種類を用意し箱の中に入れておく（トイレットペーパーの芯，ラップの芯，テープの芯など）。 ・様々な紙管を棚に並べる。	○紙管やスポンジなどの素材を見つける。 ・紙管を触る。 ・箱に集める。 ・転がす。 ・積む。 ・口にあてる。 ・紙管の穴をのぞく。 ・紙管を腕にはめる。 ・保育者や友だちとのやりとりの中で受け渡しをする。	・安心して遊ぶことができるように，側について安心できる環境を作る。 ・子どもたちが遊び始めるのを側で見守り，一人ひとりに合った関わりや言葉かけをする。 ・紙管などが散乱している時には，踏んで転倒しないように集めたり片付けたりする。 ・口に当たったり覗いたり様々な活動が予想されるので，誤飲をしない安全な大きさ，安全に気をつけて素材を用意する。 ・「どうぞ」「ありがとう」のやりとりを保育者と行うことで，安心して遊ぶことができるようにする。
・長いもの，短いもの様々な種類の長さを用意する。 ・ヒモやチュールを必要な子どもに渡したり，子どもが見つけたりして遊べるようにする。	○ヒモ，チュールを見つけて遊ぶ。 ・ヒモ，チュールを触る。 ・伸ばす。 ・引っ張る。 ・顔を隠す。 ・丸める。 ・チュールを畳もうとする。 ・頭や手にのせる。 ・紙管を包もうとする。 ・箱の中に入れて隠したり集めたりする。 ・素材にヒモやチュールを通す。 ・通したものを見せる。	・ヒモなどは体や首に巻きつかないように，踏んで転倒しないように気をつける。 ・必要な材料の量を調整し，遊びに集中できるようにする。 ・子どもの遊びの中での表情や動きから一人ひとりの表現を受け止め，まなざしや表情，共感を伝える。 ・遊びを見つけづらい子どもに対しては，一緒に遊びを見つけたり関わったりして遊びを共有する。
・様子を見ながらダンボール片を出す（細い紙管を付けて，大きい紙管や花はじきヒモを通せるようにする）。	○しかけのあるダンボールを見つけて遊ぶ。 ・しかけのあるダンボールに紙管，花はじきヒモを通したり出したりする。	・子どもの様子を見ながらダンボールを出す。 ・子どもの発見に共感し，一緒に楽しむ。
・厚紙（穴が開いたもの）を様子を見て出す（穴あけパンチの大きさ，ビニールテープ芯の穴の大きさなど）。	○厚紙にヒモを通す。 ・穴にヒモを通す。 ・通したヒモを引っ張る。	・子どもの様子を見ながら，厚紙を出す。 ・無理にやめさせようとせず，様子を見て片付けに誘う。 ・ヒモ通しをしている子がいれば部屋に飾るなど工夫をする。

第Ⅱ部 保育内容の指導法

表11-5 3～5歳児の環境図をつかった保育案：キラキラタイム

(和歌山県) 新宮市立丹鶴幼稚園

保育案	○○年11月10日（木）
ねらい	○異年齢の友だちにあこがれをもったりしながら、秋の素材を使って遊ぶを楽しむ。 （3歳児）○秋の自然に触れながら、異年齢児と一緒にしたり一緒に遊んだりすることを楽しむ。 （4歳児）○身近な自然物に興味をもってかかわり、クラスの友だちや異年齢の友だちとイメージを膨らませて遊ぶ楽しさを感じる。 （5歳児）○年下の友だちと自然物を取り入れて遊ぶ中で、自分たちが主となり、遊びを進めていく楽しさを感じる。
内容	（3歳児）・お兄さんお姉さんの姿に興味を持ち、真似たり自分なりのイメージを持ったりする。 （4歳児）・友だちや年長児の言葉や動きに刺激を受けて、イメージを膨らませて遊ぶ。 （5歳児）・年下の友だちとかかわる中で、自然物を使った遊びを教えたり一緒に遊んだりする。

◎…保育者の願い　＊…保育者の援助　◇…環境構成

時間	子どもの活動
8:30	○登園 ○身の回りの始末をする。 ○好きな遊びをする。 ・リース作り ・こすり絵 ・オーナメント作り ・お絵かき ・ゲーム作り ・ケーキ屋さんごっこ ・レストランごっこ ・かくごっこ ・おにごっこ ・泥団子作り ・砂場

【つくってあそぼう！】
・リース作り　・オーナメント作り
・うつし絵　・こすり絵　・お絵かき
◎身近な自然物にふれ、自分なりにイメージしたものを作る楽しさを味わってほしい。
＊イメージしたものを表現できるように、保育者も手伝いながらできあがった嬉しさを感じられるようにしていく。
（3歳児）
◎身近な自然を使って作る楽しさを感じたり、イメージしたものを自分なりに作っていく面白さを感じたりしてほしい。また、絵を描く中で、いろいろなことに気付いたり様々な表現方法の楽しさを感じたりしてほしい。
＊子どもの思いに耳を傾け、必要な素材を子どもと一緒に考えたり探したりしながら、自分の思いや工夫を実現していく楽しさを感じられるようにし、できた喜びに共感したり認めたりしていく。子どもの気付きや発見を受け止め、不思議さや面白さを共に感じていく。
（4歳児）
◎自分で考えたり工夫したりしながら季節の製作や絵を描くことを楽しんでほしい。
＊サツマイモの蔓や紅葉などの身近にある季節の素材を用意し、リースやこすり絵ができる環境を整える。また、子どもがイメージしたものを制作や絵画に取り入れられるように、保育者も一緒に素材を探したり材料を考えたりしていく。
（5歳児）

【リース作り】
・芋のツル　・自然物
・綿　・グルーガン
・ボンド　・ブルーシート

【オーナメント作り 制作】
・自然物（ドングリ、枝、マツボックリ等）
・段ボール　・ボンド　・手ふきタオル
・段ボールカッター　・グルーガン
・ブルーシート　・コンテナ

【こすり絵うつし絵】
・画用紙　・絵の具
・ローラー　・新聞紙
・コピー用紙　・色鉛筆
・ブルーシート　・机

【ゲーム作り】
・ビタプラスイッチ
・机　・段ボール
・ドングリ　・空き箱
・ガムテープ

【ケーキ屋さん レストランごっこ】
・机　・ベンチ　・合言葉　・自然物
・作った食べ物　・カップ
・お皿　・段ボール　・クレパス

【お絵かき】
・芋　・落花生
・画用紙　・クレパス
・油性ペン　・机

【ごっこ遊び】
・コンテナ
・お皿、コップ等
・机、ベンチ

鬼ごっこ　ぐるぐるじゃんけん 等

水道　テラス　園舎　砂場

200

第11章 造形表現の教材と指導法

◎…保育者の願い ＊…保育者の援助 ◇…環境構成

時間	子どもの活動		
		【いっしょにあそぼう！】 からだをうごかすのってきもちがいいね！ ・おにごっこ ・くるぐるじゃんけん （3歳児） ◎友だちや異年齢児と一緒に体を動かして遊ぶ楽しさを感じてほしい。 ＊ルールのある遊びの面白さを感じられるよう、保育者も一緒に遊びに参加し、わかりやすくルールを伝えていく。 （4歳児） ◎大勢の友だちと一緒にルールを守って遊ぶ楽しさや体を十分に動かす心地よさを感じてほしい。 ＊保育者も一緒に体を動かして遊びながらその心地よさを共感して伝え、共感していないそうな子がいた時には、個々に応じて丁寧に知らせたり、子ども同士で教え合えるような言葉かけをしていく。 （5歳児） ◎異年齢の友だちを誘い、ルールを伝えたり確かめ合ったりしながら、一緒にルールのある遊びを楽しんでほしい。 ＊さまざまな学年の子どもが楽しめるように、保育者も遊びに加わり、子ども同士のかかわる姿を見守ったり、異年齢の友だちの様子に気付けるような言葉かけをしていく。	【いらっしゃいませ】 ・ケーキ屋さん ・レストランごっこ ・ごっこ遊び （3歳児） ◎友だちや異年齢児とのやりとりを楽しみながら、役になりきって遊んでほしい。 ＊ごっこや異年齢児とのかかわりを見守りながら、必要に応じて言葉を補ったり、かかわりをもちやすいよう仲立ちしたりする。 （4歳児） ◎ごっこ遊びを通して、異年齢の友だちにも親しみ、友だちとのやりとりを楽しんでほしい。 ＊保育者も一緒にお客さんとなって食事を楽しみながらかかわりがもちやすくする気持ちを支え、言葉で伝えようとする気持ちを支え、必要に応じて伝え方を知らせたり、言葉を補ったりしていく。 （5歳児） ◎自然物を使ってイメージしたものを作ったり、役になりきって異年齢児とのやりとりや会話を楽しんだりして、遊びをすすめていく楽しさを感じてほしい。 ＊遊びに必要な机や椅子、お皿などを子どもたちの様子を見ながら用意したり、やりとりを楽しめるように見守りながら、場合によっては言葉かけをしたりする。	【おもしろいゲームどうつくる？】 ・ゲームづくり （3歳児） ◎年中・年長児の姿に興味をもち、見たり真似たりしながら、自分なりにつくる楽しさを感じてほしい。 ＊年上の友だちがやっている様子を知らせながら、自分なりにやってみようとする姿を認めていく。 （4歳児） ◎自分たちで考えたり、繰り返し遊んだりする中で、年長児の言葉や動きを見て、刺激をもらったりイメージを広げたりして遊びを深めてほしい。 ＊自分たちで考えながらやってみようとする気持ちを受け止め、したいことが表現できるように材料をそろえたり場を広げたりする。年長児の姿に気付けるような言葉かけをしながらかかわりを見守っていく。 （5歳児） ◎思いやイメージなど異なる気持ちがぶつかった時は、それぞれの気持ちを受け止めた上で相手の思いや伝え方を知らせ、一緒に考えていく。 ＊友だちと一緒にイメージや案、工夫をしながらイメージしたことなどを伝え合いながら、イメージしたものを完成させる達成感を味わってほしい。 ◎イメージしたものを作っている気持ちを受け付け入れ、使う材料や素材に困っている時は、手助けしながら、制作の過程を見守り、援助していく。
10:45	○片付け ○各保育室に戻る ○クラス活動		
11:15 11:40	○給食準備 ○給食		
	○好きな遊び ○片付け		
13:30 13:45 14:00	○帰りの用意 ○3歳児降園 ○4歳児降園 ○5歳児降園		

201

第12章

音楽表現の教材と指導法

　保育者が弾いているのはウクレレ。子どもたちは、とっても自由に歌っていました。思わず体が動き出して、みんな笑顔です。ピアノに合わせ、「サンハイ」の合図で始まる一斉歌唱とこの歌唱とは、何がどのように違うのでしょうか。子どもの表現とその学びの内容、保育者の関わり方など、いろいろな側面から考えてみましょう。

ウクレレの前奏の後，子どもたちは保育者と共に歌いはじめますが，そこには「サンハイ」という合図はありませんでした。「この曲を歌いたい」という子どもの発言を聞いて保育者が前奏を弾きはじめます。歌いはじめるとなんとなく声が合ってきて，調子が出てきて，音楽と共に歌声に躍動感が生まれます。気分が高揚し，思わず踊りはじめる男の子たち。周りの子どもたちも，実に楽しそうですね。子どもの「表現したい」という気持ちが，伝わってきます。
　歌詞を覚えて歌うだけでも，みんなで歌うことは楽しい活動でしょう。しかし，リズムにのり，音楽の動きを捉え，歌詞の情景を思い描いて歌うならば，その内容はより楽しく豊かになりますね。「もっとこんな感じで歌いたい」という，表現に対する思いや意図も生じることでしょう。そのプロセスに，感性と表現の育ちがあるのです。ピアノの音に引っ張られて歌わされるのではなく，友達や保育者の声を感じて一緒に歌うことが，うれしいのです。

(扉写真提供：かえで幼稚園〈広島県廿日市市〉)

1 音楽表現とねらい

　音楽表現の指導のねらいとは，どのような内容になるのでしょうか。小学校以降であれば教える内容が明確に示してあり，学年ごとの教科書があります。乳幼児期においては，幼稚園教育要領，保育所保育指針，幼保連携型認定こども園教育・保育要領を参考にして，子どもの発達や子ども理解にもとづいて，保育の計画やねらいを考えることが必要です。音楽表現においては，子どもに音楽の特定の技術を身につけさせようとしたり，音楽の知識を覚えさせようとしたりすることが，ねらいとなるのではありません。

　乳児期においては，「健やかに伸び伸びと育つ」「身近な人と気持ちが通じ合う」「身近なものと関わり感性が育つ」ことに向けての，音や音楽に関わるねらいが考えられるでしょう。1歳以上になると，子どもが，生活や遊び，あるいは活動としての音楽表現において，「さまざまな音に気づく」「美しい音や音楽に心を動かす」「音楽に親しみ，感じたことや考えたことを自分なりに表現する」といったことを経験し，そのことを通して，「豊かな感性や表現する力」「創造する力」「他者の表現に共感する力」「協同する力」などを育むといったねらいの方向性が考えられます。

　では，具体的にどのようなねらいが考えられるでしょうか。ここでは，新しく提示された「幼児期の終わりまでに育ってほしい姿」と，子どもの音楽表現のプロセスの質を高めるねらいに焦点を当て，ねらいを考えてみましょう。

❶「幼児期の終わりまでに育ってほしい姿」と音楽表現

Work 1

　「幼稚園教育要領解説」の第1章第2節を読み，「幼児期の終わりまでに育ってほしい姿」（10の姿：次ページにも図示しています）のそれぞれの視点が，子どもの音楽表現において，どのようなかたちで表れるのかを考えてみましょう。

第Ⅱ部　保育内容の指導法

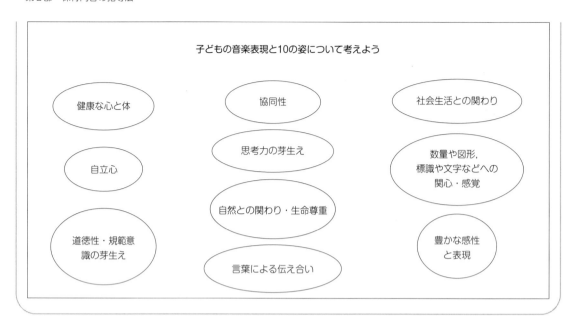

　たとえば,『虫の声』とか『まっかな秋』といった季節の歌を歌う時,豊かな感性と表現はもちろん,自然との関わりや社会生活との関わり,文字への関心,言葉による伝え合いといった観点からねらいを立て,保育を構成することもあるでしょう。楽器遊びをする際には,友達と協力して音を鳴らしたり,責任をもって自分のパートを演奏したりするなど,協同性や自立心の育ちを見ることができます。手づくり楽器の製作や,音探しの遊びをしたりする時にも,いくつもの姿が見られることを予測できますね。わらべうた遊びでは,10の姿の多くを子どもの遊びのなかに見ることができるのではないでしょうか。

　このように,乳幼児期における音楽表現のねらいは多様に考えられます。音楽表現の「ねらい」も,それを考えるポイントは,子どもの育ちの姿をしっかり見とることにあります。

❷ 音楽的な内容に関わるねらい──小学校との学びの連続性

　子どもにとって,音楽を表現することが楽しくあることは大前提です。したがって,「楽しむ」というねらいの目的語を明確にするようにします。ここで,本書第5章で述べた「3　音楽表現の楽しさとその要因」を振り返ってみましょう。要因として,拍や拍子,リズム,音程といった音楽を構成する要素を紹介しました。

音楽的な内容に関するねらいを考える際には，小学校音楽科の学習指導要領にある【共通事項】の，「音楽を形づくっている要素」が参考になります。【共通事項】とは，音楽科の表現及び鑑賞の学習において，共通に必要となる資質・能力を示したものです。

音楽を形づくっている要素には，「音楽を特徴付けている要素」と「音楽の仕組み」があげられてあり，それは以下のように示されています。[1]

> ア　音楽を特徴付けている要素
> 　音色，リズム，速度，旋律，強弱，音の重なり，和音の響き，音階，調，拍，フレーズなど
> イ　音楽の仕組み
> 　反復，呼びかけとこたえ，変化，音楽の縦と横との関係など

[1]　「小学校学習指導要領」第2章「各教科」第6節「音楽」の第3「指導計画の作成と内容の取扱い」の2の（8）。

これらを参考にして，音楽的な内容を含むねらいを考えてみましょう。いくつかの例を以下にあげます。

〈例〉
・保育者の声の高さの変化に気づき，同じように声を出そうとする。
・手づくりマラカスを振って，素材によって音が異なることに気づく。
・弾むようなリズムにのって体を動かすことを楽しむ。
・音楽の速さが変化することに気づく。
・「そっとのぞいてみてごらん」の箇所を弱く「そっと」歌うことで，メダカの泳ぐ様子をイメージする。
・「あんたがたどこさ」を手合わせして遊ぶことを通し，変化する拍子（2拍子，3拍子，4拍子）を楽しむ。
・「アイアイ」「アイアイ」と，呼びかけとこたえのパートに分かれて歌い合うことを楽しむ。
・音楽を聴いて感じたことを自由に描き，友達の作品と見比べながらさまざまな表現のありようを楽しむ。

小学校音楽教育では，「生活や社会の中の音や音楽と豊かに関わる資質・能力」を育成することを教科の目標としています。乳幼児

期の音楽表現においても、その目標は同じであると言えるでしょう。そのことによって、連続的な学びの姿が見えてきます。

2 教材研究

❶ 方　法

　日頃から教材研究を積み重ねておくことが、音楽表現の指導の内容を充実させることにつながります。その方法には、2つのタイプがあります。

　ひとつは、教材そのものの音楽的な価値を吟味する方法です。歌唱や合奏の活動を行う場合であれば、まず、その歌や楽曲を実際に自分で表現してみましょう。どのような情景が歌われているのか、どのようなイメージが喚起されるだろうかと、自分自身で曲想を感じることが大切です。そして、前節で述べた、音楽的な内容のねらいについて、「音楽を特徴付けている要素」や「音楽の仕組み」がどのようになっているのかを考えましょう。表現の活動のなかに、10の姿がどのように関わるのかを考えておくことも必要ですね。

　また、教材研究の対象は音楽曲に限りません。たとえば絵本から、音や音楽がイメージされることもあります。テラスの板の上で偶然生まれたリズムから、音楽表現が展開することもあるでしょう。街を歩いていて、手づくり楽器の素材となるようなものが目にとまることがあるかもしれません。教材研究の対象は、さまざまなところに点在しています。その出会いを見逃すことのないよう、みなさんの身の周りに、たくさんの好奇心を開いてほしいと思います。

　教材研究のもうひとつの方法は、子どもの音楽表現の様子を見とることです。子どもが、どのようにその教材に関心を寄せ、イメージを広げたり、おもしろがったりしているのか、何を楽しみ、どのように表現しているのかといったことをしっかり観察してみましょう。子ども自身の表現のなかに、教材研究が潜んでいるのです。

❷ 教材研究に向けて──知識と具体例

ここでは，音楽表現のための教材研究を行うにあたり，さまざまに応用可能な知識の一部とその具体例をお伝えします。

① ペンタトニック

日本の民謡や，スコットランド，インド，東アジアや南米などの民謡にも広く使用されている音階に，ペンタトニックがあります。具体的には，たとえば長音階（ドレミファソラシド）の7音（同じ音は省く）から，4番目（ファ）と7番目（シ）の2音を抜くと，残る音は5つです。この5つの音で構成される音階を，ペンタトニック（五音音階）と言います。ペンタとは，ギリシア語で数字の5を意味しています。

ピアノ（鍵盤楽器）の黒い鍵盤の配列が，ペンタトニックになっています。民謡だけでなく，実は，わらべうたやよく知られた童謡も，黒鍵だけで弾くことができます。

> ▶2 ペンタトニック
> たとえばド－レ－ミ－ソ－ラ（－ド）のように，半音のない5つの音からなる音階です。この音階は，連続する5つの完全5度音程＝ド－ソ－レ－ラ－ミを，1オクターブ内に収めたものです。2つの音がよく溶け合う音程を協和音程と言いますが，それは，音程を構成する2つの音の振動数の比が単純であるほど近親度が高いそうです。完全5度の音程は，振動数の比が3：2となっており，これは，オクターブ（完全8度＝1：2）に次いで単純なのです。こうした振動数比の音構成が，自由に音を重ねても不協和を感じさせない仕掛けなのです。

Work 2 ✏️

『こいのぼり』や『チューリップ』を，ピアノの黒鍵だけで弾いてみましょう。慣れてくると，黒鍵は弾きやすいですね。黒鍵だけで弾くことのできる曲は，ほかにもたくさんあります。探り弾きをしながら見つけてみましょう。

このペンタトニックですが，音を重ねても不協和な響きがしないという特徴があります。「わらべうた」も，ペンタトニックで構成されていますので，たとえば，『ほたるこい』の輪唱（カノン）をしたり，『かごめかごめ』に「うしろのしょうめんだあれ」のフレーズを重ねて歌ったり（オスティナート）してみてください。音を重ねても，不快な響きにはなりませんね。

楽器遊びにも応用できます。トーンチャイム（写真12-1左上）やミュージックベル（写真12-1右上）では，ド・レ・ミ・ソ・ラの音だけを用意します。写真12-1のもうひとつの楽器は，鍵盤の取り

第Ⅱ部　保育内容の指導法

写真12-1　一定のピッチをもつ打楽器

外しが可能な鉄琴（グロッケン）です。あらかじめ，不要な音を外しておきましょう。

　ペンタトニックの音構成にしておくと，複数の子どもがこれらの楽器で自由に音を鳴らし合っても，不協和な響きにはなりません。ペンタトニックの楽器を置いてある園では，保育室から聞こえてくる音（音楽）に，「大人が演奏しているのかしら？」と気になり，保育者が確認に行ったという話を聞いたことがあります。

　もし，「ラ・ソ・ラ・ソ」と音が続いた時，『なべなべそこぬけ』のわらべうたを連想し，その続きを演奏するようなこともあるかもしれません。ペンタトニックの音遊びは，子どもが，重なり合う音の響きに耳を傾けたり，メロディーを構成する一つ一つの音に気づいたりする機会を提供します。新しいメロディーの創作につながることもあるのではないでしょうか。

② パートナーソング

　音を重ねるおもしろさは，ペンタトニック以外の音を含む童謡でも楽しむことができます。先ほど紹介した，輪唱（カノン）やオスティナートの技法が一般的ですが，異なる2つの曲を同時に歌う，パートナーソングもあります。

Work 3

　2つのグループに分かれて，『証誠寺のたぬきばやし』と『かたつむり』を同時に歌ってみましょう。不思議なことに，合唱が成立していますね。なぜでしょうか。その理由を考えてみましょう。

ほかにも,『メリーさんの羊』と『ロンドン橋』でも可能ですし,『小さな世界（It's A Small World）』（R. M. Sherman, R. B. Sherman 作詞作曲／若谷和子訳詞）では，前半部分と後半部分を重ねて歌うと，美しくハーモニーします。拍子，小節数，和声進行（コード）が同じ場合，パートナーソングが成立します。

合唱は，子どもにとって難しい表現です。しかし，知っている曲をこのように重ね合わせることであれば，楽しく体験できそうですね。ただし，怒鳴り声になってしまうと，何を歌っているのかさっぱりわかりません。「大きな声で」とか「元気よく」といった声かけには，くれぐれも用心しましょう。

③ 拍・拍子・リズム・テンポ

『ぶんぶんぶん』を歌いながら自由に身体表現している時，子どもたちは「お池のまわりに野バラが咲いたよ」の箇所で，忙しそうに小走りに動きはじめます。そして「速くなった」と口々に言います。しかし，テンポが速くなっているわけではありません。「ぶんぶんぶん」が4分音符であるのに対して，このフレーズは8分音符で表現されています。子どもは，細かいリズムに反応して動いているのです。

ある勉強会で，保育士さんから，「拍と拍子とリズムは何が違うのですか？」「拍とテンポは同じですか？」と質問を受けました。この違いは，本書第5章でお伝えしています。前述の『ぶんぶんぶん』の歌を使って，拍，拍子，リズム，テンポについて，それぞれ具体的に説明してみましょう。

④ 音の正体を考える

子どもにとって身近な楽器であるピアノですが，そのなかは一体どうなっているのでしょうか。「ピアノのなかは，どうなっているのかな？」という声かけに，子どもたちの好奇心は全開です（写真12-2）。鍵盤を押さえると音が聞こえます。でも，鍵盤自体が鳴っているのではないことを5歳児は理解しています。どうやら，この見えない箱のなかに何かがありそうだと，子どもたちはピアノのなかの想像図を描きました。

そして実際に蓋を開けてみます。いくつもの弦があって，太くて長い弦が低い音を鳴らし，高い音の弦は細くて短いということに気

▶3 ここで紹介する実践と写真は，仁慈保幼園（鳥取県米子市）によるものです。

写真12-2　ピアノのなかをのぞく

写真12-3　色水の音

づきます。また，鍵盤を押さえるとハンマーが動き，それが弦を鳴らして音が出ることがわかります。子どもたちは，発音の仕組み＝楽器の音の出る仕組みに興味を広げるかもしれません。

⑤ この色は，なんの音？[4]

　前述のエピソードの子どもたちは，音への興味をどんどん深めていったそうです。そして，色水遊びをしていたある日，3人の子どもたちが色水のセットをピアノのそばに持ってきました。「この色は，この音！」「こっちは，この音！」「いや，ちょっと違う！」……そう言いながら，自分たちがつくった色水に合う音を探しはじめたそうです（写真12-3）。子どもたちは，「同じ緑色でも，濃さが違うと音も違うよなあ」とも話していたそうです。

　音を感知するのは，聴覚だけではありません。音には触れることができます。なぜなら，音は振動によって伝わるからです。そして音は，見ることもできるのです。それは，発音の仕組みを見るということだけでなく，音の色や音の景色を，心の目で見るということでもあるのです。

[4]　ここで紹介する実践と写真は，仁慈保幼園（鳥取県米子市）によるものです。

3　音楽表現活動の実践

　音楽表現を含む表現活動について，ここでは，領域「表現」の内容の取り扱いに新たに加わった，「風の音や雨の音，身近にある草や花の形や色など自然の中にある音，形，色などに気付くようにする」という内容に関わる例を紹介します。

▶5 ノートルダム清心女子大学「音楽表現の指導法」での，2年生の模擬保育から。

❶ 指導案の具体例「たろうくんのいちにち」▶5
―― 5歳児クラス（秋頃）

【ねらい】
・紙芝居に出てくるたろうくんの生活のなかで聞こえてくる音を想像して，思い思いにオノマトペで表現することを楽しむ。
・身の回りのものや打楽器などを使い，オノマトペを音に置き換える表現を工夫する。

【準備物】
・手作りの紙芝居
・新聞紙，ダンボール，レジ袋，スズランテープ，ウッドブロック，カスタネット，鈴，笛，タンブリン，トライアングル，ギロ，マラカス，スライドホイッスル，ウィンドチャイムなど

【環境構成】
　（省略）

【子どもの活動と保育者の援助】
・紙芝居を読む。
・子どもは，1枚ごとに，そこに描かれてある光景から想像される音を声で表現する。たとえば，1枚目では，「ジリジリジリ～～」「トントントントン」「ジャージャージャー」「タッタッタッタ」など，目覚まし時計の音や，台所から聞こえてくる音，ドアを開ける音，階段を降りる音など。

> 〈1枚目〉
> 　「ふぁ～……もう朝か。おはよう。」たろうくんは目覚まし時計の音で起きました。「ん？　何か聞こえてくるけど，お母さんが朝ごはんをつくっている音かなあ。お腹がすいたし，歯磨きをして朝ごはんを食べよう！」と，ドアを開けて下へ降りて行きました。

　紙芝居には，散歩に出かけて踏切にさしかかったり，海岸を歩いたり公園に寄ったり，飛行機が見えたり……。そしてお風呂に入っ

- オノマトペでの表現が終わると，次に，用意していた楽器や身の周りのものを取り出し，「いま声で表した音を，今度はここに置いてあるもので鳴らしてみます。さあ，音を探して！」と声をかける。
- 子どもたちは，「あの場面の音」を表現できるモノは何か，音を鳴らしながらその「音」を探す。難しい場合は，一場面ごとに音探しを行う。
- 目覚まし時計はトライアングルを連打する，カエルの鳴き声はギロ，波の音はビニール袋と新聞紙……といった具合に音が表現される。
- 紙芝居を読みながら，それぞれの場面に音を重ねる。

❷ 指導案の振り返り

　この指導案は，実習を直前に控えた大学2年生が作成したものです（表12-1）。模擬保育として，音楽表現の講義で実施しました。描かれている景色から想像される音を，自由にオノマトペで表現するといった題材は，市販されている絵本にもあります。彼女たちの工夫は，オノマトペの表現を，身の回りのものや楽器を使って，再び表現しようと試みたことです。さらに，最後の一枚で，次のようなことが起こりました。

　最後の一枚には，ベッドに入ったたろうくんの姿と，壁にある電気のスイッチと，スリッパを履いて階段を降りるお母さんの足元が描かれてあり，次のようなお話になっています。

「あ～気持ちよかった。今日は楽しかったなあ……」ん～～～。たろうくんは眠たくなってきました。お布団に入り，お母さんが電気を消して階段を降りていく音をききながら，夢のなかへ入っていきました。ふくろうさんもたろうくんに「おやすみ」を言っています。おやすみ，たろうくん。

第12章 音楽表現の教材と指導法

表12-1　指導案　「たろうくんのいちにち」

時　間	環境構成	予想される子どもの姿・活動	保育者の援助と配慮
10：30	準備 ・手作りの紙芝居 ・音を作る素材	○片付け，排泄，手洗いのすんだ子どもから保育者の周りに集まって座る。 ・目を閉じて，聞こえてくる音を見つける。 ・擬音で表現してみる。	○保育者の周りに集まった子どもたちに，「静かに目を閉じて耳を澄ませ，聞こえてくる音を三つ見つけてみよう」と話しかける。 ・30秒ほどしたら聞こえた音を伝え合い，擬音での表現を確認する。 ・紙芝居に描かれた情景から音を想像して擬音で表現することを伝える。この時，音を作る素材は，子どもから見えないようにまとめて置いておく。
10：35	保育者（図：子どもたちが保育者の周りに座り，音の出る素材は子どもから見えないようにしておく）	○保育者の読む紙芝居を見ながら，場面ごとに想像される音を自由に擬音で表現する。	○『たろうくんのいちにち』の手作り紙芝居を読む。 ・ページ毎に手を止め，「ここではどんな音が聞こえるかな？　その音を声で表してみよう！」と声をかける。 ・「そっくりの音が出せたね」，「本当に歯磨きしているみたいだね」，「カエルの鳴き声にそっくり！」など，子どもの表現の一つ一つに共感し，応答的に対話する。
10：50	保育者（図：音の出る素材を中央に置き，子どもたちが取り囲む）	○音の出る素材を取り囲んで座る。 ・素材に色々触って，音を出してみる。 ・同じ素材でも，鳴らし方によって音が異なることに気づく。 ・紙芝居に描かれた音に合う表現を探して，色々に音を鳴らしてみる。	○隠しておいた音の出る素材を中央に取り出す。 ○「いま声で表した音を，今度はここに置いてあるもので鳴らしてみます」と，声で表現した音を，身の周りの素材や楽器を鳴らして表現することを告げる。 ・新聞紙を揺らす子どもに「波のような音がするね」と声を掛けたり，トライアングルを持った子どもに，「目覚まし時計の音はどんな感じかな？」と尋ねたりするなどして，鳴らし方や音作りの工夫を援助する。
11：00		○グループで表現を考える。 ・紙芝居の枚数分のグループに分かれる。 ・担当する場面の音について相談しながら，表現を工夫する。	○各グループに，1枚ずつ紙芝居を配布する。 ・グループ活動の様子を見守り，それぞれの表現に共感するとともに，音素材の選択や鳴らし方についてのアドバイスを行う。
11：15		○紙芝居を見ながら，担当する場面の音を表現する。 ・他のグループの表現に対する気づきを発表する。	○紙芝居を回収し，「たろうくんのいちにち」をはじめから読む。 ・表現の工夫に対する気づきの発表を受けとめ，その内容を整理して伝える。
11：30		○片付けを行い，昼食の準備をする。	

　この最後の一枚になった時，カスタネットを一度も鳴らさないでずっと手に持っていた女児役の学生が，お母さんが部屋の明かりのスイッチを消す場面で，ここぞとばかりにカスタネットを勢いよく鳴らしました。すると，他の子ども役の学生から大きなブーイングが起こります。「お母さんは，そんな大きな音をさせないよ！」「そんな大きな音だと，目が覚めちゃうでしょ！」と。
　女児役の学生は「あっそうか！　うん，うん」と頷き，手のひらのカスタネットを，母親が静かにスイッチを切るように，ゆっくり

と柔らかく鳴らしました。寝息をたてる子どもの側で、お母さんが足音を忍ばせ、静かにスイッチを消す姿を思い描いているように。

この機を捉え、「楽器の正しい鳴らし方」「楽器の正しい持ち方」について話しました。「楽器の正しい鳴らし方」「楽器の正しい持ち方」とは、特定の方法を教えるのではなく、そこに「どのような音が必要とされているのか」、そこで「どのような音を鳴らしたいのか」と考え、実際に鳴らして試しながら工夫していくこと。そのプロセスが大切なのです。これは幼児期の音楽表現に限ったことではなく、プロの演奏家こそが、音楽表現においてそのような音の探求をしているのです。

学生の紙芝居「たろうくんのいちにち」は、楽器や身の周りのモノの音で表現された後、最後の一枚は「みんなのいちにちとなりました」の一文が加わって、模擬保育は終了しました。「身の周りの音を聴く」「身の周りの音を想像する」「身の周りのモノで音を表現する」といった見事な構成です。加えて、子どもになりきって、「聴く」→「感じる・考える」→「工夫する」を実現する展開も、とても興味深い内容です。そして、協同して表現することにより、「たろうくんのいちにち」は「みんなのいちにち」に変化しました。

❸ 保育者の役割

こうした音楽表現の指導においての保育者の役割について、準備・実践・振り返りという3段階で考えてみましょう。まず、準備段階としては、保育者の役割とは、日々の子どもの育ちを見とり、ねらいを立て、日頃の教材研究を活かして指導案を練り、環境を整えるといった内容が考えられます。次に実践においては、適切な援助を行います。

指導案は大切ですが、子どもの行為は保育者の予測を逸脱することも少なくありません。そのような場合も、焦ることなく、子どもたちの興味関心に向き合ってみましょう。指導案を完結することが最重要なのではなく、子どもの表現が広がり深まることが目的です。

子どもの音楽表現が広がり深まるためには、環境構成や教材研究はもちろん、実践中の言葉かけがとても大切です。受容・共感し、子どもの「表現したい」気持ちを尊重することはもとより、音楽表現の質を高めるような声かけを心がけましょう。それは、「音を大

きく」とか「揃えて」といったような直接的な指示ではなく、「ぞうさんのお鼻は、どんなふうに揺れているかな？」とか「ピンクのカバさんの声で」といったメタファー（比喩）が効果的である場合も多くあります。なぜなら、子どもの頭のなかに、その情景や動きなどがイメージされ、そのイメージにふさわしい音が思い描かれて、音楽表現につながるからです。対話するなかで、子どもが主体的に音・音楽を思い描き、その表現が深められ言葉かけの語彙を増やしましょう。

　振り返りに際しては、「感じる」「考える」「表現する」そして、「味わう」「工夫する」といった表現のプロセスを、子どもが十分に楽しめていたかどうかを考えてみましょう。音楽表現においても、表現の結果を評価するのではなく、音楽表現のプロセスの質を高めていくことを目指します。そのためにも、準備→実践→振り返ることが大切です。

　子どもの表現の世界は、「感性のコミュニケーション」と言えるでしょう。感性のコミュニケーションとは、音楽や造形、身体はもちろん、言葉や数字、自然、科学などなどに向けてのさまざまな感性の融合であったり、他者の感性とのつながりであったり、過去と未来の感性の結びつきであったりするのではないでしょうか。音楽表現の指導における保育者の役割は、そのコミュニケーションの潤滑油であるように思います。

▶6　4歳児と音楽遊びをしていた時のこと。ひとりがふざけて大きな声を出すと、それは連鎖し、がなり声の歌になってしまいました。ふと思いついて、「カバさんの声で」と言ってみました。すると子どもたちは大きく開いたカバの口を全身で表現しながら発声し、あくびの時のような声になります。しかし、それでは歌声にはならない。そこで、「ピンクのカバさんになろう」と付け加えると、直後に柔らかな声が返ってきました。驚いて理由を聞いてみると、「だって、ピンクは優しい感じでしょ」とのことでした。

Book Guide

- 保育音楽研究プロジェクト（編）『青井みかんと一緒に考える幼児の音楽表現』大学図書出版，2008年。
  子どもの音楽表現の世界と、その指導法について、「青井みかん」という名の新人保育者が、失敗を通して学んでいく物語が描かれています。ねらいの立て方、教材研究の方法、指導案の書き方などについての詳しい解説があります。
- 早川史郎（編）『こどもと自然（最新現代こどもの歌1000曲シリーズ　2）』エー・ティ・エヌ，1999年。
  あまり有名ではないけれど、ぜひ知っておいてほしい子どもの歌。自然をテーマにした詩とメロディーは、それを歌うことで、豊かな感性の世界に導いてくれることでしょう。

・文部科学省「小学校学習指導要領解説　音楽編」2018年。
小学校音楽科において，子どもがどのような学びを行うのかについての知識をもっておくことは大切です。低学年の教科書にも目を通し，音楽に関わる学びの連続性について考えることは，幼児期の音楽表現の指導のヒントとなり，質の向上につながります。

Exercise

1. 子どもの音楽表現の映像（事例）を通し，「幼児期の終わりまでに育ってほしい姿」を具体的に考えてみましょう。
2. 「音楽を特徴付けている要素」や「音楽の仕組み」をねらいとした指導案を作成し，模擬保育を行いましょう。

第13章

乳幼児期の表現に関わる現代的課題

生まれて初めてひとりでお座りができた時の6か月児の表情です。何を見て，何を感じているのでしょうね？
6か月児になったつもりで考えてみましょう。

私たちが当たり前のように座り，歩き，全身で環境と関わっていくことが，いかに大変なことかを幼い子どもとつき合ってみると実感します。それぞれの年齢の子どもたちが，個々の経験を重ねながら環境とどのように関わり表現しているかを読み取ることは，大変興味深いことです。子どもの生活と遊びにおける表現を見つめ，経験（学び）の履歴を把握していくことが保育者の専門性として求められているのです。同時に，子どもが全身で関わる環境をいかに豊かにするかが求められています。ともすると人工的な環境が創出されていく現代ですが，生身の身体としての関わりに注目し，保育環境の充実を今一度見つめて整えていく必要があるのです。

(扉写真提供：筆者)

1 「社会や環境の変化」と子どもの表現

❶ 子どもを取り巻く「社会や環境の変化」

　世界は，経済効果を視野に幼児教育・保育に注目する時代を迎えています。OECDによる「人生の始まりこそ力強く[1]」の合言葉は，質の高い就学前教育・保育を用意することは生涯学習の基盤を形成することであり，結果的に社会，経済の発展に効果をもたらすとのメッセージを広く世界に届けました。この頃，わが国では，1.57ショック（1990年[2]）に見られる少子化問題への対応が浮上していました。生まれてくる子どもの数が減ることで，将来の日本の経済を支える労働人口が減少し，経済活動を支える税収入が少なくなります。一方で，高齢者の数は増えていくなか，年金や医療・介護等に必要な費用は増加し，少子高齢化社会は国として経済面で大変厳しい状況を迎えることになるからです。そこで，少子化対策として子育て支援施策を展開すると同時に，子どもが育つ環境についても目を向けるようになりました。それらを背景に，幼稚園教育では，社会や子どもを取り巻く環境の変化に鑑み，3歳児を含めた入園希望児すべてを就園させることを目標とする「第3次幼稚園教育振興計画」（1991〜2001年）を策定しました。そして，2005年に中央教育審議会答申（以下，中教審答申）「子どもを取り巻く環境の変化を踏まえた今後の幼児教育の在り方について」が報告され，そこでは，危惧される子どもの育ちとして以下が示されています。

・基本的生活習慣の欠如
・コミュニケーション能力の不足
・自制心や規範意識の不足
・運動能力の低下
・小学校生活への不適応
・学びに対する意欲・関心の低下

　上記のような「危惧される子どもの育ち」を示すことで，今後の経済を支える意味からも，幼児教育のあり方を検討していくことに

---

[1] OECD (2001). *Starting Strong : Early Childhood Education and Care.*

[2] 1990年に発表された，1989年の合計特殊出生率（1人の女性が出産可能とされる15〜49歳までに産む子どもの数の平均）が，特殊事情（「ひのえうま」）から過去最低であった1966年の1.58を下回り1.57となった衝撃を表しています。

第Ⅱ部　保育内容の指導法

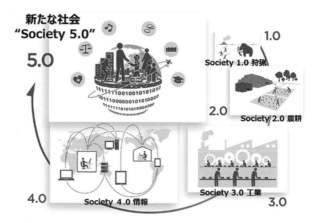

[図13-1] 新たな社会"Society 5.0"
出所：内閣府ウェブサイト　http://www8.cao.go.jp/cstp/society5_0/index.html（2018年11月22日閲覧）。

なったのです。ちなみに、この答申を受け、2008年に改訂（定）された幼稚園教育要領および保育所保育指針は、子どもを取り巻く社会や環境の変化のなかで、保護者・地域の人々を巻き込みながら子どもの一日の生活を捉え、生活環境を整えていく必要があるとしたのです。

　しかし、子どもを取り巻く社会や環境は、その後も加速度的に変化し、国は待機児童対策に追われ、保育環境の充実や少子化に歯止めをかけることはなかなか難しいのが実情です。2015年の『AERA』（No.26, 6月15日増大号）では、「AIに奪われる仕事」として特集を組み、2025年にはAI（人工知能）が今ある仕事の大半を人間に代わって行うようになると指摘しています。また、2017年に政府が発表した『高齢社会白書』（内閣府）によると、2036年には65歳以上の高齢者は33.3％となり、国民の3人に1人が高齢者になると試算しています。

　こうしたなか、政府は、2017年度からイノベーションと構造改革による社会変革「Society 5.0」を目指して、成長戦略をさらに加速させるため未来投資会議を開催し、個別の政策課題について分野別に集中的な調査審議を行う構造改革徹底推進会合を開催しています。Society 5.0とは、「狩猟社会」「農耕社会」「工業社会」「情報社会」に続く、人類史上5番目の私たちがこれから迎える新しい社会であり、「サイバー空間（仮想空間）とフィジカル空間（現実空間）を高度に融合させたシステムにより、経済発展と社会的課題の解決を両立する、人間中心の社会（Society）」として図13-1のように示して

います。

この構想の具体例は，「介護・医療における Society5.0 の例」として内閣府がすでに示しており，それを受けて，東京大学大学院教育学研究科附属の発達保育実践政策学センター（Cedep）では，保育における Society5.0 の提案を試みています。[3]

今回の幼稚園教育要領等の改訂（定）においては，情報機器の活用について，幼稚園教育要領では第 1 章「総則」第 4「指導計画の作成と幼児理解に基づいた評価」の 3「指導計画の作成上の留意事項」で「(6)幼児期は直接的な体験が重要であることを踏まえ，視聴覚教材やコンピュータなど情報機器を活用する際には，幼稚園生活では得難い体験を補完するなど，幼児の体験との関連を考慮すること」として直接的な体験の重要性を基盤に情報機器を活用することが記載されています。これに対して，保育者養成のカリキュラムにおいては，教職課程コアカリキュラム「保育内容の指導法」において[4]「（2）保育内容の指導方法と保育の構想」の到達目標として「2）各領域の特性や幼児の体験との関連を考慮した情報機器及び教材の活用法を理解し，保育の構想に活用することができる」と明示されています。これらは前述した時代背景に伴うものであり，今後は子ども・保護者・保育者・保育者養成に関わるすべての人々が共に，変化する社会や環境への対応を求められていくのです。その際，AI との共存を視野に，私たち人間の存在を問い，存在の証としての表現に再度注目する意味があると言えるでしょう。

❷ 身体性と子どもの表現

前述したように，AI と共存する時代を視野に私たち人間の存在とその証としての表現を問うてみると，身体を通した実体験の重要性が浮き彫りになっています。言葉の視点から問題提起する川添(2017)[5]は，「なぜ AI は，囲碁に勝てるのに，簡単な文がわからないの？」と問いを立て，AI は相手の意図を推測することが難しく，言葉の意味を理解できないとしています。また，多様な他者の意図を読み取るという視点から遊びの重要性を主張する松尾(2015)[6]は，「価値観の違う人とも関わって，よく遊び学んでほしい」と述べています。これに関して，新井は，リアルを知ることの重要性を論じ，散歩時に石を拾ったり葉っぱを眺めたりしている 1 歳児に根気よくつき合う母

[3] 東京大学大学院教育学研究科附属発達保育実践政策学センター公開シンポジウム「豊かな人生を紡ぐ保育——Society5.0 保育から社会を変える」2018 年 8 月 5 日。

[4] 2015 年の中教審答申「これからの学校教育を担う教員の資質能力の向上について」の提言を受け，中教審初等中等教育分科会教職課程部会のもとで検討・策定に至ったもので，教員養成の質保証を目指し教育職員免許法にもとづき全国の大学の教職課程で共通的に習得すべき最低限の資質能力を示しています。

[5] 川添愛『働きたくないイタチと言葉がわかるロボット——人工知能から考える「人と言葉」』朝日出版社，2017 年。

[6] 松尾豊「感情にかかわり，人間がやる仕事が希少価値を生む」『AERE』26，2015 年 6 月 15 日増大号。

第Ⅱ部　保育内容の指導法

→7　新井紀子・髙宮敏郎「AIネイティブの時代の子育てとは（教育対談）」『朝日新聞』（2018年8月25日朝刊広告特集）。

親の事例を取り上げながら「もちろんバギーに乗せてサッと通り過ぎたほうが大人は楽ですが、そうした体験が欠落したまま大きくなる子」は、育ち方にゆくゆく大きな差が出るだろうと指摘しています。

　これらは、いずれも子どもが好奇心をもって試行錯誤しながら全身で環境と関わり、自ら自在に身体を通して表現することの意義を主張しています。AIと異なり、生物としての子ども（私たち人間）は、皮膚感覚としての身体を十分駆使しながら環境と関わり、他者の意図を読み取り、状況を把握していくのです。そして、環境から身体で感じ取ったことを、身体で表現していくのです。その際、「よく」生きようとする存在である子どもの表現がもつ審美性を尊重し合う社会や保育環境の構築が求められていると言えます。

2　保育者養成と表現

❶ 養成課程で何をどう学ぶか

→8　保育士養成に関しては、厚生労働省の保育士養成課程等検討会において、2018年度施行の保育所保育指針改定の趣旨にそって教科目とその目標及び教授内容を検討し、2017年12月4日にその検討結果を報告し、これを受けて、2018年4月27日付で関係告示、省令、通知が改正されました。「保育士養成課程を構成する各教科目の目標及び教授内容」は、「指定保育士養成施設の指定及び運営の基準」に定める指定保育士養成施設（大学、短期大学、専門学校等）において、必ず開設しなければならない教科目と、その各教科目の目標とその目標を達成するための「教授内容」を示しています。

　ここまで、時代の変化に伴い、今後は子ども・保護者・保育者・保育者養成に関わるすべての人々が共に、変化する社会や環境への対応が求められると述べてきました。では、この流れのなか、学生のみなさんが学んでいる保育者養成の場で、どのような動きが生じているのでしょう。

　今回の養成課程の見直しで、文部科学省は各大学が教職課程を編成するにあたり参考とすべき指針（教職課程コアカリキュラム）を作成することで、教員養成の全国的水準の確保を行っていくことが必要であると提言しました。これをふまえて幼稚園教諭の養成課程については、有識者会議において教職課程コアカリキュラムを検討するほか、一般社団法人保育教諭養成課程研究会に委託し、モデルカリキュラムを作成しました。同報告書の冒頭「ご挨拶」では、全国の養成校の科目シラバスを検討した結果、同一の科目でありながら実に多種多様な授業が展開されていることを指摘して、各大学等の特色があると認めつつ、一方に、幼稚園教諭の養成課程の質保証ということでは課題もあるとして、質保証という観点から見直し点検

▶9 一般社団法人保育教諭養成課程研究会「幼稚園教諭の養成課程のモデルカリキュラムの開発に向けた調査研究——幼稚園教諭の資質能力の視点から養成課程の質保証を考える」2017年。

表13-1 これからの時代の保育者に求められる資質能力

（1）保育者として不易とされる資質能力
　　5領域の保育内容に関する専門知識を備えるとともに，5領域に示す保育内容を指導するために必要な力，具体的には，子どもを理解する力や指導計画を構想し実践していく力，様々な教材を必要に応じて工夫する力等
（2）新たな課題に対応できる力
　　自律的に学ぶ姿勢を持ち，時代の変化や自らのキャリアステージに応じて求められる資質能力を生涯にわたって高めていくことのできる力や，情報を適切に収集し，選択し，活用する能力や知識を有機的に結びつけ構造化する力，新たな課題に対応できる力
（3）組織的・協働的に諸問題を解決する力
　　得意分野を活かし同僚と協働して，豊かな体験を保障する環境を構成する等，協働的に諸問題に取り組む力

▶出所：一般社団法人保育教諭養成課程研究会（2017），pp. 4-6をもとに筆者作成。

も必要であるとしています。これらをふまえ各大学等においては，教職課程コアカリキュラムにもとづいて各々の教職課程を見直し，モデルカリキュラムを参考にして質の高い幼稚園教諭を養成する教職課程を編成・実施することに取り組んでいるのです。

　このように，保育者養成校の教員は，時代の変化に伴う国の方向性を把握しながら，各養成校における独自性ある教職課程の編成に努め授業を創造していくのです。これは，保育者が幼稚園教育要領等の改訂（定）に伴い，国の方向性を捉えながら各園・各自の保育を創造していくのと同様です。では，将来，保育者を志す学生のみなさんは，どのように自らの学びを構築していきますか？　養成校で授業を受けて必要な単位を取得すれば免許・資格を取得することはできるのですが，それだけで大丈夫でしょうか？

　今後は，激変する時代や社会を見据えると同時に，国の方向性を捉えた養成校での学びを自ら咀嚼し，視野を広げて豊かな学びとなるよう経験を深めていくことが重要だと考えます。

❷ 求められる「表現者」としての成長

　先にもあげた一般社団法人保育教諭養成課程研究会の報告書「幼稚園教諭の養成課程のモデルカリキュラムの開発に向けた調査研究——幼稚園教諭の資質能力の視点から養成課程の質保証を考える」では，「これからの時代の幼稚園教諭に求められる資質能力」として，3点あげています。その概要を「これからの時代の保育者に求められる資質能力」としてまとめると表13-1のようになります。

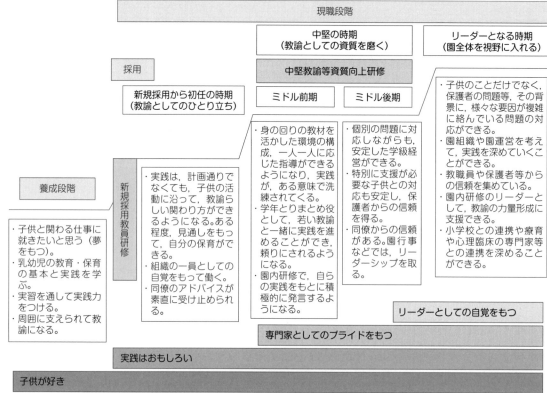

図13-2　幼稚園教諭・保育教諭としての成長過程

▶出所：保育教諭養成課程研究会「幼稚園教諭・保育教諭のための研修ガイドⅢ——実践の中核を担うミドルリーダーの育成を目指して」2017年，p. 10。

　領域「表現」に関しては，「（1）保育者として不易とされる資質能力」として位置づいていますが，上記3点の資質能力を見てみると，高い専門性が求められていることがわかります。保育者自身が「主体的・対話的で深い学び」を得ていくこと，自ら多様な他者と協働的に進めていくことが示されています。

　保育者自身も，「よく」生きようとする表現者として，「養成段階」「新規採用から初任の時期」「中堅の時期（ミドル前期・後期）」「リーダーとなる時期」を視野に自ら学び続ける必要があるのです（図13-2）。

3 課題と可能性

❶「保育の新と真」の視点から再考を

　ここまで、子どもを取り巻く社会や環境の変化と子どもの表現、保育者養成と表現について検討してきました。これをふまえ、乳幼児期の表現に関わる現代的課題について整理すると同時に、今後の可能性についてまとめていきたいと思います。

① 保育環境の質保証
　わが国の幼児教育・保育の基盤を築いた倉橋惣三は、社会や環境の変化に伴う「保育の新と真」について述べています。そこでは、変化に即して求められる対応としての「新」と、変わることのない保育の原則としての「真」をあげています。前述したように、現在、変化する社会や環境のなかで子どもの育ちに対する危惧があげられており、子どもの表現という視点からも、注目すべき内容が記載されています。これに対して、保育の基本は保育者の専門性である子ども理解を基盤に環境を通して行うということであり、その原則は「真」として受け継がれているのです。このこと自体は、何ら問題はないのですが、肝心の保育環境の見直しが十分なされていないという実情があります。これが現代的課題のひとつです。社会や環境の変化に伴い、ゆったりとした子どもの時間が奪われ、子どもが主体となって全身を通して関わることのできる空間が激減し、核家族化・少子化に伴い多様な人との関わりが希薄化してきているのです。さらに、仮想空間と現実空間を高度に組み合わせたシステムが進展しています。このような子どもを取り巻く社会や環境の変化に伴い、保育環境がどう対応していくかが真剣に議論されていないのです。
　幼稚園・保育所・認定こども園の環境を見てみますと、小学校の教室やグラウンドを思い起こすような園舎や園庭という保育環境も多々見られます。保育所においては、近隣の公園が園庭代わりとなり、そのため公園の取り合いすら見られることも地域によっては生

じてきています。また，高層化されたビルの一角に，大人にとっては便利な人工的保育環境が新たに増設されている実情もあります。

　今後は，現実空間が拡張され（拡張空間），仮想空間も含めて，その境界はますます曖昧になっていくことでしょう。だからこそ，子ども時代に身体を通した生命や植物との関わりの実感が重要であり，この経験を経て曖昧な空間を楽しめたり活用したりできるようになるのですが，上記に述べたように現状の保育環境の質的検討は充分ではなく，環境を通して保育を実践する保育者にとっても大変厳しい状況にあります。環境が子どもや保育者の感性を磨き，豊かな表現を導きだしていくことを考えると，子どもと保育者にとって保育環境の見直しは大きな課題であると言えます。

② 保育者養成の質保証

　あとひとつの課題として，保育者養成の質保証の問題があります。先にも述べたように，養成課程の質保証という問題意識から，教職課程コアカリキュラムとモデルカリキュラムが策定・提案されました。今後，各養成校において，コアカリキュラム・モデルカリキュラムをふまえたうえで，どれだけ独自性ある養成課程をもとに実践を展開していくかが問われることになります。

　また，保育教諭養成課程研究会では，養成段階から現職段階への一貫した理念にもとづいてその資質能力の向上を図り，長期的かつ総合的な視点をもって養成にあたる必要性を述べています。その実現のためには，構成メンバー一人一人の自覚と，「キャリアごとの研修体制」「高度資格の導入と，その確保のための研修体制」を整え，「自ら学び続けるモチベーション」を維持できる環境整備が重要だと考えます。

③ 「真」の探求を！

　以上，「保育環境の質保証」「保育者養成の質保証」という2つの課題をあげました。

　「保育環境」については，かつて，倉橋惣三が関わった「保育要領」（1948年）において，四「幼児の生活環境　1運動場　2建物　3遊具」として詳しく記されていました。ここでは，1「運動場」の記載から一部抜粋してみます。

▶10　前掲（▶9），p. 5。

▶11　小林紀子「保育者の質向上——研修・研究の大切さに注目して」『幼児教育じほう』45（10），2018年，pp. 5 -11。

> できるだけ自然のままで，草の多い丘があり，平地があり，木陰があり，くぼ地があり，段々があって，幼児がころんだり，走ったり，自由に遊ぶことができるようなところがよい。（…中略…）子供は高い所に上がるのが好きである。庭に小高いところがあるとよい。運動場の一角に小山を築き，その中に直径半メートルくらいの土管を敷いてトンネルを作ると，子供はその中をくぐり歩けるのでよろこぶ。

　自然環境が豊かに存在していた当時から，倉橋は自然環境と子どもの関わりを重視して園環境を整え，子どもと保育者が表現者として生活することを通して保育の質を保証しようとしたのでしょう。また，倉橋は，保育者養成に関しても実践を通して専門性を身につけていくことを論じると同時に，実践者たちとの研修を深めていきました。もし，倉橋が現在の保育環境，そして保育者養成のありようを目にしたら，どのような示唆を私たちに示してくれるのでしょう。私たちは，「新」を受け止めつつ過去の偉人からの声を聴き，さらに未来の人々の声に耳を傾けて可能性を探り，「真」を探究していく必要があるのです。

❷「保育の質」を視野に，可能性を探る

　「よく」生きようとする子どもと保育者の表現を支える意味から，「保育環境の質保証」と「保育者養成の質保証」が課題であるとしました。ここでは，「保育の質」を視野に，子どもの表現という窓口から，保育の可能性を探っていきたいと思います。その際，子どもと保育者の表現は人間の存在を問うことであり，「真」を探究する意味からも，少し大きな視点で保育の可能性を探っていきたいと思います。「保育の質」を問うことは，「よく」生きようとする人間の存在を支える場をどのように想定するかと深く関わるからです。

　これに関して，幼児教育・保育の質について，秋田 (2013) は，ロンドン大の Moss (2009) の論を整理して，改革像を視野に「市場モデル」「民主的実践モデル」という2つのモデルを示しています（図13-3）。
　市場モデルとは，「市場メカニズムに基づき，特定の消費者，働く保護者のために，ケアを施設は提供する，その施設選択は各保護

➡12　秋田喜代美「レッジョ・エミリアに学ぶ保育の質」『子ども学』1，2013年，pp. 8-28。

➡13　Moss, P. (2009). There are alternatives! Markets and democratic experimentalism in early childhood education and care. *Working papers in Early Childhood development*, **53**, Bernard van Leer foundation.

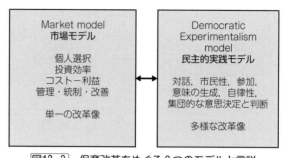

図13-3 保育改革をめぐる2つのモデルと言説

出所：秋田喜代美「レッジョ・エミリアに学ぶ保育の質」『子ども学』1，2013年，p. 9。

者のニーズに基づく個人選択にある。政府はそのために一定の規制と法的遵守が行われるような制度システムをつくりだす。それによって，保育施設はあらかじめ決められた一定の質保証と成果を生みだすことがめざされる」としており，このモデルは，日本でも「行財政の自己評価や第三者評価等の語りや保育への株式会社参入の議論」において見られるとしています。経済効果や投資効果という視点から幼児教育・保育を捉えていくと成果を急ぎ，子どもの育ちの過程への視点がそがれてしまいます。「質は一定の基準（最低基準）以上をどこでもいつでも保障できるように，テーラー型の近代工場管理システムの発想に基づき，管理統制改善のPDCAサイクルを重視し，投資効果がよいように，コストと利潤のバランスが検討されることになる」からであり，日本の幼児教育・保育における自己評価や第三者評価等に影響を及ぼしていると秋田は指摘しているのです。このことは，養成課程の質保証を視野に教職課程コアカリキュラム策定・モデルカリキュラムの提示がなされた養成課程でも今後，質保証である評価（FD）に影響を及ぼしていくでしょう。また，保育への株式会社参加は待機児童対策への対応としては成果を得たかもしれませんが，保育環境という視点から見ると厳しい課題を残しています。

　一方の民主的実践モデルについては，「市民の手によって多様な目的をもった公共空間の一つとして，保育・幼児教育施設が位置づけられる。保護者の雇用状況にかかわらず，その地域のあらゆる保護者の参加によって支えられ行われるものとして捉えられる」「民主的とは，子ども，保護者，保育者，地域の人々という多様な市民の参加と対話により，信頼を相互に形成し，集団での対話を通しての集団の意思決定と判断によって，保育実践が試みられ，その実践

▶14　FD
Faculty Developmentとは，大学教員の教育能力を高めるための取り組みであり，学生による授業評価や授業展開の事例検討等を行っています。これらは，大学教育の質保証に向けての取り組みでもあります。

▶15　大学教育の質評価においても，保育の質評価と同様に秋田（2013）が指摘する「PDCAサイクルを重視し，投資効果がよいように，コストと利潤のバランスが検討される」評価になる可能性があると言えます。

の意味が対話と記録を通して生成され価値づけられるとする保育モデルである」としています。今回改訂の幼稚園教育要領の「前文」においては、「一人一人の幼児が、将来、自分のよさや可能性を認識するとともに、あらゆる他者を価値のある存在として尊重し、多様な人々と協働しながら様々な社会的変化を乗り越え、豊かな人生を切り拓き、持続可能な社会の創り手となることができるようにするための基礎を培うことが求められる」として教育課程の意義を示し、「教育課程を通して、これからの時代に求められる教育を実現していくためには、よりよい学校教育を通してよりよい社会を創るという理念を学校と社会とが共有し、それぞれの幼稚園において、幼児期にふさわしい生活をどのように展開し、どのような資質・能力を育むようにするのかを教育課程において明確にしながら、社会との連携及び協働によりその実現を図っていくという、社会に開かれた教育課程の実現が重要となる」と記しています。これは、「対話、市民性、参加、意味の生成、自律性、集団的な意思決定と判断」を重んじ多様な改革像を掲げる民主的実践モデルに通じるものと今後に期待できます。

　子どもを取り巻く社会や環境の変化が加速化する現在、幼児教育・保育の質を、どちらのモデルを想定しながら充実させていくかが問われています。国の方向性も上記に見るように単一ではありません。これに関して、汐見（2018）は戦後70年の変化を振り返りつつ、その変化を呼び起こすきっかけとなっていたのは経済政策の転換とそれを支えたメディア革命だと指摘し、「保育や教育は、そうした社会に人を送り込むというミッションをもっていますから、その社会での生活が変われば保育・教育の内容・方法も変わっていかざるをえません。その関係は実は微妙で、実際にそれがうまくいっていたのか、保育はその変化に主体的に対峙しえたか、そろそろ70年をそうした視点で歴史的に総括すべき時期に来ていると思っています」として、日本保育学会誌70周年記念号第1部では「保育をいかに『評価』するか——子どもの豊かな生活や遊びを保障するために」の特集を組んでいるのです。保育の質が、どのような社会を想定しているかを根底から問うていく視点で歴史を振り返り、「今世紀に入ったころから新自由主義的な施策のもとでの経済の『たてなおし』、『活性化』が図られた」と論じているのです。前述した秋田と同様、幼児教育・保育が経済効果に左右される「市場モデル」に

▶16　汐見稔幸「歴史研究の対象としての70年」『保育学研究』56（1）、2018年、pp. 3-4。

第Ⅱ部　保育内容の指導法

大きく影響されてきたことへの省察と捉えることができるでしょう。

以上をふまえ，私たちは，でき得る限り「民主的実践モデル」を視野に質を検討し，保育実践・保育者養成の場から声をあげ，発信していくことが重要だと考えます。その際，子ども（人間）の存在を問う領域「表現」の窓口は，可能性を多く含んでいると言えます。秋田（2013）は「質は保障や確保されるものではなく，常に生み出し続ける営みの中においてこそ生まれること，その起点は子どもの姿から常に学び続ける専門性に裏づくものといえるだろう」としており，成果のみに注目して評価することの危うさを指摘しています。

「よく」生きようとする子ども・学生・保育者・保護者・地域の人々等，多様な人との対話を通して保育の場を構築していく。その対話を成立させるためにも，あらゆる人の表現（100の言葉）のもつ審美性を敬う社会の実現を，幼児教育・保育実践の場から発信していく試みが可能性として，今，示されているのです。

▶17　前掲書（▶12），p. 26。

Book Guide

- 日本保育学会（編）『保育を支えるしくみ──制度と行政（保育学講座２）』東京大学出版会，2016年。
  国内外の保育を支えるしくみ（制度と行政）について，保育の質と関連させながら学べます。
- 秋田喜代美・松本理寿輝『私たちのまちの園になる──地域と共にある園をつくる』フレーベル館，2016年。
  子ども・保護者・保育者・地域の人々との対話，豊かなモノとの対話を重視した「まちの園」つくりの取り組みを，写真を取り入れながらわかりやすく掲載しています。

Exercise

1. 子どもの豊かな感性と表現を育む国内外のさまざまな園環境について，園のホームページ等から調べ，理想の園環境について考えを出し合い，園舎や園庭の設計図を描いてみましょう。
2. 自らの身体性を取り戻す方法について具体的に考え，実際に仲間と一緒に試みてみましょう。また，その取り組みを記録（見える化）し，グループごとに発表しましょう。

《執筆者紹介》（執筆順，担当章）

小林紀子（こばやし・としこ）はじめに，第1章，第13章
　　編著者紹介参照。

刑部育子（ぎょうぶ・いくこ）第2章
　　編著者紹介参照。

髙野牧子（たかの・まきこ）第3章
　　現　在　山梨県立大学教授。
　　主　著　『うきうきわくわく身体表現あそび』（編著）同文書院，2015年。
　　　　　　『子どもの元気を取り戻す　保育内容「健康」』（共著）杏林書院，2018年。

佐川早季子（さがわ・さきこ）第4章
　　現　在　京都教育大学准教授。
　　主　著　『育み支え合う保育リーダーシップ』（共訳）明石書店，2017年。
　　　　　　『他者との相互作用を通した幼児の造形表現プロセスの検討』（単著）風間書房，2018年。

吉永早苗（よしなが・さなえ）第5章，第12章
　　現　在　東京家政学院大学教授。
　　主　著　『子どもの音感受の世界』（単著）萌文書林，2016年。
　　　　　　『保育内容　表現』（共編著）光生館，2018年。

砂上史子（すながみ・ふみこ）第6章
　　編著者紹介参照。

郡司明子（ぐんじ・あきこ）第7章
　　現　在　群馬大学教授。
　　主　著　『造形表現・図画工作』（共著）建帛社，2014年。
　　　　　　『新訂　事例で学ぶ保育内容〈領域〉表現』（共著）萌文書林，2018年。

槇　英子（まき・ひでこ）第8章
　　現　在　淑徳大学教授。
　　主　著　『保育をひらく造形表現（第2版）』（単著）萌文書林，2018年。
　　　　　　『ふしぎだね。きれいだね。たのしいね。──体験から学ぶ　領域「環境」「表現」に関する専門的事項』（共著）学校図書，2021年。

宮里暁美（みやさと・あけみ）第9章
　　現　在　お茶の水女子大学教授，文京区立お茶の水女子大学こども園園長。
　　主　著　『子どもたちの四季』（単著）主婦の友社，2014年。
　　　　　　『0～5歳児　子どもの「やりたい！」が発揮される保育環境』（監修）学研プラス，2018年。

平野麻衣子（ひらの・まいこ）第10章
　　現　在　兵庫教育大学大学院准教授。
　　主　著　『テーマでみる保育実践の中にある保育者の専門性へのアプローチ』（共著）ミネルヴァ書房，2018年。
　　　　　　『生活習慣形成における幼児の社会情動的発達過程』（単著）風間書房，2018年。

丁子かおる（ちょうじ・かおる）第11章
　　現　在　和歌山大学准教授。
　　主　著　『新造形表現（理論・実践編）』（共著）三晃書房，2009年。
　　　　　　『DVDでわかる！　乳幼児の造形』（共著）サクラクレパス出版部，2016年。

《編著者紹介》

小林紀子（こばやし・としこ）
　現　在　青山学院大学名誉教授。
　主　著　『領域研究の現在〈言葉〉』（共著）萌文書林，2013年。
　　　　　『保育のいとなみ』（共著）東京大学出版会，2016年。

砂上史子（すながみ・ふみこ）
　現　在　千葉大学教授。
　主　著　『保育現場の人間関係対処法』（編著）中央法規出版，2017年。
　　　　　『「おんなじ」が生み出す子どもの世界──幼児の同型的行動の機能』（単著）東洋館出版社，2021年。

刑部育子（ぎょうぶ・いくこ）
　現　在　お茶の水女子大学教授。
　主　著　『かかわることば』（共著）東京大学出版会，2017年。
　　　　　『ビデオによるリフレクション入門』（共著）東京大学出版会，2018年。

　　　　　　　　　　　　　　　　　　　　　　　　　　新しい保育講座⑪
　　　　　　　　　　　　　　　　　　　　　　　　　　保育内容「表現」

2019年4月30日　初版第1刷発行　　　　〈検印省略〉
2023年2月20日　初版第3刷発行
　　　　　　　　　　　　　　　　　　　定価はカバーに
　　　　　　　　　　　　　　　　　　　表示しています

　　　　　　　　　　　　　　小　林　紀　子
　　　編　著　者　　　　　　砂　上　史　子
　　　　　　　　　　　　　　刑　部　育　子
　　　発　行　者　　　　　　杉　田　啓　三
　　　印　刷　者　　　　　　藤　森　英　夫

　　　発行所　株式会社　ミネルヴァ書房
　　　　　　　607-8494　京都市山科区日ノ岡堤谷町1
　　　　　　　　　　　　電話代表　（075）581-5191
　　　　　　　　　　　　振替口座　01020-0-8076

　　　　　　　　© 小林・砂上・刑部ほか，2019　　亜細亜印刷
　　　　　　　　　ISBN978-4-623-08545-3
　　　　　　　　　Printed in Japan

新しい保育講座

B5判／美装カバー

① 保育原理
渡邉英則・髙嶋景子・大豆生田啓友・三谷大紀 編著
本体2200円

② 保育者論
汐見稔幸・大豆生田啓友 編著
本体2200円

③ 子ども理解と援助
髙嶋景子・砂上史子 編著
本体2200円

④ 保育内容総論
渡邉英則・大豆生田啓友 編著
本体2200円

⑤ 保育・教育課程論
戸田雅美・渡邉英則・天野珠路 編著
本体2200円

⑥ 保育方法・指導法
大豆生田啓友・渡邉英則 編著
本体2200円

⑦ 保育内容「健康」
河邉貴子・鈴木康弘・渡邉英則 編著
本体2200円

⑧ 保育内容「人間関係」
渡邉英則・小林紀子・髙嶋景子 編著

⑨ 保育内容「環境」
久保健太・髙嶋景子・宮里暁美 編著
本体2200円

⑩ 保育内容「言葉」
戸田雅美・秋田喜代美・岩田恵子 編著

⑪ 保育内容「表現」
小林紀子・砂上史子・刑部育子 編著
本体2200円

⑫ 保育・教育実習
大豆生田啓友・三谷大紀・松山洋平 編著
本体2200円

⑬ 乳児保育
岩田恵子・須永美紀・大豆生田啓友 編著

⑭ 障害児保育
若月芳浩・宇田川久美子 編著
本体2200円

アクティベート保育学

A5判／美装カバー

① 保育原理
汐見稔幸・無藤 隆・大豆生田啓友 編著
本体2000円

② 保育者論
大豆生田啓友・秋田喜代美・汐見稔幸 編著
本体2000円

③ 子ども理解と援助
大豆生田啓友・久保山茂樹・渡邉英則 編著

④ 保育・教育課程論
神長美津子・戸田雅美・三谷大紀 編著

⑤ 保育方法・指導法
北野幸子・那須信樹・大豆生田啓友 編著

⑥ 保育内容総論
大豆生田啓友・北野幸子・砂上史子 編著

⑦ 保育内容「健康」
河邉貴子・中村和彦・三谷大紀 編著

⑧ 保育内容「人間関係」
大豆生田啓友・岩田恵子・久保健太 編著
本体2000円

⑨ 保育内容「環境」
秋田喜代美・佐々木正人・大豆生田啓友 編著

⑩ 保育内容「言葉」
汐見稔幸・松井智子・三谷大紀 編著

⑪ 保育内容「表現」
岡本拡子・花原幹夫・汐見稔幸 編著
本体2000円

⑫ 保育・教育実習
矢藤誠慈郎・髙嶋景子・久保健太 編著
本体2000円

⑬ 乳児保育
遠藤利彦・髙嶋景子・汐見稔幸 編著

⑭ 障害児保育
榊原洋一・市川奈緒子・渡邉英則 編著
本体2000円

― ミネルヴァ書房 ―